DIE GROSSEN ARCANA DES TAROT

2

SAMMLUNG

# ÜBERLIEFERUNG UND WEISHEIT

HERDER BASEL

DER ANONYMUS D'OUTRE-TOMBE

# DIE GROSSEN ARCANA DES TAROT

## MEDITATIONEN

MIT EINER EINFÜHRUNG
VON
HANS URS VON BALTHASAR

HERDER BASEL

HERAUSGEGEBEN VON MARTIN KRIELE
UND ROBERT SPAEMANN

Das Werk erschien erstmals 1972 in einer Übersetzung von Gertrud von Hippel, herausgegeben von Ernst von Hippel im Verlag Anton Hain, Meisenheim.
Die vorliegende Ausgabe ist eine Neuübersetzung des französischen Originalmanuskriptes in Zusammenarbeit von Franz Oesig, Eva Cliteur, Hans-Hermann Peschau und Martin Kriele als Verantwortlichem.
Die französische Ausgabe erschien 1980 im Verlag Aubier Montaigne Paris.


Herstellung: Freiburger Graphische Betriebe 1983

Ausgabe A (Paperback):
Band 1: ISBN 3-906371-01-8
Band 2: ISBN 3-906371-02-6
Band 3: ISBN 3-906371-03-4
Band 4: ISBN 3-906371-04-2

Ausgabe B (2 Bde., Leinen mit Schuber):
ISBN 3-906371-05-0

# INHALT

*Achter Brief*

# DIE GERECHTIGKEIT

## Das Arcanum des Gleichgewichts

„Der Sohn und der Geist, das ist alles, was uns zugebilligt ist. Was die absolute Einheit oder den Vater angeht, so hat ihn niemand in dieser Welt sehen können, noch wird er ihn sehen, es sei denn in der Achtheit, die tatsächlich der einzige Weg ist, auf dem man bis zu ihm gelangen kann.“[1]

Quis custodiat custodes – wer überwacht die Bewacher?
(Grundlegendes Problem der Jurisprudenz)

*Lieber Unbekannter Freund,*

das siebte Arcanum lehrte uns, wie das innere Gleichgewicht erreicht wird: das achte lehrte uns, wie dieses Gleichgewicht, einmal erreicht, bewahrt wird, und das neunte schließlich zeigt uns die Methode oder den Weg, der sich dem eröffnet, der es verstanden hat, das Gleichgewicht zu erreichen und zu bewahren. Mit anderen Worten: Das siebte Arcanum sagt uns, wie das Gleichgewicht (oder die *Gesundheit*) zu erreichen ist; das achte Arcanum zeigt uns den „Mechanismus“ des mikro- und makrokosmischen Gleichgewichts; das neunte Arcanum lehrt uns den „Weg des Friedens“ oder den „mittleren Weg“ der ausgewogenen spirituellen Entwicklung, der der Hermetik, aufgefaßt als Synthese von Mystik, Gnosis, Magie und Wissenschaft, eigen ist.

Das Kartenbild des achten Arcanums zeigt eine zwischen zwei Säulen auf einem gelben Stuhl sitzende Frau in einer roten Tunika, die von einem blauen Mantel bedeckt ist. In ihren Händen hält sie ein gelbes Schwert und eine gelbe Waage. Ihr Haupt trägt eine dreiteilige, von einer Krone überragte Tiara.

Das Ganze ruft die Idee des Gesetzes hervor, das hineingestellt ist zwischen die freie Handlung des individuellen Willens und die Essenz des Seins selbst. Der Mensch kann aus freiem Willen handeln – das Gesetz *reagiert* auf seine Handlung mit sichtbaren und unsichtbaren Wirkungen. Hinter dieser Reaktion aber stehen Abgrund und Tiefe der letzten Wirklichkeit, des „ens realissimum", des Thomas von Aquin, welche den Reaktionen des Gesetzes Universalität, Regelmäßigkeit und Unabänderlichkeit verleiht. Das Gesetz ist zwischen die Freiheit des Menschen und die Freiheit Gottes gesetzt. Es hat seinen Sitz zwischen zwei Säulen: der des Willens (Jakin) und der der Vorsehung (Boas). Es handelt nicht, es reagiert nur. Deshalb ist es durch eine Frau dargestellt und nicht durch einen Mann. Die Krone, die die Frau trägt, weist darauf hin, daß sie ihre Würde und Aufgabe von oben erhält, vom höchsten Wesen, von der Vorsehung. Die Waage und das Schwert, die sie in Händen hält, weisen hin auf das, was sie hütet (das Gleichgewicht) und wie sie es hütet (Sanktion des Gleichgewichts) im Bereich der freien individuellen Willen. So spricht sie:

„Ich sitze auf dem Richterstuhl, der zwischen den individuellen Willen der Wesen und dem universalen Willen des Seins steht. Ich bin die Hüterin des Gleichgewichtes zwischen dem Individuellen und dem Universalen. Ich habe die Macht, es jedesmal wiederherzustellen, wenn es verletzt ist. Ich bin die Ordnung, die Gesundheit, die Harmonie, die *Gerechtigkeit.*"

Die Waage weist auf das Gleichgewicht – oder die Ordnung, Gesundheit, Harmonie und Gerechtigkeit – hin, und das Schwert bedeutet die Macht, es jedesmal wiederherzustellen, wenn der individuelle Wille wider den universalen Willen sündigt.

Das ist der allgemeine Sinn des Kartenbildes, der gleich zu Anfang der Meditation über das achte Arcanum gleichsam ins Auge springt. Indessen ist der allgemeine Sinn – obwohl viele ihn als Ziel ihrer Erkenntnisanstrengungen betrachten – nur das Vorzimmer zum hermetischen Sinn. Denn dieser findet sich nicht in der *Allgemeinheit,* welche man durch den Prozeß der Abstraktion erhalten hat, sondern vielmehr in der Tiefe, die man durch die Methode des *Eindringens* erlangt. Die allgemeinen, auf dem Wege der Abstraktion erhaltenen Antworten sind in Wirklichkeit nur Fragen oder gestellte Aufgaben zum tieferen Eindringen. Denn je abstrakter eine allgemeine Idee ist, desto oberflächlicher ist sie. Die allgemeinste und abstrakteste Idee in der Philosophie ist die des *„Absoluten"* (z.B. bei Hegel); aber sie ist zugleich auch die oberflächlichste der Welt. Indem sie alles bedeutet, drückt sie nichts aus. Sie können wohl sterben – und ebenso leben – für Gott; aber Sie werden niemals als Märtyrer für das Absolute sterben. Denn sterben für das Absolute läuft darauf hinaus, für nichts zu sterben. Die Idee des Absoluten ist der Schatten der Schatten, während der lebendige Gott das Urbild der Urbilder ist. Urbild der Urbilder, das will sagen: der *allumfassende Vater.*

Eine der Bedeutungen des ersten Gebotes:

„Du sollst keine anderen Götter haben als mich" (Ex 20,3)

ist, daß man nicht an die Stelle der geistigen *Wirklichkeit* Gottes die intellektuelle *Abstraktion* von Gott setzen darf. Man sündigt also gegen das erste Gebot, wenn man anstelle des feurigen, leuchtenden und von Leben vibrierenden Allwesens das „Prinzip" oder die abstrakte „Idee" setzt, sei es als „erste Ursache" (causa prima), sei es als das „Absolute", die in Wahrheit nur verstandesmäßig zurechtgeschnittene Bilder oder geistige Götzenbilder sind, welche der menschliche Intellekt geschaffen hat.

Sündigen also auch wir nicht gegen das erste Gebot, und setzen wir nicht an die Stelle der Gerechtigkeit verstandesmäßig zurechtgeschnittene Bilder von ihr oder abstrakte Ideen. Vertreten wir andererseits aber auch nicht die Sache der intellektuellen Bilderstürmer, die in jeder begrifflichen Vorstellung und jeder abstrakten Idee nur Götzenbilder sehen wollen. Denn alle Begriffe und alle abstrakten Ideen *können Ikonen* oder „heilige Bilder" werden, wenn man sie nicht als *Ende* betrachtet, sondern als Anfang des Weges der Erkenntnis der spirituellen Wirklichkeit. *Hypothesen* spielen im Bereich des intellektuellen Lebens nicht die Rolle von Götzenbildern, sondern vielmehr von heiligen Bildern. Denn niemand nimmt eine Hypothese als absolute Wahrheit an, ebenso wie niemand ein heiliges Bild als absolute Wirklichkeit anbetet. Trotzdem sind Hypothesen darin fruchtbar, daß sie uns zur Wahrheit führen, indem sie uns in der Gesamtheit unserer Erfahrung leiten – ebenso wie auch die Ikonen oder heiligen Bilder befruchtend sind, indem sie uns zur Erfahrung der spirituellen Wirklichkeit führen, die sie repräsentieren. Eine Ikone ist der Anfang des Weges zur geistigen Realität; sie ersetzt sie nicht – wie im Götzendienst –, sondern gibt den Impuls und die Richtung zu ihr. Ebenso ersetzen begriffliche Vorstellung und abstrakte Idee nicht die spirituelle Wahrheit, sondern geben vielmehr den Impuls und die Richtung zu ihr. Vermeiden wir also die Scylla und Charybdis von Götzendienst und intellektuellem Ikonoklasmus, und nehmen wir abstrakte Ideen als *Hypothesen,* die zur Wahrheit führen, und Bilder oder Symbole als unsere Führer zur Wirklichkeit. Begehen wir also nicht den Irrtum, ein Symbol „erklären“ zu wollen, indem wir es zurückführen auf einige allgemeine abstrakte Ideen, oder den Irrtum, eine abstrakte Idee „konkretisieren“ zu wollen, indem wir sie in eine Allegorie einkleiden, sondern suchen wir die *praktische spirituelle Erfahrung* der Wahrheit und der Wirklichkeit mittels abstrakter Ideen *und* konkreter Bilder. Denn der Tarot ist ein System oder Organismus von spirituellen Übungen; er ist in erster Linie *praktisch.* Wenn er es nicht wäre, würde es kaum der Mühe lohnen, sich mit ihm zu beschäftigen.

Nehmen wir also das Arcanum „Die Gerechtigkeit“ als Aufforderung zur Bemühung unseres Bewußtseins in der Intention, die Wirklichkeit zu erfahren, welche dieses Arcanum darstellt, und die Wahrheit zu verstehen, die es ausdrückt. Zunächst ist es nötig, darauf hinzuweisen, daß die Wirklichkeit und die Wahrheit der Gerechtigkeit sich im Bereich des *Urteils* offenbaren. Denn in irgendeiner Sache ein Urteil zu fällen kommt auf das Bestreben hinaus, die Gerechtigkeit zu finden. Nicht nur die Richter an den Gerichtshöfen urteilen; jedermann urteilt, soweit er *denkt.* Wir alle, insofern wir denkende Wesen sind, sind Richter. Denn jedes Problem, jede Frage, die wir zu lösen versuchen, gibt in Wirklichkeit Anlaß für eine Sitzung unseres inneren Tribunals, wo die „Für“ und „Wider“ gegenübergestellt und erwogen werden, bevor das Urteil gefällt wird. Wir alle sind Richter, gute oder schlechte, aber wir sind es, und wir üben das Richteramt fast unaufhörlich aus vom Morgen bis zum Abend. Das Gebot: „Richtet nicht!“ käme also darauf hinaus, auf das Denken zu verzichten. Denn denken ist richten. „Wahr“ und „falsch“, „schön“ und „häßlich“, „gut“ und „schlecht“ sind Urteile, die wir des öfteren am Tage fällen. Jedoch: eine Sache ist richten, eine andere verurteilen. Man richtet *Phänomene* und *Handlungen,* aber man kann nicht die *Wesen* als solche richten, denn dies würde die Richtkompetenz des urteilenden Denkens überschreiten. Man soll also nicht die *Wesen* richten, weil sie für das richtende Urteil des Denkens unzugänglich sind, das nur auf die phänomenale Erfahrung gegründet ist. So ist das negative Richten über die Wesen oder deren Verurteilung in Wirklichkeit nicht möglich, und in diesem Sinne hat man das christliche Gebot zu verstehen: „Richtet nicht!“ – d. h. richtet nicht die Wesen, verurteilt nicht! Denn wer verurteilt, maßt sich ein Amt an, zu dem er unfähig ist. Er lügt, wenn er ein Urteil als Wahrheit und Wirklichkeit hinstellt, das jeder Grundlage entbehrt. Man kann also wohl zu seinem Nächsten sagen: „Du handelst wie ein Verrückter!“ Wer aber zu ihm sagen würde: „Du bist verrückt!“, verdient bestraft zu werden mit dem Feuer der Hölle (Mt 5,22).

Man muß also wissen, was man wirklich weiß und wessen man unkundig ist, wenn man ein Urteil fällt. Man kennt nie das noumenale Wesen des anderen oder seine Seele.

Darum erstreckt sich kein menschliches Urteil oder Gericht auf die Seele.

Und die Intuition? Bedeutet sie nichts? – Gewiß, sie existiert und sie bedeutet sehr wohl etwas. Allerdings klagt die Intuition niemals an, weil sie eine Form der Wahrnehmung ist, welche aus der Sympathie und der Liebe hervorgeht. Sie spielt immer die Rolle der Verteidigung, des Anwalts. Da sie die Seele der Wesen wahrnimmt, sieht sie nur das Ebenbild Gottes in ihnen. Indem sie dieses sieht und weiß, daß die Seele des Sünders immer das erste Opfer aller Sünden und Verbrechen ist, welche er begehen könnte, kann die Intuition keine andere Rolle spielen als die des Anwalts. Der Ausspruch „alles verstehen, heißt alles verzeihen" bezieht sich auf das „innere" Verständnis, d.h. das intuitive, und nicht auf das „äußere" oder das phänomenale und diskursive Verständnis. Die erschütternde Formel für die Rolle der Intuition bei der Ausübung der Gerechtigkeit ist uns in der Bitte des gekreuzigten Meisters gegeben:

„Vater, vergib ihnen, denn sie wissen nicht, was sie tun" (Lk 23,34).

Diese Worte weisen auf drei Tatsachen hin:

1. Was sie tun, ist unter phänomenalem Gesichtspunkt verbrecherisch;
2. das Urteil ist an den Vater übergeben;
3. dies wird begleitet vom Plädoyer: „Vergib ihnen", das gegründet ist auf die durch intuitive Wahrnehmung erlangte Gewißheit, daß „sie nicht wissen, was sie tun".

Dank der Anerkennung der Rolle der Intuition der Vernunft, die sich von der Erforschung und Feststellung der Tatsachen durch den Verstand unterscheidet, wurde dessen strikte Gerechtigkeit in der Jurisprudenz der Länder, die die Grundsätze des römischen und angelsächsischen Rechts angenommen haben, ergänzt durch die *Billigkeit* (aequitas). Das strikte Recht wird durch den Verstand gefunden, wenn er die Tatsachen mit dem geltenden Gesetz verglichen hat. Die Billigkeit ist das, was die Vernunft am strikten Recht zu modifizieren für notwendig befindet, nachdem sie es mit ihrer intuitiven Wahrnehmung des menschlichen Wesens verglichen hat, dessen Schicksal auf dem Spiel steht. Um der Billigkeit oder dem intuitiven Urteil der Vernunft Geltung zu verschaffen, wurde in der Rechtsprechung der christlichen Zivilisation das Geschworenengericht eingeführt. Vor dem Christentum gab es kein Geschworenengericht. Weder die Frau des Pilatus noch die

„große Menge des Volkes und Frauen, die ihn beweinten und beklagten" (Lk 23,27),

hatten Stimme im Tribunal des Pilatus. Die damalige „Jury" konnte nur weinen (wie die Frauen von Jerusalem) oder sich im geheimen mit dem Richter besprechen (wie die Frau des Pilatus). Damals weinte die Billigkeit in den Straßen von Jerusalem, und die Intuition der Vernunft flüsterte Warnungen in das Ohr des Pilatus durch den Mund seiner Frau. Die Abwesenheit der Geschworenen als gerichtliches Organ der Billigkeit aber war es, die den Richter Pilatus nötigte, zu einer in der Justiz ungeheuerlichen Handlung seine Zuflucht zu nehmen, nämlich auf sein Richteramt zu verzichten und es auf den Ankläger zu übertragen, indem er seine Hände wusch.

Nun wird Gerechtigkeit nur in dem Falle geübt, wenn *alle* zur Sache gehörigen Tatsachen für und wider den Angeklagten durch den Verstand festgestellt, erwogen und erörtert und sodann dem Urteil der Vernunft übergeben werden. Die drei Aufgaben der Justiz: Untersuchung, Verhandlung und Entscheidung entsprechen den drei Stufen des Erkennens – dem hypothetischen, argumentierenden und intuitiven – die Platon als δόξα (doxa) oder „hypothetische Meinung", διάνοια (dianoia) oder „auf Argumenten aufgebauter Schluß" und ἐπιστήμη (epistēmē) oder „intuitive Wahrnehmung" bezeichnet. In der Tat, die von der Untersuchung festgestellten und aufgeführten Fakten bilden für Anklage und Verteidigung die Grundlage ihrer *Hypothesen* „schuldig" bzw. „nicht schuldig". Die anschließende Verhandlung verfolgt das Ziel, zu einem begründeten *Schluß* aufgrund der zugunsten der einen oder der anderen Hypothese vorgebrachten Argumente zu gelangen. Die von der Jury gefällte Entscheidung ist grundsätzlich als Ergebnis der Bemühung des Bewußtseins zu verstehen, sich über den bloßen Anschein der Tatsachen und den Formalismus der logischen Argumentation zu erheben zu einer intuitiven Wahrnehmung des Sachverhalts vom rein menschlichen Standpunkt aus. Die Billigkeit hat also das letzte Wort.

Man kann daher sagen, daß der Vorgang des Ausübens der menschlichen Gerechtigkeit in der vereinten Anstrengung aller drei Erkenntnisvermögen des menschlichen Wesens besteht: der Fähigkeit, Hypothesen zu bilden auf der Grundlage der durch die Sinne gelieferten Fakten (doxa), der Fähigkeit zu logischer Argumentation oder zum intellektuellen Erwägen des Für und Wider dieser Hypothesen (dianoia) und schließlich der Fähigkeit der Intuition (epistēmē).

Nun ist die Struktur der menschlichen „gerechten Gerechtigkeit" nur ein Ebenbild oder eine Analogie der Struktur der kosmischen göttlichen Gerechtigkeit – und *kann* es nur sein. Die jüdische Kabbala hebt dies klarer hervor als irgendeine andere traditionelle Strömung, die mir bekannt ist.

In der Kabbala besteht das System, das „Baum der Sephiroth" genannt wird, aus drei „Säulen": die rechte, linke und mittlere. Die rechte Säule oder die der Barmherzigkeit umfaßt die Sephiroth Chochmah (Weisheit), Chesed oder Gedullah (Gnade, Mitleid und

Herrlichkeit bzw. Majestät) und Nezach (Sieg oder Triumph). Die linke Säule oder die der Strenge wird gebildet von den Sephiroth Binah (Intelligenz), Geburah oder Pahad (Strenge und Furcht) und Hod (Ruhm oder Ehre). Die Sephiroth der mittleren Säule sind Kether (Krone), Tiphereth (Schönheit), Jesod (Fundament) und Malkuth (Königreich oder Reich).

Die rechte Säule wird oft bezeichnet als „Säule der Gnade oder des Erbarmens", während die linke Säule den Namen „Säule der Strenge" führt. Nun entsprechen diese beiden Säulen (die der Sohar als die des metaphysischen *Guten* und *Bösen* betrachtet) unter dem Gesichtspunkt der Gerechtigkeit der *Verteidigung* und der *Anklage*, während die mittlere Säule der *Billigkeit* entspricht. Das System der zehn Sephiroth ist auf ein bewegliches Gleichgewicht gegründet mit der Tendenz, im Falle daß eine augenblickliche Unordnung sich herausgebildet hat, es wieder herzustellen. Es ist *das System der Waage.*

„Eine Waage in ihrem einfachsten Zustand besteht aus einer unbeweglichen Achse (einer Mittelsäule), gewöhnlich vertikal, einem Waagebalken, der mit dieser Achse ein T oder ein Kreuz bildet, und zwei Waagschalen, die an den äußersten Enden des Waagebalkens aufgehängt sind.

Die Waage zeigt drei fundamentale Beziehungen auf:

1. Das Gleichgewicht zwischen den Waagschalen schafft ein Verhältnis der Wechselbeziehung;
2. die gemeinsame Aufhängung der Waagschalen an einem Stützpunkt und die Lagerung des ganzen Systems auf einer Stütze deuten auf ein Verhältnis der Unterordnung hin;
3. die verschiedene Rolle der beiden Waagschalen beim Wiegen führt zwischen den entgegengesetzten Enden zu einer Differenzierung, dank deren sich eine Orientierung in einer Art fließender Bewegung herausbildet."[2]

Daher handelt es sich im System der Sephiroth um das System einer Waage, das gleichzeitig in den vier Welten oder Ebenen eingerichtet ist: der Welt der Emanation ('olam ha 'aziluth), der Welt der Schöpfung ('olam ha beriah), der Welt der Gestaltung ('olam ha jezirah) und der Welt der Handlung ('olam ha 'asiah) sowohl im vertikalen Sinne, d.h. der Waage, die das Gleichgewicht festsetzt und wiederherstellt zwischen dem, was oben, und dem, was unten ist, wie im horizontalen Sinne, d.h. der Waage, die das Gleichgewicht aufrechterhält zwischen der rechten und der linken Seite, der Seite der Gnade und jener der Strenge. Das Wiegen vollzieht sich also mittels zweier Waagschalen rechts und links und zweier Waagschalen oben und unten. Das Werk der Waage rechts-links ist das Gesetz der Gerechtigkeit, welche das Gleichgewicht zwischen der individuellen Freiheit der Wesen und der universalen Ordnung aufrechterhält. In letzter Analyse ist es das KARMA als das Gesetz, das die Begleichung der gegenseitigen Schulden der Wesen regiert. Das Werk der Waage Himmel-Erde geht aber über die Gerechtigkeit des Karma hinaus; denn diese Waage ist die der Gerechtigkeit der Gnade.

„Gratia gratis data ... – die frei geschenkte Gnade." Die Sonne leuchtet gleicherweise über Gute und Böse. Ist das gerecht? Ist es eine Gerechtigkeit der Gnade, die höher ist als die schützende, verteilende und strafende Gerechtigkeit des Gesetzes? So ist es. Es gibt die erhabene „andere Gerechtigkeit" der Gnade, die der Sinn des Neuen Testamentes ist. Denn das Alte Testament verhält sich zum Neuen Testament wie das Karma zur Gnade. Auch die Gnade bedient sich der Waage, d.h. der Gerechtigkeit. Es ist die Waage, deren eine Schale auf der Erde und deren andere im Himmel ist.

Das Gebet des Herrn, das „Vaterunser", enthüllt uns das Prinzip der Gerechtigkeit der Gnade und der Operation des Wiegens mit der Waage Himmel-Erde. Dort heißt es:

„... vergib uns unsere Schuld,
wie auch wir vergeben unsern Schuldigern" (Mt 6,12),

und dann fügt der Meister hinzu:

„Wenn ihr nämlich den Menschen ihre Verfehlungen vergebt, wird auch euch euer himmlischer Vater vergeben. Wenn ihr aber den Menschen nicht vergebt, so wird euer Vater auch eure Verfehlungen nicht vergeben" (Mt 6,14f).

Der Meister ist deutlich hinsichtlich der zwischen Himmel und Erde wirkenden Waage. „Euer Vater *wird euch nicht vergeben,* wenn ihr nicht den Menschen vergebt" – das ist das Gesetz, das ist das unfehlbare und unerbittliche Wirken der Waage Erde-Himmel. Daß diese Waage nicht allein die Vergebung verwaltet, sondern auch den ganzen Bereich der Geschenke von oben, aus der Fülle des Heiligen Geistes, geht aus den Worten des Meisters im Evangelium über das Gebet des Herrn klar hervor:

„Wenn nun ihr, die ihr böse seid, euren Kindern gute Gaben zu geben wißt, wieviel mehr wird euer Vater im Himmel Heiligen Geist denen geben, die ihn bitten" (Lk 11,13).

Die Sonne leuchtet über Gute und Böse in gleicher Weise; aber man muß die Fenster der dunklen Kammer öffnen, damit ihr Licht dort hineinfallen kann. Das *Licht* der Sonne ist durchaus nicht von uns geschaffen oder von uns verdient. Es ist ein reines *Geschenk* – gratia gratis data. Allerdings muß man die Fenster öffnen, damit die Sonne in unsere Wohnung eintritt, ebenso wie man die Augen öffnen muß, um sie zu sehen. Der praktische Sinn der Waage Himmel-Erde ist derjenige des *Zusammenwirkens* mit der Gnade. Die menschliche Bemühung ist also auf keinen Fall umsonst im Bereich des Wirkens der Gnade. Weder die Erwählung von oben allein (Calvinismus) noch der Glaube von unten allein (Luthertum) genügen den Anforderungen der Waage Himmel-Erde. Ob wir erwählt sind oder nicht, Glauben haben oder nicht, wir müssen zum Beispiel den Menschen ihre Schulden hier unten vergeben, damit uns oben unsere Schulden vergeben werden. Es gibt eine Wechselbeziehung – nicht des *Maßes,* sondern der Natur – zwischen der unteren Schale „Bemühung" und der oberen Schale „Geschenk" der Waage Himmel-Erde. Die Wechselbeziehung zwischen der Bemühung unten und dem Geschenk von oben ist nicht, ich wiederhole es, die des Maßes oder der *Quantität,* sondern die der Substanz oder der *Qualität.* Die Vergebung nur einer einzigen Schuld des anderen meinerseits kann die Vergebung von tausend Schulden *gleicher* Art für mich zur Folge haben. Die Waage Himmel-Erde wiegt nicht die *Quantität;* ihr Wirken gehört ganz in den Bereich der *Qualität.* Darum gibt es überhaupt keine *quantitative* Gerechtigkeit in der Beziehung zwischen den Bemühungen von unten und den Gaben von oben. Die letzteren übersteigen immer das Maß der quantitativen Gerechtigkeit. Es ist wichtig, dies zu verstehen, vor allem hinsichtlich der ins Auge springenden Ungerechtigkeit der ewigen Hölle, die durch ein – oder mehrere, das ist unbedeutend – zeitlich begrenztes Leben verursacht werden kann.

Die ewige Hölle ist indessen nur unter rein quantitativem Gesichtspunkt ungerecht. Man vergleicht die begrenzte Zahl der Jahre des Lebens – oder der Leben – auf Erden mit der unbegrenzten Zahl der Jahre der Ewigkeit und gelangt so zu dem Schluß, daß das Maß der Bestrafung in keinem Verhältnis steht zu dem Maß des Vergehens und daß es folglich keine Gerechtigkeit gibt. Doch betrachten wir das Problem der ewigen Hölle nicht unter dem Gesichtspunkt der Quantität (was absurd ist, denn in der Ewigkeit gibt es keine Zeit), sondern vielmehr unter dem der Qualität.

Wie verhält es sich dann mit diesem Problem?

Die Antwort, zu der wir kommen, wenn wir die quantitative Wechselbeziehung zwischen Zeit und Ewigkeit preisgeben, lautet: Wer immer in die Region der Ewigkeit ohne einen Tropfen Liebe eintritt, der betritt die ewige Hölle. Denn leben ohne Liebe ist die Hölle. Und ohne Liebe in der Region der Ewigkeit leben heißt in der ewigen Hölle leben.

„Die Hölle ist der Zustand der Seele, die unfähig ist, aus sich herauszutreten; sie ist der äußerste Egozentrismus, die böse und dunkle Einsamkeit, d. h. die endgültige Lieblosigkeit", sagt N. A. Berdjajew[3].

Dieser subjektive Zustand der Seele ist weder lang noch kurz – er ist ebenso *intensiv,* wie es die Ewigkeit ist. Ebenso ist die Glückseligkeit, die ein Heiliger in der Schau Gottes erlebt, so intensiv wie die Ewigkeit, obwohl sie für den, der bei der Ekstase des Heiligen mit einer Uhr in der Hand zugegen ist, nur einige Minuten währen mag. Die „Region" der Ewigkeit ist die der *Intensität,* die die Maße der Quantität übersteigt, die wir der Zeit und dem Raum entnehmen. „Ewigkeit" ist keine unendlich lange Dauer; sie ist die Intensität der Qualität, die, wenn man sie mit der Zeit vergleichen und so in die Sprache der Quantität übersetzen würde, nur mit einer unendlichen Dauer vergleichbar wäre. N. A. Berdjajew sagt darüber:

„In der Erfahrung unseres irdischen Lebens wird uns das Erleben der Leiden zuteil, die uns als endlose erscheinen; nur diese Leiden, die nicht Minute, Stunde oder Tag, sondern Unendlichkeit dauern, erscheinen uns als Höllenqualen ... Diese Unendlichkeit der Qualen kann objektiv einen Augenblick, eine Stunde oder einen Tag dauern; die Qualen aber, die diese Qualität der Unendlichkeit haben, werden als Höllenqualen empfunden und bezeichnet ...

Ewige Wahrheit ist in den Worten Origenes' enthalten, daß Christus ans Kreuz geschlagen bleibt und Golgatha nicht eher aufhört, als bis das letzte Geschöpf aus der Hölle gerettet wird."[4]

Was kann man dem anderes hinzufügen als: Amen?

Die ewige Hölle ist der Zustand der in sich selbst eingekerkerten Seele, aus dem *sie* keine Hoffnung hat herauszukommen. „Ewig" bedeutet in diesem Falle „ohne Hoffnung". Alle Selbstmorde, die von Verzweifelten begangen werden, geben Zeugnis von der Wirklichkeit der ewigen Hölle als Seelenzustand. Bevor ein Mensch Selbstmord begeht, erfährt er den Zustand völliger Verzweiflung, d.h. die *ewige* Hölle. Darum zieht er das Nichts dem Zustand der Verzweiflung vor. Das Nichts ist also seine letzte Hoffnung.

Die ewige Glückseligkeit, der „Himmel", ist dagegen der Zustand der Seele, die von grenzenloser Hoffnung erfüllt ist. Es ist keine Glückseligkeit, die während einer unendlichen Zahl von Jahren andauert; die *Intensität* der Hoffnung ist es, die ihr die Qualität „ewig" verleiht. Ebenso ist es die Intensität der Verzweiflung, die dem mit „Hölle" bezeichneten Seelenzustand die Qualität „ewig" verleiht.

Die Angst von Gethsemane, die das Schwitzen von Blut veranlaßte, war *ewig.* Jene Nacht, die Nacht von Gethsemane, bemaß sich nicht nach Stunden. Sie war – sie ist – unmeßbar, also ewig. Wegen ihrer Ewigkeit schwitzte er Blut und nicht wegen einer zeitlichen, also vorübergehenden Prüfung. Er kennt die ewige Hölle aus eigener Erfahrung, und weil er aus ihr herausgekommen ist, haben wir die Frohe Botschaft, daß nicht allein der Tod besiegt ist durch die Auferstehung, sondern auch die Hölle – durch Gethsemane. Die Majestät des Sieges über die Hölle, verkündet durch die Worte: „Ich bin es", ließ die Männer der Kohorte und die Schergen der Hohenpriester und Pharisäer, die gekommen waren, um ihn gefangenzunehmen, auf ihr Angesicht niederfallen (Jo 18,6). Auch die Seele des Origenes hat sich niedergeworfen angesichts des Sieges über die ewige Hölle und wurde ergriffen durch die Offenbarung, die enthalten ist in den Worten „Ich bin es" von demjenigen, der gerade aus der ewigen Hölle herausgekommen war. Daher wußte Origenes mit Gewißheit, daß es keine Verdammten geben wird am Ende der Welt und daß auch der Teufel – ja, auch er – gerettet werden wird. Wer immer über das Blutschwitzen von Gethsemane meditiert hat und über die Worte „Ich bin es", die den ewigen Sieg über die ewige Hölle verkünden, weiß ebenfalls mit Gewißheit, daß die ewige Hölle zwar als Realität *existiert,* daß sie aber *leer* sein wird in der Erfüllung der Zeit.

Der Schweiß des Blutes in Gethsemane – dort ist der Ursprung des „Origenismus", dort ist die Quelle seiner Inspiration. Die Frohe Botschaft vom ewigen Sieg über die ewige Hölle wurde jedoch weder von den „Griechen", welche die Weisheit suchen, noch von den „Juden", die Wunder sehen wollen, verstanden. Sie kann nur von den *Christen* verstanden werden. Denn die „Griechen" verneinen die Wirklichkeit der ewigen Hölle als unvereinbar mit der Idee eines Gottes, der zugleich gut und allmächtig ist. Die „Juden" halten sich an die ewige Verdammnis, d.h., sie bestehen auf der *bevölkerten* ewigen Hölle, weil andernfalls Gott, dem Richter, die absolute Macht der Bestrafung fehlen würde. Sie verneinen die Unendlichkeit der göttlichen Liebe. Allein die „Christen" nehmen „die Torheit und Schwachheit" des Kreuzes an und verstehen sie, d.h. die „Torheit und Schwachheit" des Werkes der unendlichen Liebe, das durch kein anderes Mittel vollbracht wird als durch die Liebe selbst. Für sie heiligen die Mittel nicht nur nicht den Zweck, sondern diese müssen mit ihm identisch sein. Die Christen wissen, daß die Liebe niemals durch Strenge und Furcht gelehrt und gelernt werden kann. Sie ergreift die Herzen unmittelbar durch ihren Wert, ihre Schönheit und ihre Wahrheit, während die Furcht vor der Hölle und der ewigen Verdammnis bisher die Liebe in keinem einzigen menschlichen Herzen aufblühen ließ – und es auch niemals tun wird. Nicht die Strenge der strikten Gerechtigkeit lehrt uns die Liebe des Vaters des „verlorenen Sohnes", sondern vielmehr das Fest der Freude, mit dem der Sohn von ihm empfangen wurde.

Allerdings werden die „Griechen" sagen, daß der Vater im voraus wußte, daß der Sohn zurückkehren würde, weil dieser eben keine andere Wahl hatte, und daß daher alles nur *scheinbar* ein Drama ist. Die Art, wie der Vater handelt, war eine „List der Vernunft" (Hegel). Und die „Juden" werden sagen, daß es die Macht des Vaters war, die in der Seele des verlorenen Sohnes handelte und ihm befahl, zum väterlichen Haus zurückzukehren, und dieser unwiderstehlichen Macht konnte er nur gehorchen.

So bleiben die *Freude* und das Willkommens*fest* des Vaters unbegreiflich sowohl für die Anbeter der Weisheit Gottes (die „Griechen") als auch für die Anbeter seiner Macht (die „Juden"). Ihr Sinn ist nur begreiflich für die Anbeter der Liebe Gottes (die „Christen"). Sie verstehen, daß die Geschichte des Verlorenen Sohnes ein wirkliches Drama der wirklichen Liebe und der wirklichen Freiheit ist und daß die Freude und das Fest des Vaters echt sind, ganz wie das Leiden des Vaters und auch das des Sohnes, das ihrer Wiedervereinigung vorausging, echt waren. Sie verstehen darüber hinaus, daß die Geschichte des Verlorenen Sohnes die Geschichte des ganzen menschlichen Geschlechtes ist und daß die Geschichte des Menschengeschlechtes ein wirkliches Drama der wirklichen göttlichen Liebe und der wirklichen menschlichen Freiheit ist.

„Griechen", „Juden", „Christen" – Anbeter der Weisheit, der Macht und der Liebe Gottes! Es gibt immer viele „Griechen" und viele „Juden" im Schoße der Kirche und des Christentums im allgemeinen. Sie sind verantwortlich für alle Häresien des Glaubens und der Moral, und sie verursachen die Spaltungen und Schismen in der universalen christlichen Gemeinschaft. So wurde die zentrale Tatsache der göttlichen Liebe, die Fleischwerdung des Wortes und die Person des Gottmenschen, von Anfang an das besondere Objekt der Versuche von „Juden" und „Griechen, sie in eine Tatsache der Macht oder der Weisheit umzuformen. „Jesus Christus ist nur der Messias, der gesalbte und auserwählte Mensch, der von Gott gesandt ist", lehrten die „Juden" (die Ebioniten und Kerinthianer), welche die göttliche Fleischwerdung als unvereinbar mit der Allmacht Gottes verneinten. „Das Wort ist Fleisch geworden, aber es ist nicht Gott; es ist sein Geschöpf", lehrten die „Juden" des 4. Jahrhunderts, die Schüler des Arius, inspiriert von der Idee, daß die Macht Gottes genügt, um ein Geschöpf von solcher Vollkommenheit zu schaffen, daß es imstande sein würde, das Werk des Heils zu vollbringen, ohne daß Gott selbst sich inkarniert.

„Es gibt zwei Personen in Jesus Christus, eine göttliche und eine menschliche", sagten die „Griechen", bekannt unter dem Namen „Nestorianer", die einen unüberwindlichen Abgrund zwischen der absoluten göttlichen Weisheit und der relativen menschlichen Weisheit sahen und die nicht zugestehen konnten, daß die erstere sich mit der letzteren ohne Verminderung und Verfinsterung vereinigt. – „Es gibt nur eine einzige Natur in Jesus Christus", lehrten dagegen die „Juden", bekannt unter dem Namen „Eutychianer", die blind waren für die Vereinigung beider Naturen, der göttlichen und der menschlichen durch die

*Liebe,* ohne daß die eine sich in der anderen verliert oder daß sich beide verlieren, indem sie eine dritte Natur gebären. Sie meinten, die Vereinigung beider Naturen könne nur *substantiell* sein und die göttliche Allmacht könne dieses alchimistische Wunder der Verschmelzung der beiden Naturen sehr wohl *substantiell* vollbringen.

Die darauf folgenden „Juden", bekannt als „Monophysiten" und „Jakobiten", griffen die Lehre des Eutychianismus wieder auf und gründeten ihre eigenen Kirchen.

Zugleich verneinten die „Griechen", die überzeugt waren, daß es nur entweder Weisheit oder Unwissenheit gibt – die erstere reiner Geist und die letztere Materie – die Realität der beiden Naturen im Gott-Menschen und damit die Realität der *Inkarnation* selbst, weil die *Inkarnation* der Weisheit ihre Herabsetzung auf den Zustand der Unwissenheit mit sich bringen würde. Darum lehrten die „Doketen" (der Name, den man ihnen beilegte), daß die Menschheit des WORTES nur scheinbar war, daß also der Körper Jesu Christi nur ein Phantom war.

Der „Grieche" Apollinaris (4. Jahrhundert) hielt es für nötig, das Verhältnis zwischen den beiden Naturen zu ändern und die Gegenwart der menschlichen Natur in Jesus Christus um ein Drittel einzuschränken. So lehrte er, daß die vollständige menschliche Natur aus drei Prinzipien bestehe: Körper, Seele (Psyche) und Geist (Pneuma), während die Menschheit in Jesus Christus nur aus zwei Prinzipien bestehe – Körper und Seele, da sein menschlicher Geist ersetzt worden sei durch das göttliche Wort. Hier sieht man wiederum dasselbe „griechische" Bestreben, die göttliche Weisheit unversehrt und nicht verdunkelt durch das menschliche Element bewahren zu wollen.

So bemühten sich die „Griechen", hingegeben an die Sache der Überlegenheit der Weisheit, und die „Juden", hingegeben an die der Überlegenheit der Macht Gottes, im Laufe der Jahrhunderte das Prinzip der Liebe zu entthronen zugunsten der Prinzipien, sei es der Weisheit, sei es der Macht.

Der Kampf um das Prinzip der Liebe, der im Altertum begonnen hat, setzte sich während des Mittelalters und danach fort; er setzt sich noch heute fort rings um die Kirche, im Schoße der Kirche und im Innern der Seele jedes einzelnen Christen. Denn was war der Kampf zwischen den extremen „Realisten" und den extremen „Nominalisten" im Schoße der mittelalterlichen und modernen Schule (Scholastik) anderes als der Kampf zwischen „Griechen" („Realisten") und „Juden" („Nominalisten")? Und der Kampf zwischen „Rationalisten" („ratio nobilior potestas") und „Voluntaristen" („voluntas nobilior potestas") im Schoße derselben Schule? – Für die „Realisten" und „Rationalisten" waren Ideen objektive Wirklichkeiten und Gottes Vernunft war seinem Willen übergeordnet, während für die „Nominalisten" und „Voluntaristen" die Ideen nur „Namen" waren, unter die man die

Phänomene einordnet, nützliche *Abstraktionen* hinsichtlich der Einordnung der Phänomene, und Gottes Willen war seiner Vernunft übergeordnet. Also ist für die letzteren Gott an erster Stelle allmächtiger Wille, während er für die erstern vor allem Vernunft von unendlicher Weisheit ist.

Und die *Liebe* Gottes? Dieses dritte, in höchstem Maße christliche Prinzip hielt das Gleichgewicht im Laufe der Jahrhunderte und hält es noch immer, indem sie die völlige Spaltung und den Verfall der Christenheit verhütet. Soweit es im Schoße der Christenheit Frieden gibt, wird es nur dem Prinzip des Primats der *Liebe* verdankt.

Denn der völlige Sieg des „Realismus" mit seinem Glauben an das „Allgemeine" auf Kosten des Individuellen würde das Christentum in Strenge und Grausamkeit erstickt haben. Dies hat sich mit genügender Deutlichkeit in der historischen Tatsache der Inquisition offenbart, denn diese war die praktische Schlußfolgerung aus dem Grunddogma des Realismus: *„Das Allgemeine ist dem Individuellen übergeordnet"* und die dementsprechend handelte.

Und der völlige Sieg des „Nominalismus" würde das Christentum in der Relativität von individuellen und persönlichen Meinungen, Glaubensrichtungen und Offenbarungen zersplittert haben, bis es zu Staub zerfallen wäre. Die Hunderte von protestantischen Sekten und von Glaubensweisen, zu glauben im Schoße dieser Sekten, beweisen es mit absoluter Sicherheit.

Nein, insofern es Einheit im Raum (Kirche) und in der Zeit (Tradition) des Christentums gibt, geht sie weder auf „realistische" Strenge noch auf „nominalistische" Nachsicht zurück, sondern auf den Frieden des Ausgleichs zwischen „griechischer" und „jüdischer" Tendenz, den herzustellen und aufrechtzuerhalten der „christlichen" Tendenz der Liebe gelungen war. Wenn dem nicht so wäre, würde die ganze christliche Welt jetzt in zwei Lager gespalten sein – in ein Lager, wo man ersticken würde in „hugenottischer Langeweile" und „puritanischer Strenge", einer Art Calvinismus (Calvin war „Realist"), und in ein Lager, wo jede Familie oder sogar jeder einzelne eine kleine Religion und eine kleine Privatkirche haben würde (Luther war „Nominalist"), so daß das *Christentum* als solches nur eine Abstraktion sein würde, nur ein *Name* oder ein Wort („mere vox" oder „flatus vocis").

Um diese Dinge geht es, wenn man sich dem Problem der Waage stellen will. Man begegnet denselben Konflikten wie ganz allgemein im Christentum so auch im Schoße der hermetischen oder „okkultistischen" Tradition und Bewegung. Auch dort gibt es „Griechen", „Juden" und „Christen". Die „Juden" suchen dort „Wunder", d.h. Tatsachen der magischen Realisation, und die „Griechen" trachten nach einer absoluten Theorie, die sich zu den exoterischen Philosophien so verhalten würde, wie die Algebra zur Arithmetik. So praktizierten

Martines de Pasqually und der Kreis seiner Jünger die zeremonielle Magie mit der Absicht, bis zur Beschwörung des Auferstandenen selbst zu gelangen. Hoëne-Wronski dagegen hatte ein absolutes System der „Philosophie der Philosophien" ausgearbeitet, das dazu dienen sollte, innerhalb seines Rahmens jede Philosophie der Vergangenheit, Gegenwart und Zukunft zu verstehen und an den ihr eigenen Platz zu stellen.

Fabre d'Olivet[5] und Saint-Yves d'Alveydre[6] (der Verfasser des Systems der Hauptkriterien von allen philosophischen, religiösen und wissenschaftlichen Lehren der Vergangenheit, Gegenwart und Zukunft) repräsentieren die „griechische" Tendenz par excellence in der hermetischen oder okkultistischen Bewegung. Eliphas Lévi und die Verfasser der Schriften über praktische Magie und Kabbala, die sein Werk im 19. und 20. Jahrhundert bis heute fortsetzten, repräsentieren dagegen die „jüdische" Tendenz.

Louis-Claude de Saint-Martin trennte sich, nachdem er mit dem intimen Kreis der Schüler von Martines de Pasqually zusammengearbeitet hatte, von dem Kreis und dem Werk seines Meisters. Er tat es als Freund, nicht als Gegner, und ohne im geringsten an der Realität der in diesem Kreis geübten Magie zu zweifeln. Er tat es, weil er den „inneren Weg" gefunden hatte, dessen Erfahrungen und Verwirklichungen von größerem Wert sind als die von „Magie, Theurgie, Nekromantie und künstlichem Magnetismus".

„Diese Arten von Klarheiten (Ergebnisse der Ausübung von Riten der hohen Theurgie) sollen denen gehören, die direkt berufen sind, davon Gebrauch zu machen, auf Anordnung Gottes und zur Offenbarung seines Ruhmes. Und wenn sie auf diese Art berufen sind, gibt es nichts, was Anlaß gäbe, sich zu beunruhigen über ihre Unterweisung, denn sie empfangen dann, ohne jede Unklarheit, tausendmal mehr Begriffe und tausendmal sicherere Begriffe als diejenigen, die ein einfacher Amateur wie ich ihnen auf diesen Grundlagen geben könnte.

Davon zu andern reden wollen, und noch dazu öffentlich, heißt ganz unnötig eine eitle Neugierde erregen und mehr für den Ruhm des Schriftstellers als zum Nutzen des Lesers arbeiten. Wenn ich nun in meinen alten Schriften Unrecht dieser Art begangen haben sollte, würde ich es noch verstärken, wenn ich weiter darauf bestehen sollte, auf der Stelle zu treten. So werden meine neuen Schriften viel von der „zentralen Einweihung" sprechen, die durch unsere *Vereinigung* mit Gott uns alles lehren kann, was wir wissen sollten, und weit weniger von der beschreibenden Anatomie dieser heiklen Punkte, über die Sie meine Meinung hören möchten",

sagt Saint-Martin in einem 1797 datierten Brief[7].

Er hatte die „echte Theurgie“ im Bereich des inneren, spirituellen Lebens gefunden und verließ folglich die zeremonielle oder äußere Theurgie.

Andererseits begab sich Saint-Martin nicht auf den Weg des grandiosen intellektuellen Abenteuers, ein absolutes philosophisches System zu schaffen. Er blieb *praktisch;* er wechselte nur die Form der Praxis und wählte anstelle der zeremoniellen Magie die geheiligte oder göttliche Magie, die auf mystischer Erfahrung und gnostischer Offenbarung beruht. Er, Saint-Martin, repräsentiert die *dritte* Tendenz in der hermetisch westlichen Bewegung – die *christliche.*

Wie das Christentum im allgemeinen hat sich auch die Hermetik nur deswegen nicht völlig zersetzt, weil die „Christen“ in ihrem Schoße das Gleichgewicht zwischen „Juden“ und „Griechen“ halten. Wenn dem nicht so wäre, hätten wir jetzt zwei Schrifttümer und zwei gegensätzliche Bewegungen, die als Verbindendes nur einige Spuren der ehemals gemeinsamen Terminologie hätten. Die eine Strömung, die griechische, würde vielleicht einmal bei „dem Archeometer der vergangenen, gegenwärtigen und zukünftigen Archeometer“ ankommen, und die andere Strömung, die jüdische, bei der „zodiakalen Operation der Beschwörung der zwölf Throne“.

Indessen findet sich die Quelle des Lebens und der Lebensfähigkeit der ganzen hermetischen Strömung im Lauf der Zeitalter weder in der intellektuellen Theorie noch in der magischen Praxis. Sie wird durch Hermes Trismegistos, den vorchristlichen Weisen, in dem Dialog „Asclepius“, genau bestimmt:

„Ich kann es dir tatsächlich wie prophetisch erklären: Nach uns wird es keine aufrichtige Liebe zur Philosophie mehr geben, die einzig in dem Verlangen besteht, die Gottheit durch regelmäßige Kontemplation und heilige Frömmigkeit besser zu erkennen. Denn viele verderben sie schon durch alle Arten von Sophismen ... Sie vermischen sie mit verschiedenen intelligiblen Wissenschaften, mit der Arithmetik, der Musik und der Geometrie. Aber die reine Philosophie, diejenige, die nur abhängt von der Liebe zu Gott, darf sich für andere Wissenschaften nur in dem Maße interessieren, als diese ... sie hinführen, die Kunst und die Weisheit Gottes zu bewundern, anzubeten und zu segnen ... Die Gottheit mit einfachem Herzen und einfacher Seele anbeten, die Werke Gottes verehren, dem göttlichen Willen Dankbarkeit zu erweisen, der allein die Fülle des Guten ist, das ist die Philosophie, die von keiner üblen Neugierde des Geistes befleckt wird.“[8]

Versetzen wir diese Aussage der vorchristlichen Hermetik in die christliche Zeit, mit allen Umwandlungen, die dieses Versetzen mit sich bringt, und wir haben die ewige Wurzel der Hermetik, die Quelle ihres Lebens und ihrer Lebensfähigkeit. Der zitierte Text erscheint, wenn man ihn unter dem Gesichtspunkt der *Wissens*bereicherung betrachtet, als recht banal, ja als die Banalität selbst. Jeder fromme und auf seine fromme Unwissenheit stolze Zisterziensermönch des 12. Jahrhunderts hätte Verfasser dieses Textes sein können.

Betrachten wir ihn aber unter dem Gesichtspunkte des *Willens,* nehmen wir ihn als Anweisung zum Handeln – zum tausendjährigen Handeln der Vergangenheit und der Zukunft –, was sagt er uns dann?

Er sagt uns zunächst, daß es drei verschiedene Grundimpulse gibt, die jener Art von menschlicher Bemühung zugrunde liegen, welche das Gebäude der Wissenschaft und Philosophie zu bauen sucht, der Bemühung des Strebens nach Erkenntnis. Diese sind:

1. Die *Neugierde,* bei der man erkennen will, um zu erkennen, gemäß dem Prinzip „l'art pour l'art".
2. Die *Nützlichkeit,* bei der man zu der Bemühung der Forschung des Experiments und der Erfindung durch die menschlichen Lebensbedürfnisse geführt wird, die Arbeit fruchtbar zu machen, die Gesundheit zu erhalten und das Leben zu verlängern.
3. Die *Ehre Gottes,* bei welcher es weder Neugierde noch praktischen Nutzen gibt. Vielmehr führt, wie der große Paläontologe unserer Zeit, Pierre Teilhard de Chardin sagt, „die unermeßliche Kraft der göttlichen Anziehung ... in unser geistiges Leben ein höheres Prinzip der Einheit ein, dessen besondere Wirkung darin besteht, die menschliche Anstrengung zu heiligen"[9].

Nun gibt es Wissen, um zu wissen, Wissen, um dem Nächsten zu dienen, und Wissen, um Gott mehr zu lieben. Das Wissen, um zu wissen, läßt sich letztlich zurückführen auf das Versprechen der Schlange im Paradies:

„Ihr werdet sein wie Götter, die Gutes und Böses erkennen" (Gen 3,5).

Auf diesen Weg läßt sich also der Mensch um seiner eigenen Ehre willen ein. Darum verurteilen die alte Hermetik, die kabbalistische jüdische Hermetik und die christliche Hermetik einmütig die *Neugier* oder das Wissen, um zu wissen, als eitel, vermessen und unselig. So heißt es in einem Auszug aus dem heiligen Buch des Hermes Trismegistos mit dem Titel „Kore Kosmu – Tochter (oder Mündel) der Welt":

„Es ist ein kühnes Werk, den Menschen geschaffen zu haben, dieses Wesen mit aufdringlichen Augen und schwatzhafter Zunge, dazu bestimmt, zuzuhören dem, was ihn nichts angeht, mit inquisitorischem Geruchssinn, und der mit seiner fürchterlichen Fähigkeit des Berührens bis zum Exzeß alles ermessen wird. Ist er es, den du, o Schöpfer, beschlossen hast, von jeder Sorge frei zu lassen, er, der in seiner Verwegenheit die schönen Mysterien der Natur betrachten soll? ... Die Menschen werden die Wurzeln der Pflanzen ausreißen und die Eigenschaften der Säfte untersuchen. Sie werden die Arten der Steine erforschen, und sie werden diejenigen Lebewesen, die noch keinen Verstand haben, in ihrer Mitte öffnen, was sage ich, sie werden ihresgleichen sezieren in ihrem Verlangen, zu untersuchen, wie sie gebildet worden sind ... Sie werden sogar erforschen, was sich in der Tiefe der unzugänglichen Heiligtümer verbirgt. Sie werden die Wirklichkeit bis in die Höhe verfolgen, begierig, durch ihre Beobachtung zu erfahren, welches die festgesetzte Ordnung der Himmelsbewegung ist ... und werden sich dann, diese Unglücklichen, bewaffnet mit aufdringlicher Frechheit, nicht bis zum Himmel erheben?"[10]

So lautet die *Anklage* des Dämons Momus,

„ein Geist, ganz erfüllt von Kraft, jeder Besorgnis trotzend sowohl durch die Wucht des Körpers als auch durch die Macht seines Denkens" –

gegen den inquisitorischen Geist des Menschengeschlechtes.

Doch die Verteidigung der menschlichen Erkenntnisfähigkeit durch Hermes Trismegistos in der seinem Sohne TAT gewidmeten Abhandlung, die „Der Schlüssel" heißt, lautet:

„... der Mensch ist ein göttliches Lebewesen, das nicht verglichen werden darf mit den übrigen irdischen Lebewesen, sondern mit denen von oben im Himmel, die man Götter nennt. Oder vielmehr, wenn man wagen darf, die Wahrheit zu sagen, noch oberhalb dieser Götter ist der Mensch, der wirkliche Mensch, zu Hause oder wenigstens besteht völlige Machtgleichheit zwischen den einen und den anderen. Tatsächlich wird keiner der himmlischen Götter die Grenze des Himmels überschreiten und auf die Erde herabsteigen; der Mensch dagegen erhebt sich sogar bis zum Himmel und mißt ihn aus und weiß, was im Himmel, was oben ist, und was unten ist, und er lernt alles übrige mit Genauigkeit und, höchstes Wunder, er hat noch nicht einmal nötig, die Erde zu verlassen, um sich oben einzurichten, so weit erstreckt sich seine Macht! Man sollte schon wagen, es auszusprechen: der irdische Mensch ist ein sterblicher Gott, der himmlische Gott ein unsterblicher Mensch."[11]

Soweit also Anklage und Verteidigung. Das sich daraus ergebende Urteil ist, daß das „Wissen, um zu wissen", das Momus, der Ankläger, im Auge hatte, zu verurteilen ist, denn Momus hat recht, insofern man seine Anschuldigung auf den Antrieb bezieht, der nach „Wissen, um zu wissen" strebt. Andererseits ist die von Hermes Trismegistos vorgebrachte Verteidigung, insofern sie sich auf den Gebrauch der erkennenden Fähigkeit bezieht, sei es zur Ehre Gottes, sei es für den Dienst am Nächsten, gut begründet und gerecht. Es gibt also ein legitimes, sogar rühmliches Wissen und ein widerrechtliches, eitles, aufdringliches und vermessenes Wissen.

Nun ist die Hermetik, ihre Seele und ihr Leben, der jahrtausendealte Strom in der Menschheitsgeschichte der *Erkenntnis zur Ehre Gottes,* während das Gebäude der heutigen offiziellen Wissenschaften entweder der Nützlichkeit oder dem Verlangen nach „Wissen, um zu wissen", also der Neugierde verdankt wird.

Wir Hermetiker sind Theologen jener heiligen, Gott offenbarenden Schrift, welche „die Welt" heißt, so wie die Theologen der heiligen, den lebendigen Gott offenbarenden Schriften insoweit Hermetiker sind, wie sie ihr Bemühen der Verherrlichung Gottes weihen. Wie die Welt nicht nur ein materieller Leib ist, sondern auch Seele und Geist, ebenso sind die heiligen Schriften nicht nur tote Buchstaben, sondern auch Seele und Geist. Darum ist unsere dreifache Wissenschaft der dreifachen Welt der Verherrlichung der heiligen Dreifaltigkeit im Laufe der Jahrhunderte gewidmet, ganz wie es die dreifache Wissenschaft der göttlichen Offenbarung durch die heiligen Schriften ist. Sind wir nicht aufgerufen, wir, die Theologen der Welt, und ihr, die Theologen der heiligen Schriften, am gleichen Altar zu wachen und die gleiche Aufgabe zu erfüllen, die Lampe in der Welt nicht erlöschen zu lassen, die zur Ehre Gottes entzündet ist? Ist es nicht unsere gemeinsame Pflicht, sie mit dem heiligen Öl menschlicher Bemühung zu versorgen, damit die Flamme niemals erlischt und immer Zeugnis gibt von Gott durch eben die Tatsache, daß sie existiert und nicht erlischt von Jahrhundert zu Jahrhundert? Ist nicht endlich die Zeit gekommen, wo wir Hermetiker uns Rechenschaft geben sollten über die unbestreitbare Tatsache, daß wir es der Kirche verdanken, daß wir Luft haben zum Atmen und Platz, Obdach und Zuflucht in dieser Welt des Materialismus, Etatismus, Nationalismus, Technologismus, Biologismus und Psychologismus? Insoweit die Kirche lebt, leben wir. Wenn erst einmal die Glockentürme der Kirchen zum Schweigen gebracht sind, werden auch alle menschlichen Münder, die der Ehre Gottes dienen wollen, zum Schweigen gebracht werden. Wir leben und sterben mit der Kirche. Denn zum Leben bedürfen wir der Luft zum Atmen, der Atmosphäre der Frömmigkeit, des Opfers und der Anerkennung des Unsichtbaren als höherer Wirklichkeit. Diese Luft, diese Atmosphäre in der Welt besteht in ihr nur dank der Kirche. Ohne sie würde die Hermetik, was sage ich! jede idealistische Philosophie, jeder metaphysische Idealismus erstickt werden in Utilitarismus, Materialismus, Industrialismus, Technologismus, Biologismus und Psychologismus.

Lieber Unbekannter Freund, stellen Sie sich die Welt ohne die Kirche vor, die Welt der Fabriken, der Clubs, des Sports, der politischen Versammlungen, der Universitäten und Künste, die nur dem Nutzen oder der Erholung dienen, wo Sie nirgends Worte des Lobpreises der heiligen

Dreifaltigkeit oder der Segnung in ihrem Namen hören würden. Stellen Sie sich eine Welt vor, in der Sie niemals die menschliche Stimme sagen hören werden:

„Gloria Patri et Filio et Spiritui Sancto, sicut erat in principio et nunc et semper, et in saecula saeculorum – Ehre sei dem Vater, dem Sohn und dem Heiligen Geist, wie es war im Anfang so auch jetzt und allezeit und in Ewigkeit“,

oder:

„Benedicat vos omnipotens Deus, Pater et Filius et Spiritus Sanctus – Es segne euch der allmächtige Gott, der Vater und der Sohn und der Heilige Geist.“

Eine Welt ohne Anbetung und ohne Segnung ... Wie würde die psychische Atmosphäre dann allen Ozons beraubt sein, wie leer und kalt würde sie sein! Glauben Sie, daß die Hermetik dort existieren und auch nur einen einzigen Tag leben könnte!?

Machen Sie also Gebrauch von der Waage der Gerechtigkeit und wägen Sie unparteilich. Wenn Sie es getan haben, werden Sie zweifellos sagen: Niemals werde ich in Gedanken, durch Wort oder Tat Steine gegen die Kirche werfen, denn sie ist es, die die menschliche Bemühung zur Ehre Gottes möglich macht, anregt und beschützt. Da die Hermetik ein solches Bemühen ist, kann sie nicht existieren ohne die Kirche. Wir Hermetiker haben nur die Wahl: entweder als Parasiten zu leben (denn nur dank der Kirche *können* wir leben), wenn wir fremd oder feindlich zur Kirche stehen, oder als ihre Freunde und treuen Diener, wenn wir verstehen, was wir ihr schulden, und angefangen haben, sie zu lieben.

Es ist an der Zeit, daß die hermetische Bewegung wirklichen und christlichen Frieden mit der Kirche schließt und aufhört, ihr quasi illegitimes Kind zu sein, das ein halbgeduldetes Leben im Halbschatten der Kirche führt, und daß sie endlich ein adoptiertes, wenn nicht gar anerkannt legitimes Kind wird.

„Zum Lieben braucht es zwei.“ Mancher Anspruch ist aufzugeben, damit sich dies erfüllt, aber es ist sicher, daß, wenn beide in Frage kommenden Parteien nur die Ehre Gottes im Herzen haben, sich alle Hindernisse auf dem Weg zu diesem Frieden in Rauch auflösen werden.

In Rauch aufgehen möge der Anspruch gewisser Hermetiker, die Autorität zu besitzen, eigenmächtig kleine Kirchen zu begründen und Altar gegen Altar, Hierarchie gegen Hierarchie zu errichten.

In Rauch aufgehen möge andererseits der Anspruch gewisser Theologen, das höchste Gericht ohne spätere Berufungsinstanz zu sein in allem, was die Ebenen der Welt oberhalb derjenigen der fünf Sinne betrifft. Die Lektion, die von Kopernikus und Galilei den Theologen erteilt wurde, die sich die Autorität des höchsten Gerichts für die sinnlich wahrnehmbare Welt anmaßten, kann sich auf höheren Ebenen der Welt wiederholen, wenn der anmaßende Geist der Richter Galileis auf anderen Ebenen der Welt erneut in Erscheinung tritt. Gewiß sind die offenbarten, also absoluten Heilswahrheiten dem Lehramt der Kirche anvertraut, also der Auslegung, Erklärung und Darstellung durch kompetente Theologen; aber das unermeßliche Gebiet, in dem das Heil sich auswirkt – die physische, vitale, seelische und geistige *Welt,* ihre Struktur, ihre Kräfte, ihre Wesen, ihre wechselseitigen Beziehungen, ihre Umwandlungen und die Geschichte ihrer Umwandlungen – alle diese Aspekte des Makrokosmos und des Mikrokosmos und viele andere, sind sie nicht das Feld der Arbeit zur Ehre Gottes und zum Nutzen des Nächsten, für all diejenigen, die diese Arbeit tun und nicht die ihnen vom Meister anvertrauten Talente in der Erde vergraben und unnütze Diener sein wollen (Mt 25, 14–30)?

Wenden wir uns also an die Waage der Gerechtigkeit – die zu gleicher Zeit die Waage des Friedens ist –, nehmen wir unsere Zuflucht zu ihr, weihen wir uns ihr, dienen wir ihr! Dann werden wir die universale und ewige Magie der Gerechtigkeit für das universale und allgemeine Wohl ins Werk setzen. Denn wer die Waage der Gerechtigkeit anruft, wer sie als Methode praktischer Schulung des Denkens, Fühlens und Wollens nimmt, für den gilt die Seligpreisung der Bergpredigt:

„Selig, die hungern und dürsten nach der Gerechtigkeit, denn sie werden gesättigt werden“ (Mt 5, 6).

„Gesättigt“, das besagt, die Gerechtigkeit wird geübt werden. Seien wir also gerecht gegenüber den Theologen, und sie werden uns gegenüber gerecht sein. Anerkennen wir unsere gerechten Pflichten gegenüber der Kirche, und sie wird unsere gerechten Ansprüche anerkennen. Das ist wirklicher *Friede,* d. h. das Werk der Waage der Gerechtigkeit.

Da wir uns auf den Weg der geistigen Übung der Waage der Gerechtigkeit begeben haben (denn *alle* Arcana des Tarot sind in erster Linie geistige Übungen), haben wir diese Übung auch gründlich und vollständig auszuführen – was nicht der Fall wäre, wenn wir versäumten, die Waage der Gerechtigkeit in unserem Denken und unseren Herzen auf einen anderen Bereich anzuwenden, in dem es noch keinen Frieden gibt und die Gerechtigkeit erst zu begründen ist.

Es ist der *Bereich der Beziehungen* zwischen der Hermetik und der offiziellen Wissenschaft.

Ebenso wie es an der Zeit ist, daß die Hermetik Frieden schließt mit der Kirche und ihren rechten Platz in ihrem Schoße findet, ist es auch an der Zeit, daß sie wirklichen Frieden mit der Akademie schließt und dort ihren gebührenden Platz findet. Denn bisher ist die Hermetik in den Augen der Akademie nur ein illegitimes Kind, die Frucht der dunklen Verbindung einer ihrer Berufung ungetreuen Religion mit einer ihren Berufung ungetreuen Wissenschaft. Mit anderen Worten, die Hermetik ist eine schlechte Mischung aus falscher Religiosität und einem falschen wissenschaftlichen Geist. Die Hermetiker sind in den Augen der Akademie nur eine Sippschaft, die sich aus schlechten Gläubigen und schlechten Gelehrten rekrutiert.

Machen wir noch einmal Gebrauch von der Waage der Gerechtigkeit! Ist die vorgetragene Kritik begründet? – Ja, sie ist es. Sie ist wohlbegründet, weil sowohl die Kirche als auch die Akademie auf den drei heiligen Gelübden des Gehorsams, der Armut und der Keuschheit ruhen, während wir Hermetiker uns als Hohepriester verhalten, ohne die Sakramente und die Zucht, die dazu gehören, und als Akademiker ohne die Prüfungen und die erforderliche Disziplin. Wir wollen weder der religiösen Disziplin *gehorchen* noch derjenigen der Wissenschaft. Dabei ist es der Gehorsam – oder die *Disziplin* –, die der moralischen Größe der Kirche und der intellektuellen Größe der Akademie zugrunde liegt.

Die Askese der Akademie erfordert Gehorsam gegenüber der Autorität der Tatsachen, der strengen Beweisregeln und der Zusammenarbeit, die Keuschheit in Form völliger Nüchternheit und die Armut in Gestalt der unterstellten Unwissenheit als Ausgangspunkt jeglicher Forschungsarbeit. Ein wahrer Gelehrter ist ein objektiver, nüchterner Mensch, der offen ist für jede Erfahrung und jeden neuen Gedanken. Die Tatsache, daß die wahren Gelehrten so selten sind wie die Heiligen der Kirche, ändert nichts daran, daß sie es sind, die die Wissenschaft repräsentieren. Denn nicht die Kranken und Krüppel repräsentieren eine Familie, sondern ihre gesunden Mitglieder.

Nun ist wahre Wissenschaft die Disziplin der Objektivität, der Nüchternheit und des Fleißes oder, mit anderen Worten, die Disziplin der Gelübde des Gehorsams, der Keuschheit und der Armut.

Denn man kann nicht fleißig sein, wenn man nicht arm ist, da Reichtum immer Faulheit mit sich bringt. Man kann nicht nüchtern sein, ohne Abscheu zu haben vor allem, was berauscht – darin besteht die Keuschheit – und man kann nicht objektiv sein, ohne Gehorsam gegenüber der Erfahrung und den strengen Regeln der Forschung.

Dank der Praxis dieser drei heiligen Gelübde macht die Wissenschaft wirkliche Fortschritte. Dank ihrer schreitet sie fort in die *Tiefe,* d.h. in den eigentlichen Bereich der Hermetik. Sie hat drei große Entdeckungen im Bereich der Tiefe gemacht: sie ist in die biologische Tiefe eingedrungen und hat dort das *Gesetz der Evolution* entdeckt; sie ist in die Tiefe der Materie eingedrungen und hat dort die *reine Energie* gefunden; sie hat gewagt, in den Bereich der seelischen Tiefe einzudringen und hat dort eine Welt von *okkultem Bewußtsein* entdeckt. Die drei großen Entdeckungen der Wissenschaft – die Evolution, die Kernenergie und das Unbewußte – haben die Wissenschaft zu einer Mitarbeiterin, wenn nicht Rivalin der Hermetik gemacht aufgrund der Tatsache, daß sie in den Bereich eingetreten ist, welcher der Hermetik zu eigen ist – den Bereich der Tiefe.

Die Hermetik teilt also jetzt ihren angestammten Bereich mit der Wissenschaft. Als Schwester oder als Rivalin? – Das ist die Frage, von der alles abhängt.

Alles hängt von unserer Entscheidung ab, der Entscheidung von uns heutigen Hermetikern, uns entweder in den *Dienst* der Wissenschaft zu stellen bei ihrem Bemühen, die Region der Tiefen zu untersuchen, oder in *Rivalität* mit ihr zu treten. Die Entscheidung zu dienen impliziert und erfordert den Verzicht auf die Rolle, eine esoterische und sakrale Wissenschaft zu repräsentieren, die verschieden ist von der exoterischen und profanen. Es handelt sich darum, auf den Wunsch zu verzichten, Lehrstuhl gegen Lehrstuhl zu errichten, ganz wie es sich der Kirche gegenüber um den Verzicht handelt, Altar gegen Altar zu stellen. Wenn die Hermetik beansprucht, eine Wissenschaft zu sein – d. h. ein allgemeingültiges und objektiv beweisbares Lehrgebäude –, kann sie nur eine schlechte Figur machen. Denn da sie wesentlich *esoterisch,* d. h. intim und persönlich ist, kann sie nicht mit irgendeinem nennenswerten Erfolg die Rolle einer allgemeingültigen, für alle Welt beweisbaren Wissenschaft spielen.

Der esoterische Charakter der Hermetik und die Allgemeingültigkeit der Wissenschaft schließen einander aus. Man kann nicht – und soll nicht – etwas Intimes und Persönliches, d. h. etwas *Esoterisches,* so darstellen, als ob es eine allgemeine, d. h. *wissenschaftliche* Gültigkeit habe.

Ja, auch ich weiß mit hundertprozentiger Sicherheit, daß es große Wahrheiten in der Hermetik gibt, aber diese Wahrheiten sind nicht *wissenschaftlich,* d. h. nicht allgemeingültig. Sie sind nur gültig für einzelne Persönlichkeiten, die denselben Hunger und denselben Durst wie ich haben, dasselbe Ideal wie ich und, vielleicht, dieselben Erinnerungen an die ferne Vergangenheit wie ich. Sie sind nur gültig für die Mitglieder „meiner Familie", für die Menschen, die ich „meine Unbekannten Freunde" nenne, und an die diese Briefe gerichtet sind.

Die Hermetik ist keine Wissenschaft, die sich von anderen Wissenschaften unterscheidet oder ihnen entgegengesetzt ist. Sie ist auch keine Religion. Sie ist die Einheit der offenbarten ebenso wie der durch menschliche Bemühung erworbenen Wahrheit im inneren Forum des persönlichen und intimen Bewußtseins. Da sie für jeden die intime und persönliche Synthese von Religion und Wissenschaft ist, kann sie weder mit der einen noch mit der anderen rivalisieren. Der Bindestrich hat nicht die Funktion, die beiden Begriffe zu ersetzen, die er vereinigt. Der wahre Hermetiker ist also derjenige, der sich selbst der doppelten *Disziplin* unterwirft – jener der Kirche und jener der Akademie. Er betet und er denkt. Und er tut es mit der Glut und Aufrichtigkeit eines Sohnes der

Kirche, wenn es sich um das Gebet handelt, und mit der Disziplin und dem Fleiß eines wissenschaftlich Arbeitenden der Akademie, wenn es sich um das Denken handelt. „Ora *et* labora – bete *und* arbeite" ist seine Formel, wobei das „Und" der legitime Platz der Hermetik ist. Sie ist die geöffnete Tür im inneren Forum des Bewußtseins zwischen dem Oratorium und dem Laboratorium; sie ist die *Tür* zwischen beiden – und nicht ein *anderes* Laboratorium oder ein *anderes* Oratorium.

*Ora* et *labora. Oratorium* und *Laboratorium* vereint im inneren Forum der Persönlichkeit. – Was ist das letztlich anderes als die Anwendung der Waage der Gerechtigkeit?

Wenn man die Hermetik als Waage „ora et labora" versteht, impliziert dies manche Richtigstellung von Denkgewohnheiten, die seit der zweiten Hälfte des 19. Jahrhunderts in den Kreisen der Hermetiker Wurzel gefaßt haben. Folgendes Beispiel habe ich wegen seiner großen spirituellen Bedeutung gewählt.

Die christlichen Hermetiker sind sich über die Einzigkeit der Mission und der Person Jesu Christus in der spirituellen Geschichte der Menschheit einig. Für sie verhält sich Jesus Christus zu anderen spirituellen Meistern der Menschheit (Krishna, Buddha, Moses, Orpheus usw.) wie die Sonne zu den Planeten des sichtbaren Himmels. Hierin unterscheiden sie sich von den modernen Theosophen der Schule von Blavatsky und von den orientalisierenden Okkultisten und Esoterikern (Yoga, Vedanta, Sufi, Mazdadznan, Schule von Gurdjieff). Sie sind also Christen in dem Sinne, daß sie die Einmaligkeit der göttlichen Inkarnation anerkennen, die Jesus Christus ist.

Zugleich ist in den Kreisen der zeitgenössischen Hermetiker die Tendenz ausgeprägt, wenn nicht gar vorherrschend, sich mehr mit dem „kosmischen Christus" oder dem „Logos" zu befassen als mit der menschlichen Person des „Menschensohnes", mit Jesus von Nazareth. Man schreibt dem göttlichen und abstrakten Aspekt des Gott-Menschen mehr Wichtigkeit zu als seinem menschlichen und konkreten Aspekt.

Nehmen wir also noch einmal die Waage der Gerechtigkeit zu Hilfe und wägen wir die Alternative: „kosmisches Prinzip" und „konkrete Persönlichkeit des Meisters".

Betrachten wir zuerst, welche Auswirkungen oder Früchte das Streben nach Erkenntnis des Logos und das nach Kontakt mit Jesus Christus, dem Meister, erfahrungsgemäß hervorbringen.

In erster Linie muß man feststellen: nicht die Offenbarung oder Erkenntnis des kosmischen Logos hat den neuen spirituellen Elan ausgelöst, der sich in den Aposteln, Märtyrern und Heiligen zeigte und den wir „Christentum" nennen, sondern das Leben, der Tod und die Auferstehung Jesu Christi. Nicht im Namen des Logos hat man Dämonen ausgetrieben, Kranke geheilt und Tote auferweckt, sondern im Namen Jesu Christi (Apg 4,12; Eph 1,21; Phil 2,9ff),

„der über alle Namen ist, auf daß im Namen Jesu sich jedes Knie beuge im Himmel, auf der Erde und unter der Erde und jede Zunge zur Ehre Gottes des Vaters bekenne: Jesus Christus ist der Herr" (Phil 2,9 ff).

Der Kontakt mit der Person Jesus Christus war es, der den Strom der Wunder und Bekehrungen entfesselt hat. Und so ist es noch heute. Was den kosmischen Logos betrifft, so war seine Idee im Anfang des Christentums weder neu noch packend. Die hellenistischen Hermetiker (siehe Poimandres), die Stoiker und Philo von Alexandrien hatten darüber fast alles gesagt, was man mit philosophischen, gnostischen und mystischen Begriffen darüber sagen kann. Der hl. Johannes beabsichtigte folglich nicht, in seinem Evangelium eine neue Logos-Lehre vorzutragen, sondern Zeugnis abzulegen von der Tatsache, daß der Logos „Fleisch geworden war und daß er mitten unter uns gewohnt hat".

Es ist jedoch Jesus Christus, der der Logos-Idee die Wärme und das Leben gegeben hat, die das lebendige Christentum schufen, während der Logos-Idee der alten Weisen – obwohl wahr – diese Wärme und dieses Leben fehlten. Es gab zwar Licht, darin aber die *Magie* fehlte.

Und so ist es noch heute.

Philipp von Lyon (1849–1905), der Wundertäter, schrieb alle wunderbaren Heilungen und andere Wunder dem „Freunde" zu: „Ich tue nichts, als ihn für euch zu bitten, das ist alles", sagte er[12].

Dieser „Freund" war Jesus Christus.

Philipp von Lyon war der „spirituelle Meister" von Papus. Papus hatte noch einen anderen Meister, der sein „intellektueller Meister" war. Das war der Marquis Saint-Yves d'Alveydre, der Verfasser der „Missions" und des „Archéomètre". Dieser hatte sich ganz dem Bemühen gewidmet, den Logos oder den kosmischen Christus zu verstehen und verständlich zu machen. Zugleich diente Philipp von Lyon, „der Vater der Armen", dem Werk Jesu Christi durch Heilen, Pflegen und Erleuchten von Menschen aller sozialen Klassen (sowohl der kaiserlichen Familie von Rußland als auch der Arbeiter von Lyon), indem er sich zum Werkzeug Jesu Christi machte.

Der eine gelangte zu der Erfindung eines *intellektuellen Instruments* – des Archeometers –, dessen er sich bediente, um die kosmische Logik des Werkes des Logos in der Geschichte der Menschheit zu verstehen und auszudrücken; der andere aber machte sich selbst zum *Instrument* der göttlichen Magie Jesu Christi, um seinem Nächsten zu dienen.

Papus stand zwischen dem Meister des Panlogismus und dem Meister der göttlichen Magie. Er fand sich vor die Wahl gestellt zwischen dem Weg des Logismus von Fabre d'Olivet, Hoëne-Wronski und Saint-Yves d'Alveydre und dem Weg der göttlichen Magie des individuellen Kontaktes mit Jesus Christus, repräsentiert durch den reifen Eliphas Lévi, Philipp von Lyon und alle christlichen Heiligen. Hat er die Wahl zwischen diesen beiden Wegen getroffen? Ja und nein; er hat sie in dem Sinne getroffen, daß er die Überlegenheit der „Magie der Liebe" über die „zeremonielle Magie" begriff, und ebenso die Überlegenheit des Kontaktes mit dem Meister sowohl über alle „magischen Ketten" wie über alle theoretischen Erkenntnisse des kosmischen Logos. *Nein* in dem Sinne, daß er Saint-Yves d'Alveydre und seinem Werk nicht den Rücken gekehrt hat, sondern ihm treu geblieben ist bis zu seinem Tode und über seinen Tod hinaus – was ihm in den Augen aller Menschen von Herz zur Ehre gereicht, während das Handeln nach dem Grundsatz „Das Fest ist vorüber, der Heilige vergessen" nur betrüben kann. Indessen ist die von Papus eingenommene Haltung gegenüber den beiden Wegen und den beiden Meistern nicht nur menschlich nobel, sie enthüllt noch etwas darüber hinaus.

Sie enthüllt die Treue von Papus zur Hermetik. Denn die Hermetik ist der im individuellen menschlichen Bewußtsein aufgerichtete Athanor (Schmelzofen), wo das Quecksilber der Intellektualität in das Gold der Spiritualität umgewandelt wird. Der hl. Augustinus handelte als Hermetiker, indem er den Platonismus in christliches Denken umwandelte. Der hl. Thomas von Aquin handelte ebenso als Hermetiker, als er das gleiche mit dem Aristotelismus tat. Beide vollzogen das Sakrament der Taufe an dem geistigen Erbe Griechenlands. Dies ist genau das, was Papus mit dem des Panlogismus von Saint-Yves d'Alveydre und seiner Vorgänger tat – oder im Begriff war zu tun –, nachdem er seinem spirituellen Meister Philipp von Lyon, begegnet war. Es war weder ein Kompromiß noch die Unschlüssigkeit, Partei zu ergreifen, sondern vielmehr die hermetische Hoffnung, die Synthese von Intellektualität und Spiritualität zu vollenden. Diese innere Arbeit, deren Anfang ein herzzerreißender Konflikt zweier Gegensätze ist, hat Papus auf sich genommen. Wir können nicht mit Sicherheit sagen, ob und inwieweit sein Bemühen von Erfolg gekrönt war; sein zu früher Tod hat uns der Möglichkeit beraubt, Zeugen der reifen Früchte des geistigen Lebens von Papus zu werden. Seine Bemühungen, als Bindeglied zwischen Philipp von Lyon und Saint-Yves d'Alveydre zu dienen, waren auf dem äußeren Forum nicht erfolgreich, obwohl ähnliche Bemühungen von ihm bezüglich einer großen Anzahl von anderen Personen von Erfolg gekrönt waren, denn es war vorwiegend Papus, der Philipp von Lyon den Umgang mit Intellektuellen – Okkultisten und Medizinern – verschafft hat. Saint-Yves d'Alveydre aber wollte Philipp weder in Lyon sehen, noch ihn zu sich einladen.

So blieb das Werk von Papus unvollendet, wenigstens auf der sichtbaren Ebene. Es ist die Synthese zwischen Intellektualität und Spiritualität, zwischen kosmischem Logos und Fleisch gewordenem Logos – oder kurz, die *christliche Hermetik* als solche.

Die christliche Hermetik ist eine Aufgabe und keine historische Gegebenheit. Das bedeutet, daß es sich nicht um eine „Renaissance" der Hermetik handelt (wie in den hellenistischen Epochen des 12., 15., 17. und 19. Jahrhunderts), sondern um ihre *Auferstehung*. Renaissancen sind Reminiszenzen der Vergangenheit, wie sie von Zeit zu Zeit aus den Tiefen der menschlichen Seele an die Oberfläche kommen, während Auferstehung die Berufung zu einem gegenwärtigen und zukünftigen Leben bedeutet, den Ruf zur Erfüllung einer Zukunftsmission, gerichtet an das, was in der Vergangenheit ewigen Wert hatte, durch dieselbe Stimme, die Lazarus in das Leben zurückrief.

Die spirituelle Geschichte des Christentums ist die Geschichte der aufeinanderfolgenden Auferstehung der Werte der Vergangenheit, die würdig sind, ewig zu leben. Sie ist die Geschichte der Magie der Liebe, die die Toten auferweckt. So wurde der Platonismus wieder auferweckt, um für immer zu leben, dank des belebenden Hauches desjenigen, der bis in alle Ewigkeit die Auferstehung und das Leben ist: „Ego sum resurrectio et vita" (Jo 11,25). So wird auch der Aristotelismus am ewigen Leben teilhaben, und so wird schließlich auch die Hermetik bis an das Ende der Welt leben und vielleicht über das Ende der Welt hinaus ...

Moses und die Propheten leben und werden niemals sterben, denn sie haben ihren Platz in der ewigen Konstellation des Wortes der Auferstehung und des Lebens erworben. Die magischen Dichtungen und Gesänge von Orpheus werden auferweckt werden und in alle Ewigkeit leben als Farbe und Ton des Wortes der Auferstehung und des Lebens. Die Magie der Magier Zarathustras wird auferweckt werden und leben als ewiges menschliches Bemühen des Strebens nach Licht und Leben. Die von Krishna enthüllten Wahrheiten werden sich dem Zuge der ins ewige Leben Zurückgerufenen anschließen. Die alten kosmischen Offenbarungen der Rishis werden wieder aufleben und in der Menschheit von neuem den Sinn für die Wunder des Blauen, des Weißen und des Goldenen erwecken ...

Alle diese Seelen der spirituellen Geschichte der Menschheit werden einmal auferweckt, d.h. zurückgerufen, um sich mit dem Werk des Fleisch gewordenen, gestorbenen und wieder auferstandenen Wortes zu vereinen, auf daß die Wahrheit seines Versprechens erfüllt werde

„Ich bin gekommen, damit *nichts* verlorengehe und *alles* das ewige Leben habe" (Jo 6,38ff).

So ist auch die Hermetik zum Leben berufen – nicht bloß als Reminiszenz, sondern als auferweckte. Diese Auferweckung wird stattfinden, wenn diejenigen, die ihr treu bleiben – das heißt, in denen Erinnerungen an ihre Vergangenheit lebendig sind –, die Wahrheit verstanden haben werden, daß der Mensch der Schlüssel zur Welt ist und daß Jesus Christus der Schlüssel zum Menschen ist und daß Jesus Christus auch der Schlüssel zur Welt ist und daß die Welt – so wie sie vor dem Sündenfall war und nach der Wiederherstellung wiederum sein wird – das Wort ist und daß das Wort Jesus Christus ist und daß Jesus Christus den Vater offenbart, der Welt und Mensch übersteigt.

Durch Jesus Christus gelangt man zum Wort oder Logos; durch das Wort oder den Logos versteht man die Welt; und durch das Wort und die Welt, deren Einheit der Heilige Geist ist, kommt man zur ewig wachsenden Erkenntnis des Vaters. –

Das ist eine der Lehren aus der Waage der Gerechtigkeit, wenn man diese als geistige Übung nimmt. Sie kann uns aber noch manche andere Belehrungen erteilen, z. B. über das Problem der Karma oder des Gesetzes des Gleichgewichts in der Geschichte der Menschheit und in der Geschichte der menschlichen Individualität; über das Problem der Beziehungen zwischen (historischer, biologischer, astrologischer) Schicksalsfügung, Freiheit und Vorsehung; über das Problem der drei Schwerter (des Cherub von Eden, des Erzengels Michaël und des Engels der Apokalypse), über das Problem der Sanktion im Werk des kosmischen Gerichts; schließlich über das Problem der gnostischen Ogdoade (Achtheit). All diese Probleme verdienen gewiß, unter der Überschrift – oder besser noch: mit Hilfe der Waage der Gerechtigkeit behandelt zu werden. Tatsächlich verdienen sie es nicht nur, sondern müssen – oder müßten – unter dem Aspekt der Waage behandelt werden. Ich weiß es wohl, muß aber darauf verzichten, weil ich nicht einen ganzen Band über das achte Arcanum allein oder 22 Bände über die zweiundzwanzig Arcana schreiben kann. Ich habe nur unternommen, *Briefe* über die Arcana zu schreiben, und ein Brief darf kein Buch werden. Daher muß ich leider auf das Schreiben über viele Dinge – ja über die meisten – über die ich gerne geschrieben hätte, verzichten. Ich hege aber die Hoffnung, daß die *Methode* des Gebrauchs der Waage der Gerechtigkeit, die ich in diesem Brief nur illustrieren wollte, mit Sympathie und Aktivität aufgenommen wird und daß Sie, lieber Unbekannter Freund, diese – wenn Sie hier nicht behandelte Probleme erwägen – anwenden werden. Wenn Sie das tun, werden Sie vielleicht nicht nur die Befriedigung und die Freude neuer Erleuchtungen haben, sondern auch die, daß Sie die Luft der Redlichkeit und des moralischen Mutes zu unparteilicher Gerechtigkeit atmen. Vielleicht werden Sie außerdem noch die Erfahrung machen, die die am Ende des vorhergehenden Briefes aufgeworfene Frage beantwortet, nämlich: Welches ist die *achte* Kraft, die die sieben Kräfte des Astralleibs ins Gleichgewicht bringt? Denn diese achte Kraft wirkt beim Erwägen und Urteilen mittels der Waage der Gerechtigkeit im inneren Forum unseres Bewußtseins. Sie ist der „achte Planet“ oder der unbekannte Faktor, von dem in der Interpretation eines traditionellen astrologischen Horoskops mit den sieben Planeten soviel abhängt auch in der Auslegung der traditionellen charakterologischen Formel der Komposition und der Proportion des seelischen Organismus oder „Charakters“.

Denn gleichgültig, ob es sich um ein astrologisches Horoskop oder um eine charakterologische Studie handelt, es gibt immer ein X, von dem der *Gebrauch* der astrologischen oder charakterologischen Gegebenheit abhängt. Das ist der Faktor des *freien Willens,* der der Regel der traditionellen Astrologie zugrunde liegt: „Astra inclinant, non necessitant – Die Sterne machen geneigt, aber sie zwingen nicht."

Dieselbe Regel gilt für die „mikrokosmische Astrologie" oder die Charakterologie. Auch dort ist der freie Wille der unbestimmbare Faktor, der nicht erlaubt, mit Gewißheit vorauszusagen, welche Partei ein Mensch mit einem durchaus determinierten Charakter unter den und den Umständen ergreifen wird. Denn nicht der *Charakter* ist die Quelle für Urteil und bewußte Wahl, sondern vielmehr jene Kraft in uns, die wägt und urteilt mittels der Waage der Gerechtigkeit. Die *Freiheit* ist eine Tatsache, die man erfährt, wenn man weder mit seinem Temperament („Ätherleib") noch mit seinem Charakter („Astralleib") urteilt, sondern mit der Waage der Gerechtigkeit – oder mit unserem *Gewissen.* Das französische Wort für *Gewissen* („con-science") enthält die Idee der Waage, denn es impliziert das „Zusammen-Wissen", d.h. das Wissen um die Gegebenheiten der beiden Waagschalen, die an den Enden des Waagebalkens aufgehängt sind. Das *Gewissen* ist weder das Ergebnis noch die Funktion des *Charakters.* Es ist oberhalb desselben. Dort – und nur dort – beginnt und bleibt der Bereich der *Freiheit.* Man ist keineswegs frei, wenn man gemäß seinem Charakter oder seinem Temperament urteilt oder handelt; man ist es erst, wenn man gemäß der Waage der Gerechtigkeit oder dem Gewissen urteilt oder handelt. Die Gerechtigkeit, die Praxis der Waage, ist jedoch nur der Anfang eines langen Weges der Entwicklung des Gewissens und damit des Wachsens der Freiheit.

Das folgende Arcanum „Der Eremit" lädt uns zu der meditativen Bemühung ein, die dem Weg des Gewissens gewidmet ist.

1 *L.-C. de Saint-Martin,* Des Nombres (Paris 1861) § XIV, S. 55.
2 *F. Warrain,* La Théodicée de la Kabbale, S. 50.
3 Von der Bestimmung des Menschen (Bern – Leipzig 1935) S. 371.
4 Ebd. S. 361 366.
5 L'Histoire philosophique du Genre humain (Paris 1824, Nachdruck Lausanne o.J. [1974]).
6 L'Archéomètre ... (Paris 1911, Nachdruck 1979).
7 *R. Ambelain,* Le Martinisme (Paris 1946) S. 113.
8 *Hermes Trismegistos,* Asclepius 12–14, in: Corpus Hermeticum, Bd. II (Paris 1945) S. 311f.
9 *P. Teilhard de Chardin,* Werke, Bd. II: Der göttliche Bereich (Olten 6 1966) S. 50.
10 *Hermes Trismegistos,* Kore Kosmu, Fragment XXIII, 43–46, in: Corpus Hermeticum, Bd. IV (Paris 1954) S. 14f.
11 Abhandlung X, 24, 25, in: Corpus Hermeticum, Bd. I (Paris 1945) S. 125f.
12 *Ph. Encausse,* Le Maître Philippe de Lyon (Paris 1974) S. 280.

*Neunter Brief*

# DER EREMIT

## Das Arcanum des Gewissens

(Isis:) „Neige dein Ohr, mein Sohn Horus, denn du hörst hier die geheime Lehre, die mein Ahne Kamephis von Hermes erfuhr, dem Schreiber von Denkwürdigkeiten, der alle diese Tatsachen berichtet; und die mich dann Kamephis lehrte, unser aller Vorfahr, *als er mich ehrte mit der Gabe der vollkommenen Schwärze* (ὁποτ' ἐμὲ καὶ τῷ τελείῳ μέλανι ἐτίμησε)."[1]

„Denn Trismegistos, der schließlich, ich weiß nicht wie, fast die ganze Wahrheit entdeckt hat, beschrieb oft die Macht und Majestät des Wortes, wie es obiges Zitat erläutert, wo er (Hermes) die Existenz eines unaussprechlichen und heiligen Wortes verkündet, dessen Aussage das Maß der menschlichen Kräfte übersteigt (quo fatetur esse ineffabilem quendam sanctumque *sermonem*, cuius enarratio modum hominis excedat)."[2]

„Doch eng ist die Pforte und schmal der Weg, der ins Leben führt, und wenige sind es, die ihn finden" (Mt 7,14).

*Lieber Unbekannter Freund,*

Der Eremit! Ich freue mich, in der Reihe dieser Meditationsbriefe bei dieser ehrwürdigen und geheimnisvollen Figur des einsamen Wanderers angekommen zu sein, mit seinem roten Gewand unter dem blauen Mantel, der in seiner rechten Hand eine gelb- und rotfarbene Lampe hält und sich auf einen Stab stützt. Es ist der ehrwürdige und geheimnisvolle Eremit, der der Meister der intimsten und geliebtesten Träume meiner Jugend war, wie er übrigens der Meister der Träume aller Jugend in allen Ländern ist, die begeistert wurde von dem Ruf, die enge Pforte und den schmalen Weg des Göttlichen zu suchen. Nennen Sie mir ein Land oder eine Zeit, wo die wahrhaft junge, d.h. für das Ideal lebende Jugend nicht immer wieder die Vorstellung von der Gestalt eines weisen und guten Vaters hatte, eines geistigen Vaters, des Eremiten also, der die enge Pforte durchschritten hatte und auf dem schmalen Weg wandelt. Dem man sich ohne Rückhalt anvertrauen und den man grenzenlos verehren und lieben konnte. Welcher *junge* russische Mensch zum Beispiel hätte nicht eine Reise, gleichgültig von welcher Länge und Dauer, unternommen, um einem *Staretz* zu begegnen, d.h. einem weisen und guten Vater, einem geistigen Vater, dem *Eremiten?*

Welcher *junge* jüdische Mensch aus Polen, Litauen, Weißrußland, der Ukraine und Rumänien hätte es nicht ebenso gemacht, um einem chassidischen *Tsadik* zu begegnen, das heißt einem weisen und guten Vater, einem geistigen Vater, dem *Eremiten?* Welcher *junge* Mensch in Indien würde säumen, sich alle erdenkliche Mühe zu geben, um als Chela einen *Guru* zu finden und ihm zu begegnen, d.h. einem weisen und guten Vater, einem geistigen Vater, dem Eremiten?

Und verhielt es sich anders mit der Jugend um Origenes, Clemens von Alexandrien, den hl. Benedikt, den hl. Dominikus, den hl. Franz von Assisi, den hl. Ignatius von Loyola? War es anders mit der heidnischen Jugend von Athen um Sokrates und Platon?

Nicht anders war es auch im alten Persien um Zarathustra, Ostanes und die anderen Repräsentanten der geistigen Dynastie der Magier, die von dem großen Zarathustra begründet war. Nicht anders war es in Israel mit seinen Propheten-Schulen, seinen Nazoräern und seinen Essenern. Und nicht anders war es im alten Ägypten, wo die Gestalt des Gründers der Dynastie der „weisen und guten Väter“, die des Hermes Trismegistos, nicht allein für Ägypten, sondern auch für die ganze griechisch-römische Welt zum Urbild und Vorbild des weisen und guten Vaters geworden war – des Eremiten!

Eliphas Lévi hat die universale historische Bedeutung des Eremiten richtig empfunden. Darum konnte er die bewundernswerte Formulierung prägen:

„Der ist ein Eingeweihter, der die Lampe des Trismegistos, den Mantel des Apollonios und den Stab der Patriarchen besitzt.“[3]

In der Tat, der Eremit, der in der Vorstellung der „jungen“ Jugend immer wieder auftaucht, der Eremit der Legende und der Eremit der Geschichte, wird immer der einsame Mann mit der Lampe, dem Mantel und dem Stab sein. Denn er besitzt die Gabe, Licht erstrahlen zu lassen in der Finsternis – das ist seine „Lampe“; er besitzt die Fähigkeit, sich abzusondern von den Strömungen der kollektiven Stimmungen, Vorurteile, Sehnsüchte und Begierden, der Rasse, der Nation, der

Klasse und der Familie, die Fähigkeit, den Mißklang des lärmenden Kollektivismus um sich herum zum Schweigen zu bringen, um der hierarchischen Sphärenharmonie zu lauschen und sie zu verstehen – das ist sein „Mantel"; gleichzeitig besitzt er einen derart entwickelten Realitätssinn, daß er nicht nur mit zwei Beinen auf dem Boden der Wirklichkeit steht, sondern sogar mit dreien. Er schreitet nur voran, nachdem er den Boden durch unmittelbare Erfahrung selbst und ohne jeden Mittler *berührt* hat – das ist sein „Stab". Er schafft Licht, er schafft Schweigen und er schafft Gewißheit – gemäß dem Kriterium in der dreifachen Übereinstimmung in der „Tabula Smaragdina" dessen, was *klar* ist, was in *Harmonie mit der Gesamtheit der offenbarten Wahrheiten* ist und was Objekt der *unmittelbaren* Erfahrung ist: „Verum, sine mendacio, certum et verissimum – Es ist wahr, ohne Lüge, sicher und gewiß."

„Verum sine mendacio" – das ist die *Klarheit* (die „Lampe"). „Certum" – das ist die Übereinstimmung dessen, was klar ist mit der Gesamtheit der anderen Wahrheiten („Lampe" und „Mantel"). „Verissimum" – ist die Übereinstimmung dessen, was klar ist, mit der Gesamtheit der anderen Wahrheiten und mit der authentischen und unmittelbaren Erfahrung („Lampe", „Mantel" und „Stab").

Der Eremit repräsentiert also nicht nur den weisen und guten Vater, der ein Abglanz des Vaters in den Himmeln ist, sondern auch die Methode und die Essenz der *Hermetik.* Denn die Hermetik gründet sich auf die Übereinstimmung von *drei* Erkenntnismethoden: der Erkenntnis a priori der Vernunft („Lampe"), der Harmonie des Ganzen durch die Analogie („Mantel") und der unmittelbaren authentischen Erfahrung („Stab").

Die Hermetik ist also eine dreifache Synthese von drei Antinomien:
1. die Synthese der Antinomie „Idealismus – Realismus";
2. die Synthese der Antinomie „Realismus – Nominalismus";
3. die Synthese der Antinomie „Glaube – empirische Wissenschaft".

Insofern sie die Synthese dieser drei Antinomien ist – die persönliche, wohlgemerkt, im inneren Forum des Gewissens eines jeden –, indem sie diese jedesmal durch einen dritten Begriff ergänzt, ist ihre Zahl *neun,* und das neunte Arcanum lehrt uns die drei Synthesen der drei Antinomien. Sehen wir jetzt, wie die Hermetik die Synthese dieser drei Antithesen oder Antinomien ist.

1. *Die Antinomie „Idealismus – Realismus"*
Sie läßt sich auf zwei entgegengesetzte Formeln zurückführen:

„Das Bewußtsein oder die Idee geht jeder Sache vorher" – die Formel des Idealismus;

und

„Das Ding (res) geht jedem Bewußtsein oder jeder ‚Idee' vorher" – die Grundformel des Realismus.

Der Idealist (z. B. Hegel) hält jedes Ding für eine Form des Denkens, während der Realist (z. B. Spencer) behauptet, daß die Objekte der Erkenntnis eine Existenz, unabhängig vom Denken oder vom Bewußtsein des Subjekts der Erkenntnis haben. Der Realist sagt, daß man – auf dem Wege der Abstraktion – Begriffe, Gesetze und Ideen von den *Objekten* der Erkenntnis herleitet. Der Idealist dagegen sagt, daß man – auf dem Wege der Konkretisierung – Begriffe, Gesetze und Ideen des *Subjektes* der Erkenntnis in die Objekte *hineinlegt.*

Der Realist stellt die Theorie von der Wahrheit als sogenannter „Übereinstimmung auf, d. h., daß Wahrheit die „Übereinstimmung zwischen Objekt und Intellekt" ist. Der Idealist stützt sich auf die Theorie von der Wahrheit als sogenannter „Kohärenz", d. h., daß Wahrheit der Zusammenhang – oder die Abwesenheit von Widersprüchen – bei der Handhabung der Ideen, Begriffe und Objekte (die nur Begriffe sind) durch den Intellekt ist.

Gemäß dem Realismus ist wahr, was im Intellekt mit dem Gegenstand übereinstimmt. Gemäß dem Idealismus ist wahr, was ein *zusammenhängendes* System im Intellekt bildet.

Die ganze Welt, genau widergespiegelt im Intellekt, ist das Erkenntnisideal des Realismus. Die ganze Welt, wie sie die Postulate und Kategorien des Intellekts als ein einziges zusammenhängendes System widerspiegelt, ist das Erkenntnisideal des Idealismus.

„Die Welt führt das Wort, und der menschliche Intellekt hört ihr zu", sagt der Realismus. „Der Intellekt führt das Wort, und die Welt ist dessen Widerschein", sagt der Idealismus.

„Nihil in intellectu quod non prius fuerit in sensu – Das Ding (res) geht jedem Bewußtsein oder jeder ‚Idee' vorher" ist die jahrtausendealte Formel des Realismus. „Nihil in sensu quod non prius fuerit in intellectu – Das Bewußtsein oder die Idee geht jeder Sache vorher" ist die Gegenformel des Idealismus.

Wer hat recht? Der Realismus mit seinem Idol des Dinges (res), das dem Denken vorausgeht, und mit seinem urpersischen Dualismus von Finsternis (Ding) und Licht (Gedanke), der aus ihnen entspringt und geboren ist? Oder der Idealismus mit seinem Idol des menschlichen Intellekts, den er auf den Thron Gottes setzt, und mit seinem pan-intellektuellen Monismus, in dem es weder Platz gibt für die „Vollkommene Schwärze" der übermenschlichen Weisheit, die in dem geheiligten Buch des Hermes Trismegistos, betitelt „Kore Kosmu", erwähnt wird, noch für die Finsternis des Bösen, der Häßlichkeit und der Illusion, die wir jeden Tag erfahren?

Nein, werfen wir uns weder der Welt noch dem Intellekt zu Füßen, sondern werfen wir uns anbetend nieder vor der gemeinsamen Quelle von Welt und Intellekt – vor *Gott.* Vor Gott, dessen WORT zugleich sowohl das „wahre Licht ist, das jeden Menschen erleuchtet, der in diese Welt kommt“ (Jo 1,9), als auch der Schöpfer der Welt:

„Alles ist durch es geworden, und ohne es ist nichts geworden, was geworden ist“ (Jo 1,3).

Das Ding, die Welt – das WORT ist deren Quelle. Der Intellekt, das Licht des Denkens – auch deren Quelle ist das WORT. Darum ist die heidnische Hermetik der Vergangenheit wie auch die christliche der Gegenwart weder realistisch noch idealistisch. Sie ist *logistisch,* weder auf das Ding noch auf den menschlichen Intellekt gegründet, sondern vielmehr auf den Logos, das WORT Gottes, dessen *objektive* Offenbarung die urbildliche Welt der phänomenalen Welt, dessen subjektive Offenbarung das Licht oder das Urbild des menschlichen Geistes ist.

„Und das Licht scheint in der Finsternis, und die Finsternis hat es nicht ergriffen“ (Jo 1,5).

Das bedeutet, daß es Finsternisse gibt sowohl in der Welt als auch im Bewußtsein, die nicht vom Licht durchdrungen wurden –, und daß folglich das Böse, das Häßliche und die Illusion ebenso in der Welt wie im Bewußtsein existieren.

Die vom WORT nicht durchdrungene Finsternis der Welt ist aber nicht der Ursprung des Bewußtseins, und der vom WORT nicht erleuchtete menschliche Intellekt ist nicht das Prinzip der Welt. In der Erscheinungswelt gibt es objektive „Illusionen“, d.h. „*nicht reale* Dinge“, die nicht durch das Wort geworden sind, sondern die zu einem vergänglichen Dasein aus den Untergründen der Finsternis aufgetaucht sind. Im Bereich des subjektiven Bewußtseins gibt es Illusionen, d.h. *nicht reale* Begriffe, Ideen und Ideale, die nicht durch das Licht des WORTES erzeugt sind, sondern die zu einem vergänglichen Dasein aus den Untergründen der Finsternisse des Unterbewußtseins aufgetaucht sind.

Die Übereinstimmung zwischen einem illusorischen Objekt und dem von ihm im Intellekt gebildeten Begriff wäre nicht Wahrheit, sondern eine doppelte Illusion. Dies sollte der Realismus wissen, wenn er seine Theorie von der Wahrheit als „Übereinstimmung“ aufstellt. Und die Kohärenz im Inneren eines auf Illusionen gegründeten intellektuellen Systems ist kein Kriterium seiner Wahrheit, sondern vielmehr der Hinweis auf eine Zwangsvorstellung, die um so tiefer ist, je vollständiger die Kohärenz ist. Dies sollte der Idealismus wissen, wenn er seine Theorie von der Wahrheit als „Kohärenz“ vorbringt.

Die Objekte sind nur *real* im Sinne des Realismus, wenn sie im

WORT wirklich sind, und intellektuelle Konstruktionen sind nur wahr im Sinne des Idealismus, wenn sie im WORT wahr sind. Der menschliche Intellekt als solcher bringt die Wahrheit nicht in der Art aus sich hervor, wie die Spinne ihr Netz hervorbringt.

Keine Tatsache der äußeren oder inneren Welt als bloße Tatsache begründet eine Wahrheit, da sie ebensogut eine Illusion oder die Geschichte einer Illusion lehren kann, sei es in der Natur (z. B. die vordiluvischen Ungeheuer), sei es im Bereich des Menschlichen (z. B. etliche Idole der Vergangenheit oder Gegenwart).

Nun ist die „Welt" unserer Erfahrung die phänomenale Offenbarung sowohl der vom WORT geschaffenen Welt als auch der Welt der Evolution der Schlange. Auch der „Intellekt" unserer Erfahrung ist ebenso die Offenbarung des Lichtes des WORTES wie der List der Schlange – um den biblischen Ausdruck zu gebrauchen, der zeigt, wie die Finsternis das Licht *nachahmt,* ohne es aufzunehmen. Darum muß man, bevor man sich zum Realismus bekennt, zwischen „Welt" und Welt unterscheiden. Ebenso muß man, bevor man den Idealismus annimmt, zwischen kosmischer Intelligenz und menschlichem Intellekt unterscheiden.

Ist diese Unterscheidung einmal getroffen, so kann man ohne Zögern gleichzeitig ebenso den Realismus wie den Idealismus annehmen – was dann den Ideal-Realismus oder *Logismus* der alten und der zeitgenössischen Hermetik ergibt.

Dann wird die Methode der Übereinstimmung zum Stab in der Hand des Eremiten, und die Methode der Kohärenz wird zum Mantel, der ihn bekleidet. Und dies dank dem Licht der Lampe des Eremiten, die das heilige Instrument ist, in dem sich das Licht des WORTES mit dem Öl der menschlichen intellektuellen Bemühung vereint.

2. *Die Antinomie „Realismus – Nominalismus"*

In dieser Antinomie wird der Ausdruck „Realismus" anders verstanden als in der Antinomie „Realismus – Idealismus". Realismus bedeutet hier eine Schule westlichen Denkens, die denjenigen generalisierenden Begriffen objektive Wirklichkeit zuschreibt, die man heute gewöhnlich als „abstrakt" bezeichnet, die aber die mittelalterliche Philosophie „universalia" (Allgemeinbegriffe) nannte. Die Strömung westlichen Denkens, die die objektive Realität der Allgemeinbegriffe leugnet und Wirklichkeit nur für Einzeldinge gelten läßt, ist die des „Nominalismus".

Beim Realismus" in diesem Sinne geht es also um die objektive Wirklichkeit der „Universalien" (der Gattungen und Arten), nicht um die Übereinstimmung der Begriffe des Intellekts der Wirklichkeit der Dinge als Kriterium der Wahrheit. Es geht hier also um ein ganz anderes Problem als bei der Entgegensetzung „Realismus – Idealismus". „Realisten" hinsichtlich des Problems der Wirklichkeit der Allgemeinbegriffe sind tatsächlich extreme „Idealisten" in der Frage, ob Intellekt oder Tatsache den Vorrang haben.

Das der Antinomie „Realismus–Nominalismus" zugrunde liegende Problem wurde in der Ideengeschichte zum erstenmal ausdrücklich von Porphyrius (232/233–304 n. Chr.) gestellt, und zwar in seiner „Isagoge" oder „Einleitung von Porphyrius, dem Phönizier, Schüler des Plotin von Lycopolis in die Kategorien" (wie der vollständige Titel dieser kleinen Schrift lautet). Das Problem ist darin gleich am Anfang mit aller wünschenswerten Klarheit formuliert worden:

„Was, um gleich mit diesem anzufangen, bei den Gattungen und Arten (d. h. den Allgemeinbegriffen) die Frage angeht, ob sie etwas Wirkliches sind oder nur auf unseren Vorstellungen beruhen und ob sie, wenn Wirkliches, körperlich oder unkörperlich sind, endlich, ob sie getrennt für sich oder in und an dem Sinnlichen auftreten, so lehne ich es ab, hiervon zu reden; da eine solche Untersuchung sehr tief geht und eine ganz eigene umfangreichere Erörterung fordert."[4]

Tatsächlich widmete man diesem Problem von Boethius bis zur Renaissance und selbst bis auf den heutigen Tag jene ganz eigene und umfangreichere Erörterung, von der Porphyrius glaubte, daß es sie verdient. Denn die mittelalterlichen Gelehrten, die klar gesehen hatten, daß das Problem der Allgemeinbegriffe (Universalienproblem) im Mittelpunkt der Philosophie steht, behandelten es als zentrales Problem, was Anlaß gab zur Teilung der Welt der Philosophen in „Realisten" (die Gattungen und Arten bestehen in sich selbst, oberhalb und außerhalb der Individuen) und in „Nominalisten" (die Gattungen und Arten bestehen nicht außerhalb der Individuen; sie sind nur „Namen", nützliche Worte zum Zweck der Klassifikation). Eine dritte Schule – die der „Konzeptualisten" oder, je nachdem der „gemäßigten Realisten" oder der „gemäßigten Nominalisten" (die Allgemeinbegriffe bestehen wohl, aber sie bestehen nur im Geist desjenigen, der sie faßt) – entstand während dieser Kontroverse und bedeutete zwar keine Synthese, spielte aber eine ähnliche Rolle, wie sie Kaiser Lothar I. Lothringen in seiner Stellung zwischen Frankreich und Deutschland zuwies, nämlich die eines Mittlers.

Der Streit zwischen Realismus und Nominalismus wurde ein Jahrtausend lang leidenschaftlich ausgetragen, und er beschränkte sich nicht auf gelehrte Disputationen, sondern nahm verschiedene Formen an, einschließlich der Entscheidungen von Kirchenkonzilien, wie z. B. des Konzils von Soissons, das 1092 den Nominalismus verurteilte.

Die These der „Realisten" geht auf Platon zurück, auf seine Ideenlehre, die der „Nominalisten" knüpft an Antisthenes an:

„Ich sehe wohl Pferde, aber keine Pferdheit."[5]

Der Kern des Problems ist, ob die Pferdheit vor den individuellen Pferden ist (*universale ante rem* – das Allgemeine ist vor dem Besonderen), ob sie den individuellen Pferden innewohnt (*universale in re* – das Allgemeine ist im Besonderen) oder ob sie nach den individuellen Pferden ist und erst auf dem Wege der Abstraktion gewonnen wird (*universale post rem* – das Allgemeine ist nach dem Besonderen). Nach Platon existiert die Pferdheit als Idee *vor* den Pferden; nach Aristoteles existiert die Pferdheit nur *in* den Pferden als formgebendes Prinzip; nach den Konzeptualisten (z. B. Kant) ist die Pferdheit ein Begriff, den der Geist im Wege der Summierung der allen Pferden gemeinsamen Merkmale und der Abstraktion von den Besonderheiten bildet *(universale post rem).*

Die Streitfrage, ob die Pferdheit den wirklichen Pferden vorausgeht, ob sie ihr formgebendes Prinzip ist oder ob sie nur einen von der Sinneserfahrung losgelösten Begriff des Geistes darstellt, ist, offen gestanden, nicht so aufregend, solange es sich allein um die Pferdheit handelt. Allerdings wird sie es, wenn es um die Menschheit oder die Welt geht. Denn dann wird sie zum Problem des Unterschieds zwischen der *Schöpfung* und *Entstehung.* In der Schöpfung besteht die Idee oder der „Plan“ der Welt vor dem Akt ihrer Verwirklichung, während es bei der Entstehung oder Evolution weder Idee noch Plan vor der Tatsache gibt, wohl aber eine den Substanzen und individuellen Wesen innewohnende *Kraft,* die sie treibt, durch Versuche und Irrtümer den Weg des Fortschritts zu suchen. Was die Menschheit betrifft, wird sie zum Problem des urbildlichen Menschen oder des himmlischen *Adam,* d. h. zum Problem der *Schöpfung* des Menschen oder aber seiner evolutionären *Entstehung.*

Prüfen wir jetzt näher die Grundthesen des Realismus und des Nominalismus.

„*Das Allgemeine ist vor dem Besonderen*“ ist die grundlegende Formel des Realismuus.

„*Das Besondere ist vor dem Allgemeinen*“ ist die Gegenformel des Nominalismus.

Diese beiden gegensätzlichen Thesen implizieren, daß für den Realismus das Allgemeine wirklicher und von höherem objektivem Wert ist als das Besondere, für den Nominalismus das Besondere wirklicher und von höherem objektivem Wert als das Allgemeine. Mit anderen Worten, für den Realismus ist die *Menschheit* wirklicher und ein höherer Wert als der individuelle Mensch; dagegen ist für den Nominalismus der individuelle Mensch wirklicher und von höherem Wert als die Menschheit.

Für den Realismus würde es keine Menschen geben, wenn es keine Menschheit gäbe; für den Nominalismus dagegen würde es keine Menschheit geben, wenn es keine Menschen gäbe.

Die Menschen bilden die Menschheit, sagt der Nominalist.

Die Menschheit erzeugt in ihrem unsichtbaren, aber wirklichen Schoß die individuellen Menschen, sagt der Realist.

Wer hat recht? Der Realismus mit seinem Idol der Kollektivität, die der Individualität, der individuellen Seele, vorausgeht, jener Realismus, der durch den Mund des Kaiphas die Rechtfertigung des über Jesus Christus gefällten Todesurteils sprach, indem er sagte:

„Es ist besser, wenn ein Mensch für das Volk stirbt, als daß das ganze Volk zugrunde geht" (Jo 11,50; Jo 18,14)?

Jener Realismus, der durch die Gerichte der Inquisition die schädlichen Individuen ausrottet, indem er sie dem Interesse der Menschheit oder der Kirche opferte? Der Realismus endlich, der, indem er entweder die Rasse oder die Klasse über die einzelnen Menschen stellt, Millionen von Juden und Zigeunern durch die Nazis und Millionen von „Kulaken" oder wohlhabenden Bauern und Angehörigen der oberen Klassen durch die Bolschewiken ausrottete?

Dann also der Nominalismus?

Aber der Nominalismus ist blind für Ideen und Prinzipien, die für ihn nur Worte sind. Das Wahre, Schöne und Gute existieren für ihn nicht als objektive Wirklichkeiten, es sind nur Fragen des Geschmacks. Keine Wissenschaft und keine ernst zu nehmende Philosophie, die ihre Namen wirklich verdienen, könnten bestehen, wenn der Nominalismus der einzige intellektuelle Boden wäre, auf dem sie leben müßten. Denn anstatt auf das Allgemeine zu zielen, wären sie darauf aus, das Besondere zu suchen. Sie würden nur besondere Tatsachen sammeln und, weit entfernt, deren gemeinsamen Merkmalen Wert beizulegen, aus denen sich Gesetze oder Prinzipien herleiten ließen, würden sie nur zu einer Art Museum von besonderen Tatsachen führen. Dieses Museum würde vergeblich den Advent des wissenschaftlichen und philosophischen Denkens erwarten, um der Menschheit auf allgemeine Weise nützlich zu sein: Der Nominalismus wäre nicht einmal imstande, dieses Denken hervorzubringen, denn er steht im Gegensatz zur Wissenschaft.

Statt der Wissenschaft oder der Philosophie würde er einer Menge von Sekten mit subjektiver Geschmacksrichtung Raum geben. Jeder würde nach seiner eigenen Art denken und glauben. Man würde sich nur an das halten, was gefällt.

Genau aus diesem Grunde hat die Kirche den Nominalismus als Lehre verurteilt und die Wissenschaft ihn als Methode verbannt. Er hätte die Kirche in eine Menge kleiner Religionen nach dem persönlichen Geschmack jedes einzelnen atomisiert, und er hätte die Wissenschaft in ein steriles Sammlertum und eine Unzahl privater Meinungen aufgelöst.

Wir können also nicht auf den *Realismus* verzichten, wenn wir auf die objektive Wahrheit (Wissenschaft) und auf die transsubjektive Wahrheit (Religion) Wert legen. Man muß also die objektive und die transsubjektive Wahrheit anerkennen, wenn man die Vereinigung der Menschheit in der universalen objektiven Wahrheit der Wissenschaft und der transsubjektiven Wahrheit der Religion erstrebt.

Können wir auf den *Nominalismus* verzichten?

Ebensowenig. Denn für die Weltanschauung des Nominalismus besteht die Welt aus individuellen, einzigartigen und unersetzbaren Wesen. Er ist die Sicht der Welt als einer großen Gemeinschaft von Wesen, anstelle einer Welt von Gesetzen, Prinzipien und Ideen. Er ist die Weltanschauung, in der der Vater, der Sohn und der Heilige Geist als wahre und lebendige Personen, vereint durch die ewigen Bande der Vaterschaft, Kindschaft und Bruderschaft herrschen, umgeben von Seraphim, Cherubim, Thronen, Herrschaften, Kräften, Gewalten, Fürstentümern, Erzengeln, Engeln, Menschen und sichtbaren und unsichtbaren Wesen der Natur. Wie könnte man in aller Aufrichtigkeit des Herzens das Gebet zum Vater, der in den Himmeln ist, sprechen: „Dein *Name* werde geheiligt", wenn man nicht glaubt, daß es der einzige und heilige Name des lebendigen, einzigen und heiligen Wesens ist und nicht die Bezeichnung für die höchste Idee, die „causa prima" (Erstursache) oder das „absolute Prinzip"? Kann man eine unsichtbare Welt von unpersönlichen „Erstursachen" *lieben*, eine Welt, bevölkert von Gesetzen und Prinzipien?!

So wie die allgemeine intellektuelle Erkenntnis der Welt als solcher (Wissenschaft) und als Werk Gottes (Philosophie) nicht möglich ist ohne den idealistischen Realismus, ebensowenig ist die individuelle intuitive Erkenntnis der einzelnen Wesen durch die Liebe (Mystik, Gnosis und Magie) möglich ohne den realistischen Nominalismus.

Man kann weder den idealistischen Realismus noch den realistischen Nominalismus ohne Vorbehalt annehmen, noch auf den einen oder anderen verzichten. Denn sowohl der Intellekt, der den idealistischen Realismus fordert, als auch die Liebe, die den realistischen Nominalismus fordert, sind strukturelle Fähigkeiten der menschlichen Natur. Die menschliche Natur selbst ist realistisch hinsichtlich des Denkens und nominalistisch hinsichtlich der sozialen Gemeinschaft oder der Liebe.

Das „Universalienproblem" ist in der Geistesgeschichte der Menschheit durch die *Tatsache* der Inkarnation entschieden worden, als das der Welt zugrunde liegende Allgemeine – der Logos – zu Jesus Christus wurde, der das der Welt zugrunde liegende Besondere ist. Damals wurde das Allgemeinste des Allgemeinen, das Prinzip der Intelligibilität überhaupt, der Logos, zum Besondersten des Besonderen, ja zum Urbild der Persönlichkeit, Jesus Christus.

Vor allem das Johannesevangelium hebt auf klare und ausdrückliche Weise die Tatsache der Vereinigung des Prinzips der allgemeinen Erkenntnis mit dem Wesen der individuellen Liebe von Herz zu Herz hervor. Dieses Evangelium beschreibt das Werk der Göttlichen Alchimie, wo das Wasser sich mit dem Feuer vereinigte, und wo das Wasser zu lebendigem Wasser und die Feuerzungen zu den „Pfingstzungen" wurden, die jeder in seiner Sprache verstand. Die Substanz der Taufe – das belebte Wasser und das Feuer, das das Besondere nicht verzehrt, sondern es teilhaben läßt an der Ewigkeit – ist aus dem Werk der Inkarnation und der Erlösung hervorgegangen.

Im Bereich der Geistesgeschichte geschieht die Taufe auch bei der Vereinigung von Realismus und Nominalismus, von Kopf und Herz in menschlichen Wesen, denn diese Vereinigung ist nur der Abglanz der Tatsache der Inkarnation, in der „das Wort Fleisch geworden ist".

Die christliche Hermetik ist ebenso Freundin des idealistischen Realismus, insofern dieser nach dem Logos strebt, wie des realistischen Nominalismus, insofern dieser nach der mystischen Erfahrung der Vereinigung der Wesen durch die Liebe strebt. Sie selbst kann nur die Erkenntnis des Allgemeinen sein, das sich im Besonderen offenbart. Für die Hermetik gibt es keine „Prinzipien", „Gesetze" und „Ideen", die *außerhalb* der individuellen Wesen bestehen, nicht als strukturelle Merkmale ihrer Natur, sondern als getrennte Wesenheiten und unabhängig von ihnen. Für die Hermetik gibt es weder das „Gesetz der Schwerkraft" noch das „Gesetz der Wiederverkörperung": es gibt nur die Anziehung und Abstoßung von Wesen (auch die Atome sind Wesen), soweit es die Schwerkraft betrifft, und die Anziehung der Wesen durch das irdische Leben mit seinen Freuden und seinen Schmerzen, soweit es die Wiederverkörperung betrifft. Andererseits, wenn es nicht solche Wesenheiten in der Welt gibt wie Gesetze der Schwerkraft und der Wiederverkörperung, so gibt es doch den universalen Wunsch der Wesen – der kleinen wie der großen –, sich zu verbinden, miteinander Moleküle zu bilden, Organismen, Familien, Gemeinschaften, Nationen ... Das ist ein Wunsch, ein universales *strukturelles* Bedürfnis, das sich als „Gesetz" manifestiert. Die „Gesetze" sind den Wesen immanent, wie die Logik dem Denken immanent ist als Teil der eigentlichen Natur des Denkens. Und der wirkliche Fortschritt, die wirkliche Evolution, ist das Fortschreiten der Wesen vom Leben unter einem Gesetz zum Leben unter einem anderen Gesetz, d.h. die strukturelle Änderung der Wesen. So ist das Gesetz „Auge um Auge, Zahn um Zahn" im Begriff, allmählich ersetzt zu werden durch das Gesetz der Vergebung. So wird auch das Gesetz „der Schwache dient dem Starken, das Volk dem König, der Schüler dem Meister" einmal dem Gesetz weichen, das der Meister im Akt der Fußwaschung aufgezeigt hat. Nach diesem höheren Gesetz dient der Starke dem Schwachen, der König dem Volk, der Meister dem Schüler – ganz wie es in den Himmeln ist, wo die Engel den Menschen dienen, die Erzengel den Engeln und den Menschen, die Fürstentümer den Erzengeln, Engeln und Menschen usw. Und Gott? Er dient allen Wesen ohne Ausnahme.

So wird auch das „Gesetz" des *Kampfes ums Dasein,* das Darwin auf biologischem Felde beobachtet hat, einmal seinen Platz dem Gesetz des *Zusammenwirkens für das Dasein* einräumen, das schon im Zusammenwirken der Blütenpflanzen mit den Bienen besteht, im Zusammenwirken der verschiedenen Zellen in einem Organismus und im Zusammenwirken im menschlichen sozialen Organismus.

Das Ende des „Gesetzes" vom Kampf ums Dasein und der künftige Sieg des Gesetzes vom Zusammenwirken für das Leben sind durch den Propheten Jesaja angekündigt worden:

„Dann wohnt der Wolf bei dem Lamm und lagert der Panther bei dem Böcklein. Kalb und Löwenjunges weiden gemeinsam, ein kleiner Knabe kann sie hüten" (Jes 11,6).

Das wird geschehen, weil das neue „Gesetz" – d.h. eine tiefe Umwandlung in der psychischen und physischen Struktur der Wesen – das alte „Gesetz" ablösen wird, zuerst im Bewußtsein, dann in den Wünschen und Neigungen und schließlich in der organischen Struktur der Wesen.

Die „Gesetze" folgen aufeinander und wandeln sich. Sie sind keine metaphysischen unbeweglichen Wesenheiten. So ist es auch mit den „Prinzipien" und „Ideen".

„Der Sabbat ist um des Menschen willen da und nicht der Mensch um des Sabbats willen. Darum ist der Menschensohn Herr auch über den Sabbat" (Mk 2,27 f).

Dies ist die Beziehung zwischen den Wesen auf der einen und den Gesetzen, Prinzipien und Ideen auf der anderen Seite.

Gesetze, Prinzipien und Ideen sind also nicht real?

Sie sind es wohl, aber ihre Realität besteht nicht darin, daß sie ein von den Wesen getrenntes Dasein haben. Sie sind keine metaphysischen Wesenheiten, die eine Welt oder einen Plan bevölkern – eine Welt der Gesetze, Prinzipien und Ideen, die ihnen eigentümlich ist. Die geistige Welt ist keine Welt der Gesetze, Prinzipien und Ideen; sie ist eine Welt der geistigen Wesenheiten – der menschlichen Seelen, der Engel, Erzengel, Fürstentümer, Mächte, Kräfte, Herrschaften, Throne, Cherubim, Seraphim und der Heiligen Trinität des Heiligen Geistes, des Sohnes und des Vaters.

Welches ist dann die Realität der Gesetze, Prinzipien und Ideen?

Sie liegt in ihrer strukturellen geistigen, seelischen und körperlichen *Verwandtschaft.* Alle Wesen bekunden eine universale Verwandtschaft und legen Zeugnis ab von ihrem gemeinsamen Ursprung und ihrem gemeinsamen Archetypus. Dieser gemeinsame Archetypus, den die Kabbala „Adam Kadmon" nennt, ist das Gesetz, das Prinzip und die Idee aller Wesen. Das „Ebenbild und Gleichnis Gottes" (Gen 1,26) in Adam ist das Gesetz, kraft dessen Adam herrscht über „des Meeres Fische, über die Vögel des Himmels, über das Vieh, über alle Landtiere und über alle Kriechtiere am Boden" (Gen 1,26). Adam ist das Gesetz, das Prinzip und die Idee aller Wesen der Natur, weil er ihre urbildliche Synthese ist.

Der Realismus hat daher recht, wenn er die Realität der Universalien behauptet; denn sie sind die strukturellen Merkmale des Archetypus aller besonderen Wesen. Der Nominalismus hat ebenfalls recht,insofern er lehrt, daß es keine anderen Wirklichkeiten in der Welt gibt als die individuellen Wesen und daß die Universalien sich nicht unter diesen Wesen befinden.

Die Hermetik betrachtet den Logos, der Mensch geworden ist, als das archetypische Universale, welches das vollkommene besondere „Wesen" geworden ist. Für die christliche Hermetik besteht die Streitfrage zwischen Realismus und Nominalismus nicht.

3. *Die Antinomie „Glaube – empirische Wissenschaft"*

Denn „wahrlich, ich sage euch: Wenn Ihr Glauben hättet wie ein Senfkorn, dann könntet ihr zu diesem Berg da sprechen: Rücke von hier weg dorthin, und er würde wegrücken, und nichts würde euch unmöglich sein" (Mt 17,20),

sagt der Meister.

„Und die Wissenschaft nahm ein Korn Wasserstoff und ließ die in diesem Korn eingeschlossene Energie herausgehen und ließ den Berg in Staub zerfallen",

antwortet das zwanzigste Jahrhundert. Da stehen wir also bei der Antinomie „Glaube – Erfahrungswissenschaft".

Unser Glaube versetzt keine Berge; aber die Energie, die die Wissenschaft uns zu handhaben gelehrt hat, kann sie wohl zu Staub werden lassen.

Kommt das daher, weil wir kein Senfkorn an Glauben haben?

Kommt das daher, weil wir all unsere Bemühungen auf die eine Aufgabe konzentriert haben, das Geheimnis, das in einem Korn Wasserstoff enthalten ist, bis auf den Grund zu erforschen, anstatt auf die Aufgabe der Erwerbung des Glaubens, so groß wie ein Senfkorn?

Um auf diese Frage antworten zu können, müssen wir uns zunächst Rechenschaft darüber ablegen, was der Glaube und was die Erfahrungswissenschaft ist.

*Der Glaube*
Der Glaube, der – wenn er groß ist wie ein Senfkorn – Berge zu versetzen vermag, ist dieser Glaube identisch mit Überzeugung, mit dem Gefühl der Sicherheit hinsichtlich einer Lehre? Ist er identisch mit Vertrauen, mit der Abwesenheit von Zweifel in bezug auf die Zuverlässigkeit der Autorität eines Zeugen oder eines Zeugnisses? Ist er endlich identisch mit Hoffnung, mit Optimismus im Gegensatz zum Pessimismus? Kurz: genügt es, daß wir keinerlei Zweifel haben, damit „uns nichts unmöglich" sei?

Manche Geistesgestörte zeigen einen völligen Mangel an Zweifel hinsichtlich ihrer Illusionen oder ihrer fixen Ideen. Sie müßten also wahre Wunder vollbringen können, wenn der Glaube nichts anderes wäre als die *Intensität* der Überzeugung, des Vertrauens und der Hoffnung, wie sie dank der Abwesenheit von Zweifeln entstehen. Denn Geistesgestörte entwickeln durchaus solche Intensität.

Allein die Intensität der Überzeugung, des Vertrauens und der Hoffnung macht noch nicht den Glauben aus, den das Evangelium im Auge hat. Augenscheinlich ist die Frage nicht die nach der Intensität der Gewißheit allein, sondern die nach der Intensität der Gewißheit der *Wahrheit.* Wenn dem nicht so wäre, würden die Geistesgestörten Wundertäter sein, und Wahnsinn wäre das Ideal.

Die Kraft, die einen Berg versetzen kann, muß derjenigen gleich sein, die ihn aufgehäuft hat. Der Glaube, der Berge zu versetzen vermag, kann also keine intellektuelle Meinung sein und auch kein noch so intensives persönliches Gefühl. Er muß das Ergebnis der Vereinigung des denkenden, fühlenden und wollenden menschlichen Wesens mit dem kosmischen „Wesen" sein – mit Gott.

Der Berge versetzende Glaube ist also die völlige Vereinigung – und sei es nur für einen Augenblick – von Mensch und Gott.

Darum kann keine Illusion Glauben erzeugen, und darum sind dem Glauben verdankte Wunder Zeugnisse der *Wahrheit* – und nicht allein der Aufrichtigkeit – der Überzeugung, des Vertrauens und der Hoffnung desjenigen, durch den sie gewirkt wurden. Die Wunder sind *Früchte* der Vereinigung des ganzen, d. h. des konzentrierten Menschen mit der kosmischen Wahrheit, Schönheit und Güte – mit *Gott.* Sie sind Operationen der göttlich-menschlichen Magie, die immer auf der geistigen Konstellation „Gott-Mensch" beruht und beruhen wird. Oder mit anderen Worten: die immer „im *Namen* Jesu Christi" wirkt, gemäß der Formel:

„Mein Vater wirkt bis jetzt, und auch ich wirke" (ὁ πατήρ μου ἕως ἄρτι ἐργάζεται, κἀγὼ ἐργάζομαι – Pater meus usque modo operatur, et ego operor) (Jo 5, 17).

Der Glaube, dem „nichts unmöglich ist", ist der Zustand der Seele, in dem „Gott handelt und die Seele auch handelt". Es ist der Zustand der ganz auf die Wahrheit konzentrierten Seele, der Gott die Intensität der Gewißheit und die Macht hinzufügt, die Wunder möglich machen. Er ist Magie dank der Vereinigung zweier Magier: Gott und Mensch.

Der Glaube ist also weder logische Gewißheit noch die Gewißheit der Autorität, noch die Annahme eines glaubwürdigen Zeugnisses – er ist die Vereinigung der Seele mit Gott, erreicht sowohl durch Anstrengung des Denkens als auch durch Vertrauen in das Vertrauenswürdige, durch Annahme des glaubwürdigen Zeugnisses, durch Gebet, Meditation, Kontemplation, durch praktisch-moralische Bemühung, und durch viele andere Wege und Bemühungen, die dabei helfen, die Seele für den göttlichen Hauch zu öffnen.

Der Glaube ist der göttliche Hauch in der Seele, wie die Hoffnung das göttliche Licht und die Liebe das göttliche Feuer in der Seele ist.

*Die empirische Wissenschaft*

Wärme, Dampf, Magnetismus, Elektrizität, Atomenergie – so viele mächtige, vom Menschen beherrschte Kräfte dank der ungeheuren Arbeit der Erfahrungswissenschaft! Dank ihrer können wir uns mit unseren Freunden jenseits des Ozeans unterhalten; sehen, was in einer Entfernung von Tausenden von Kilometern geschieht; einen Kranken in einem anderen Land in einer Stunde besuchen; und wenn wir in höchster Not auf dem Meer, in den Bergen oder in der Wüste sind, Flugzeuge, Schiffe, Ambulanzen, Rettungsexpeditionen zu unserer Hilfe herbeirufen. Wir können die Stimme einer Person hören, die schon vor Jahrzehnten gestorben ist; wir können gehen, wenn wir ein Bein verloren haben, weit sehen bei Kurzsichtigkeit, hören, wenn wir fast taub sind.

Woran liegt der fabelhafte Erfolg der Wissenschaft? Welches Grundprinzip könnte ihn erklären?

In erster Linie ist es der *Zweifel.* Dank dem Zweifel an der Sinneserfahrung hat die Wissenschaft feststellen können, daß nicht die Sonne sich am Himmel bewegt, sondern die Erde um sie kreist. Dank dem Zweifel an der Allmacht des Schicksals suchte und fand man Heilmittel und Behandlungsmethoden, um früher unheilbare Krankheiten zu heilen. Und ebenfalls dank dem Zweifel an den Traditionen der Vergangenheit hat die empirische Wissenschaft die biologische Evolution entdeckt, die Hormone, Enzyme, Vitamine, die Struktur des Atoms, das Unbewußte.

Denn der Zweifel ist an der Wurzel jeder Frage, und die Frage ist die Grundlage jeden Suchens, jeder Nachforschung. Der Zweifel ist also der Vater der wissenschaftlichen Methode. Er ist der „primus motor – der erste Beweger", das Prinzip, das einmal diese gewaltige Maschine in

Bewegung gesetzt hat, die aus Laboratorien, Observatorien, Bibliotheken, Museen, Sammlungen, Universitäten, Akademien und gelehrten Gesellschaften besteht.

Der Zweifel hat diese Maschine in Bewegung gesetzt. Ist aber die *Fruchtbarkeit* dieser Bewegung dem Zweifel allein zuzuschreiben? Genügt der Zweifel allein, um Entdeckungen zu machen? Muß man nicht wenigstens an die Möglichkeit solcher Entdeckungen *glauben,* bevor man sich auf den Weg einläßt, der zu ihnen führt?

Offensichtlich muß man es. So hat die empirische Wissenschaft den Zweifel zum Vater und den Glauben zur Mutter. Sie verdankt ihre Fruchtbarkeit dem Glauben, wie sie die bewegende Kraft dem Zweifel verdankt.

Ebenso, wie es den „wissenschaftlichen Zweifel" gibt, der der empirischen Wissenschaft als Methode zugrunde liegt, gibt es auch einen „wissenschaftlichen Glauben", der derselben Wissenschaft als Ursprung ihrer Fruchtbarkeit zugrunde liegt. Newton *zweifelte* an der traditionellen Theorie der „Schwere", aber er *glaubte* an die Einheit der Welt, also an die kosmische *Analogie.* Darum konnte er zum kosmischen Gesetz der Schwerkraft gelangen, indem er von der Tatsache eines vom Baum gefallenen Apfels ausging. Der Zweifel setzte sein Denken in Bewegung; der Glaube machte es fruchtbar.

Welches aber sind die Dogmen des wissenschaftlichen Glaubens? So lautet das wissenschaftliche Glaubensbekenntnis:

„Ich glaube an eine einzige Substanz, die Mutter aller Kräfte, die die Körper und das Bewußtsein aller Dinge, der sichtbaren und der unsichtbaren erschafft.

Ich glaube an den einen Herrn, den *menschlichen Geist,* den eingeborenen Sohn der Weltsubstanz, aus der Weltsubstanz geboren nach all den Jahrhunderten der Evolution: die verkürzte Widerspiegelung der großen Welt, das epiphänomenale Licht der Urfinsternis, wahre Widerspiegelung der wahren Welt, entwickelt durch Versuch und Irrtum, weder erzeugt noch geschaffen, eines Wesens mit der Muttersubstanz; durch ihn kann die ganze Welt widergespiegelt werden.

Für uns Menschen und zu unserem Nutzen ist er heraufgestiegen aus der Finsternis der Muttersubstanz, hat Fleisch angenommen aus der Materie durch die Tätigkeit der Evolution und hat sich zum menschlichen Gehirn gebildet.

Obwohl er mit jeder dahingehenden Generation zerstört wird, bildet er sich neu in jeder folgenden Generation gemäß der Erblichkeit. Er ist berufen, aufzusteigen zur umfassenden Erkenntnis der ganzen Welt und zu sitzen zur Rechten der Muttersubstanz, die ihm dienen wird bei seiner Aufgabe als Richter und Gesetzgeber, und seiner Herrschaft wird kein Ende sein.

Ich glaube an die Evolution, die alles lenkt, und die dem Unorganischen das Leben gibt und dem Organischen das Bewußtsein, das hervorgeht aus der Muttersubstanz und den denkenden Geist gestaltet. Mit der Muttersubstanz und dem menschlichen Geist erhält sie gleiche Autorität und Wichtigkeit. Sie hat gesprochen durch den universalen Fortschritt.

Ich glaube an die eine, sorgfältige, universale und zivilisierende Wissenschaft. Ich bekenne eine einzige Disziplin zur Beseitigung von Irrtümern, und ich erwarte die künftigen Früchte der kollektiven Bemühungen der Vergangenheit und das Leben der zukünftigen Zivilisation. Amen."

Das sind die zwölf Artikel des wissenschaftlichen Strebens, der nicht allein die Grundlage des wissenschaftlichen Bemühens durch Jahrhunderte ist, sondern auch des Martyriums, das zahlreiche Menschen erduldet haben im Namen der Wissenschaft.

Vergleichen Sie dieses Credo mit dem traditionellen christlichen Credo, Artikel für Artikel, und die ganze Tragweite der Antinomie „Glaube – empirische Wissenschaft" wird sich Ihnen daraus ergeben.

*Die Synthese*

*Eine einzige Substanz,* die der Mannigfaltigkeit der Phänomene zugrunde liegt; der *menschliche Geist,* fähig, diese Mannigfaltigkeit auf Einheit zurückzuführen; die *Evolution,* der der menschliche Geist seine Existenz verdankt, und die Zusammenarbeit, womit die Evolution dem menschlichen Geist seine Zukunftsentwicklung verheißt, bis er ihr Meister – der Herr der Evolution – geworden ist; die *kollektive,* organisierte *Bemühung,* gemäß der Methode des Zweifels und der empirischen Überprüfung, fortgesetzt von Jahrhundert zu Jahrhundert – das sind die vier Hauptdogmen des wissenschaftlichen Glaubens.

Die Substanz, der menschliche Geist, die Evolution und die wissenschaftliche Methode bilden die vier „Buchstaben" des Tetragrammaton, des „unaussprechlichen Namens" der Wissenschaft.

Eliphas Lévi betont sehr die Rolle, die in den Beschwörungen der schwarzen Magie der Gebrauch des Namens HVHI (lies *Havajot*) spielt, der die Umkehrung des geheiligten Tetragrammaton JHVH ist. Und weil das Tetragrammaton das Gesetz der Kausalität ist (Aufeinanderfolge des aktiven, des passiven und des neutralen Prinzips und deren Manifestation, oder: Wirkursache [causa efficiens], Materialursache [causa materialis], Zielursache [causa finalis] und Phänomen), das von der Vernunft ausgeht, schließt er daraus, daß die Umkehrung des Tetragrammaton die magische Formel für Chaos und Unvernunft ist.

Indessen ist das umgekehrte Tetragrammaton genau das Arcanum der empirischen Wissenschaft. Denn die Erfahrungswissenschaft betrachtet das passive Prinzip der Substanz oder der Materie als das erste, als „Prinzip" im wahrsten Sinne des Wortes, während das neutrale Prinzip (der menschliche Geist) ihm folgt und das aktive Prinzip (die Methode) die Reihe beendet.

In der Tat, wenn das JOD das aktive Prinzip (die Wirkursache) ist, das erste HE das passive Prinzip (die materielle Ursache), das WAW das neutrale Prinzip (die Zielursache) und das zweite HE das ganze Phänomen, aus dem sich dann der Name JOD-HE-WAW-HE ergibt (יהוה), so würde der umgekehrte Name HE-WAW-HE-JOD (הוהי) die Reihe sein: „passives Prinzip, neutrales Prinzip, passives Prinzip, aktives Prinzip" oder „Materie, Vernunft, Evolution, wissenschaftliche Methode".

Die Reihe HVHI besagt, daß nichts der Materie vorhergeht; daß nichts sie bewegt: sie bewegt sich aus sich selbst; daß der Geist das Kind der Materie ist; daß die Evolution die Materie ist, die den Geist erzeugt, und daß der Geist, einmal geboren, die Tätigkeit der in Evolution begriffenen Materie ist, die ihrer selbst bewußt wird und die Evolution in ihre Hände nimmt.

Das umgekehrte Tetragrammaton ist also zweifellos die Synthese-Formel der empirischen Wissenschaft.

Ist sie diejenige des Chaos und der Unvernunft?

Nein. Sie ist das Spiegelbild der Formel Geist-Materie-Evolution-Individualität oder des „geheiligten Namens" JHVH. Sie ist nicht die Formel der Unvernunft, wie sie auch nicht diejenige der Vernunft ist – sie ist die *Formel der List,* d. h. der gespiegelten Vernunft.

Sie ist nicht die logische Formel, die Formel des Logos, sondern die der Schlange aus der Genesis, „die das listigste von allen Lebewesen des Feldes" war, die es abgesehen haben auf die horizontale Ausbreitung ihres Bewußtseins („des Feldes"). Das Endziel der Logik der Schlange oder der List ist, zu werden „*wie* Gott", nicht aber Gott zu werden. „Werden *wie*" – dies ist das Wesen der List, dies ist auch der Sinn des wissenschaftlichen Glaubens, des wissenschaftlichen Credos, das zugleich nichts anderes als die Umschreibung und die Entfaltung des Versprechens der Schlange ist:

„ ... daß an dem Tage, da ihr davon esset, euch die Augen aufgehen und ihr sein werdet wie Götter, die Gutes und Böses erkennen" (Gen 3,5).

Aufgehen der Augen, Sein wie Götter, die Gutes und Böses erkennen – das ist das große Arcanum der Erfahrungswissenschaft. Darum hat sie sich der Sache der Aufklärung verschrieben („Aufgehen der Augen" für die Horizontale), darum strebt sie nach der absoluten Macht des Menschen („wie Götter") und darum endlich ist sie in ihrem innersten Wesen amoralisch oder *moralisch neutral* („Gutes und Böses").

Täuscht sie uns? Nein. Sie öffnet *in der Tat* unsere Augen, und wir sehen dank ihrer *mehr* in der Horizontalen: sie gibt uns *tatsächlich* die Macht über die Natur und macht sie uns untertan; sie ist uns *tatsächlich* nützlich, gleichgültig ob für das Gute oder für das Böse.

Die empirische Wissenschaft täuscht uns keineswegs. Also hat die Schlange nicht gelogen – *auf der Ebene, auf der ihr Versprechen und ihre Stimme hörbar waren.*

Auf der Ebene der horizontalen Ausbreitung („Feld" der Genesis) hält die Schlange wohl ihr Versprechen – aber um welchen Preis hinsichtlich anderer Ebenen, hinsichtlich der Vertikalen?

Welches ist der Preis der wissenschaftlichen Aufklärung, des „Öffnens der Augen" in der Horizontalen, d. h. für den *quantitativen* Aspekt der Welt?

Der Preis dafür ist die Verdunkelung ihres *qualitativen* Aspektes. Je mehr man die Augen geöffnet hat für die Quantität, desto mehr wird man blind für die Qualität. Doch alles, was man vernimmt durch die „geistige Welt", ist nur Qualität, und alle Erfahrung der geistigen Welt beruht darauf, daß „die Augen aufgehen" für die Qualität, für den *vertikalen* Aspekt der Welt. Selbst die Zahl hat keinen anderen Sinn in der geistigen Welt als den der Qualität. „Eins" bedeutet dort die Einheit, „zwei" die Dualität, „drei" die Trinität und „vier" die Dualität der Dualität. Die *vertikale* Welt, die geistige Welt, ist die der *Werte,* und weil der Wert der Werte das individuelle Wesen ist, ist sie die Welt der individuellen Wesen, der Entitäten. Die Engel, Erzengel, Fürstentümer, Kräfte, Herrschaften, Gewalten, Throne, Cherubim und Seraphim – jeder von ihnen ist ein individualisierter Wert oder eine individuelle Wesenheit. Und der *höchste Wert* ist die höchste Wesenheit – *Gott.*

Die Wissenschaft führt die Qualität auf die Quantität zurück, und sie nennt das „Erkenntnis". So verlieren die Spektralfarben – Rot, Orange, Gelb, Grün, Blau, Indigo und Violett – für die Wissenschaft ihre Qualitäten der Röte, Orangeheit usw., und sie werden zu Quantitäten – zu Ziffern, die verschiedene Frequenzen oder Wellenlängen derjenigen Schwingung ausdrücken, die man „Licht" nennt. Auch das Licht ist auf Quantität zurückgeführt. Es ist nur eine Formel, die die quantitativen Schwingungsfaktoren von etwas völlig Qualitätslosem ausdrückt.

Soll man also der empirischen Wissenschaft den Rücken kehren, weil sie das Versprechen der Schlange einlöst, uns die Augen für die quantitative Welt zu öffnen um den Preis unserer Blindheit für die qualitative Welt?

Was tun angesichts der Wahl zwischen Wissenschaft und Religion?

Muß man überhaupt wählen? Würde es nicht genügen, diesen beiden Bestrebungen den Platz einzuräumen, der ihnen gebührt – nicht den, den sie sich anmaßen?

In der Tat, wenn es weder religiöse Erfahrungswissenschaft noch wissenschaftliche Religion gibt, so gibt es doch religiöse Wissenschaftler und wissenschaftliche Religiöse. Um ehrlich, d. h. ohne Gewissenskompromiß religiöser Gelehrter oder gelehrter Religiöser zu sein, muß man dem deutlich horizontalen Streben ein deutlich vertikales Streben *hinzufügen,* d. h., man muß unter dem Zeichen des Kreuzes leben:

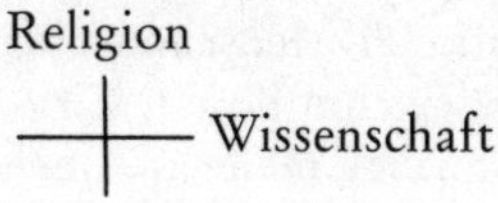


Das bedeutet, daß man die quantitativen und die qualitativen Aspekte der Welt deutlich voneinander trennt und daß man sich Rechenschaft ablegt über den genauen Unterschied zwischen der Arbeitsweise eines *Mechanismus* und der Wirkung eines *Sakramentes.*

Denn die ganze Welt hat ihre mechanische und ihre sakramentale Seite. Moses beschreibt im Buch Genesis die Sakrament-Welt; die moderne Astronomie ist dabei, die Weltmaschine zu beschreiben. Der eine berichtet uns vom „Was“, die andere vom „Wie“ der Welt. Das „Wie“ ist der Mechanismus, das „Was“ ist das Wesen, die Essenz. Der Mechanismus ist begreifbar durch die Quantität; das Wesen offenbart sich durch die Qualität.

Und das wissenschaftliche Glaubensbekenntnis? Wie bringt man es in Übereinstimmung mit dem christlichen Credo? Denn es ist nicht allein Ausdruck des Glaubens an die Quantität, sondern auch – und vor allem – des Glaubens an *Werte,* die dem christlichen Credo entgegengesetzt sind.

Ich habe keine andere Antwort darauf als diese:

Kreuzigt die Schlange! Heftet die Schlange – oder das wissenschaftliche Credo – an das Kreuz von Religion und Wissenschaft – und eine Metamorphose der Schlange wird die Folge sein! Das wissenschaftliche Credo wird dann zu dem werden, was es in Wirklichkeit *ist:* das Spiegelbild des schöpferischen Wortes. Es wird nicht länger *Wahrheit* sein; es wird *Methode* werden. Es wird nicht mehr sagen: „Im Anfang ist die Substanz oder Materie“, sondern: „Um den Mechanismus der fertigen Welt zu erkennen, muß ich eine Methode wählen, bei der man den Ursprung der Materie und dasjenige außer acht läßt, was sie von außerhalb ihrer in Bewegung gesetzt hat.“ Und man wird nicht mehr sagen: „Das Gehirn bringt das Bewußtsein hervor“, sondern man wird sagen: „Um das Funktionieren des Gehirns zu erkennen, muß ich es so betrachten, *als ob* das Bewußtsein durch es verursacht sei.“

Die erste Metamorphose des Glaubens der Wissenschaft wird daher darin bestehen, daß seine metaphysischen Dogmen in methodische Postulate verwandelt werden. So wird seine Leugnung Gottes, der Schöpfung und des den Phänomenen vorausgehenden Geistes zur Methode des „gelehrten Nichtwissens“ – der „docta ignorantia“[6], die nichts anderes ist als die Konzentration der Wissenschaft auf das ihr eigene Gebiet.

Dieser Metamorphose wird früher oder später eine andere folgen, und zwar die Verwandlung des Willens, der sich im Glauben der Wissenschaft bekundet. Der *Wille zur Macht,* der auf das unbegrenzte Anwachsen der Herrschaft des Menschen über die Natur abzielt, gleichgültig ob zum Guten oder zum Bösen, wird allmählich seine moralische Indifferenz verlieren und sich mehr und mehr dem Guten zuneigen – er wird sich verwandeln in den *Willen zum Dienen.* Und auf diese Weise wird der Glaube der Wissenschaft eine alchimistische Transmutation erfahren, und die empirische Wissenschaft wird aufhören, amoralisch oder moralisch indifferent zu sein. Sie wird Partei ergreifen für das, was aufbaut und der Gesundheit, dem Leben und dem Wohlbefinden der Menschheit dient. Dann wird sie offenstehen für sämtliche methodischen Neuerungen, die ihre besonderen Aufgaben mit sich bringen werden; und einmal wird sie soweit kommen, daß sie sich den konstruktiven Lebenskräften der Welt mit dem gleichen Eifer und der gleichen Intensität widmet, mit der sie sich heute den Kräften, die auf Zerstörung beruhen, hingibt (der Wärme, die aus Verbrennung entsteht; der Elektrizität, die durch Zersetzung oder durch Reibung entsteht; der Kernenergie, die aus der Atomzertrümmerung hervorgeht ...). Das wiederum wird die Verwandlung der wissenschaftlichen Methode zur Folge haben, in dem Sinne, daß die gewollte Ignoranz hinsichtlich der geistigen Welt als überholt aufgegeben wird ...

Aber all dieses kann erst dann stattfinden, wenn eine Anzahl von Gelehrten „die erzene Schlange auf einen Stab gehängt" haben werden, das heißt, in ihrem inneren Forum die *Vertikale* der Religion der Horizontalen der empirischen Wissenschaft hinzugefügt haben werden. Das wird das Gift des wissenschaftlichen Glaubens neutralisieren und ihn in einen Dienst am Leben verwandeln.

Was ich hier darzustellen versucht habe, ist der göttliche Ratschlag, der in der Wüste zwischen dem Berge Horeb und dem Lande Edom an Moses erteilt wurde:

„Mose verfertigte also eine eherne Schlange und brachte sie an der Stange an. Wenn nun die Schlangen einen gebissen hatten und dieser dann auf die eherne Schlange hinblickte, so blieb er am Leben" (Num 21,9).

Auch wir brauchen heute in der Wüste, in der wir uns befinden, die auf einem Stab aufgerichtete eherne Schlange, um sie anzusehen und unser geistiges Leben zu retten. Nun ist die Synthese von Wissenschaft und Religion nicht irgendeine Theorie, sondern die innere Tat des Bewußtseins, zu der Horizontalen der Wissenschaft die geistige Vertikale hinzuzufügen, oder, anders gesagt, *die eherne Schlange aufzurichten.*

Es muß gesagt werden, daß es sich hier nicht nur um einen biblischen Rat oder um den frommen Wunsch eines einsamen Menschen handelt, der betrübt ist über die Verheerungen, die der auf die Erfolge der empirischen Wissenschaft gestützte Wissenschaftsglaube für das geistige Leben der Menschheit gebracht hat, sondern daß die Synthese als vollendete Tatsache vorliegt! Frankreich hat die Ehre, dem großen zeitgenössischen Gelehrten Pierre Teilhard de Chardin (der zugleich Pater Pierre Teilhard de Chardin war) das Leben geschenkt und zu seiner Bildung beigetragen zu haben, der in doppelter Kenntnis der Sache die eherne Schlange für unsere Zeit hoch aufgerichtet hat. Sein „Le Phénomène humain"[7] ist ebenso wie seine anderen Werke[8] die *verwirklichte* Synthese der Antinomie „Glaube – Erfahrungswissenschaft" in dem Sinne, daß ein wahrer Gelehrter, der ein wahrer Glaubender war, durch sein Lebenswerk erfolgreich die Horizontale der Wissenschaft (und welche Horizontale!) mit der Vertikalen der Religion (und welche Vertikale!) verbunden hat!

Man muß noch hinzufügen, daß er nicht der einzige ist und daß es viele Menschen gibt, die auf die „eherne Schlange hinblicken" und so das *Leben* bewahren.

Was uns Hermetiker betrifft, wir sehen uns einem Werk gegenüber, das von uns hätte vollbracht werden sollen; es geschah aber nicht, weil wir weder für die Wissenschaft mit ihrer Disziplin noch für die Religion mit ihrer Disziplin von ganzem Herzen Partei ergreifen wollten. Wir bestanden auf unserer eigenen Wissenschaft und unserem eigenen Glauben. Darum war niemand unter uns imstande, die eherne Schlange für unsere Zeit aufzurichten. Denn um dies tun zu können, hätte man zugleich wahrer Gelehrter nach den Regeln der Akademie und wahrer Glaubender nach den Kriterien der Kirche sein müssen.

Wer von uns hat nicht, wenigstens in seiner Jugend, der von Papus lauthals verkündeten Maxime: „Weder Voltaire noch Loyola!" Beifall gespendet! Was bedeutet: Weder Zweifel noch Glaube?

Das Ergebnis ist, daß wir ein wenig zweifeln und ein wenig glauben. Wir haben nicht genug kritischen Geist dort, wo er angebracht wäre, und wir haben davon trotzdem noch genug, um unseren Glauben zu lähmen dort, wo es sich um die vorbehaltlose Annahme von spirituellen Werten handelt, die sich unserer Hochschätzung darbieten. „Weder Voltaire noch Loyola" bedeutet in der Praxis: „Ein wenig Voltaire und ein wenig Loyola", denn man kann weder auf den Zweifel noch auf den Glauben ganz verzichten.

Nun ist da einer – ich habe immer Pater Pierre Teilhard de Chardin im Auge –, der den Mut hatte, zu sagen: „Sowohl Voltaire als auch Loyola", und zugleich wahrer Gelehrter und Jesuit zu sein.

Er hatte heldenhaft das Kreuz aus dem Zweifel eines Voltaire und dem Glauben eines Ignatius auf sich genommen. Das Ergebnis davon ist die lichtvolle Vision einer Welt, die sich unter dem Impuls der Schlange auf dem evolutionären Marsch zu dem Endziel hinbewegt, das durch die Vorsehung gesetzt ist.

Haben also auch wir keine Scheu, wie der „Eremit" des Tarot zu werden, der sich mit dem Gewand des Glaubens bekleidet hat und den der Zweifel veranlaßt, den Boden mit seinem Stabe abzutasten! Das Licht der Lampe, die er hält, ist das Licht, das aus der Spannung von gegenübergestelltem *Glauben* und *Zweifel* erstrahlt!

*Die Gabe der vollkommenen Schwärze*

Die Arcana des Tarot – ich betone es nochmals – sind geistige Übungen. Und das neunte Arcanum „Der Eremit" ist eine von ihnen. Darum zielten die drei vorangehenden Meditationen über die drei Antinomien weniger auf eine für jedermann gültige Lösung als vielmehr auf die geistige Bemühung, die bei der Auflösung dieser Antinomien angewendet wird. Man könnte sie gewiß auf eine tiefere und befriedigendere Art auflösen. Es handelt sich bei ihrer Auflösung, wie ich sie vorgeschlagen habe, vor allem um eine *konkrete Illustration* (die, wie ich wohl weiß, weit davon entfernt ist, die beste zu sein) einer bestimmten individuellen Bemühung, nämlich der speziellen geistigen Übung, die darin besteht, daß Sie sich eine These und eine Antithese, beide so klar wie möglich – ich möchte sagen: kristallklar – vor Augen führen, so daß alles intellektuelle Licht, das Ihnen zur Verfügung steht, für die beiden entgegengesetzten Thesen verbraucht wird. Sie gelangen dann in einen Zustand des Geistes, in dem alles, was Sie wissen und was Sie klar sehen, derart in die These und ihre Antithese hineingelegt ist, daß diese wie zwei Lichtstrahlen sind, während Ihr Geist selbst in Dunkelheit getaucht ist. Sie wissen und sehen nichts mehr als das Licht dieser entgegengesetzten Thesen; jenseits von ihnen bleibt nur Dunkelheit.

Und nun unternimmt man das Wesentliche der Übung, nämlich die Bemühung, *Helligkeit und Klarheit aus der Dunkelheit zu schöpfen,* eine Bemühung, die auf die Kenntnis dessen zielt, was Ihnen nicht nur unbekannt, sondern auch unerkennbar zu sein scheint.

Tatsächlich bedeutet jede ernsthafte „Antinomie" psychologisch: „Das Licht, das ich besitze, hat sich an zwei Polen polarisiert; zwischen diesen beiden leuchtenden Polen gibt es nur Finsternis." Nun ist es diese Finsternis, aus der man die Auflösung der Antinomie, ihre Synthese schöpfen muß. Man muß das Licht aus der Finsternis *erschaffen.* Man könnte sagen, daß es sich dabei um einen analogen Akt zum „Fiat Lux – Es werde Licht!" des ersten Schöpfungstages handelt.

Die Erfahrung lehrt, daß es im Bereich des Bewußtseins zwei Arten von Finsternis gibt. Die eine ist Unwissenheit, Passivität und Faulheit, die die Dunkelheit des „Infra-Lichtes" ist. Die andere hingegen ist die Dunkelheit der höheren Erkenntnis, der intensiven Aktivität und der noch zu leistenden Bemühung – sie ist „Ultra-Licht“. Um diese letztere geht es, wenn es sich darum handelt, eine Antinomie aufzulösen und ihre Synthese zu finden.

Die moderne hermetische Literatur (des 19. und 20. Jahrhunderts) mißt der „Neutralisierung der Zweiheiten“ große Bedeutung zu, d. h. der Methode, mit der man den *dritten* oder neutralen Terminus für die beiden Termini („Zweiheit“) findet, die dem aktiven und passiven Prinzip entsprechen. So können Sie bei Papus[9] folgende Beispiele für diese „Neutralisation“ finden:

| | | | | | | | | |
|---|---|---|---|---|---|---|---|---|
| Vater | (+) | – | Mutter | (–) | → | Kind | (n) |
| Licht | (+) | – | Schatten | (–) | → | Halbschatten | (n) |
| Sonne | (+) | – | Mond | (–) | → | Merkur | (n) |

Die Methode der „Neutralisierung der Zweiheiten“ (der Terminus wurde in Rußland gebraucht; ich bin nicht sicher, ob er auch in Deutschland oder Frankreich üblich ist) wird gewöhnlich von den hermetischen und okkultistischen Verfassern als traditionelle Methode der Hermetik betrachtet.

Nun kann eine Zweiheit auf *drei* verschiedene Weisen „neutralisiert“ werden:

1. oben (Synthese);
2. in der Horizontalen (Kompromiß);
3. unten (Vermischung).

Die Neutralisierung oben findet statt, wenn man den neutralen Terminus auf einer höheren Ebene als der der Zweiheit findet:

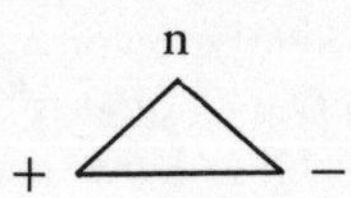


Die Neutralisierung in der Horizontalen vollzieht sich, wenn man den vermittelnden Terminus zwischen den beiden Termini auf der Ebene der Zweiheit selbst findet:

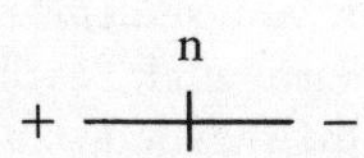


Die Neutralisierung unten findet statt, wenn man die Zweiheit auf einen dritten Terminus reduziert, der auf einer niedrigeren Ebene als derjenigen der Zweiheit ist; dies geschieht auf dem Wege der Vermischung:

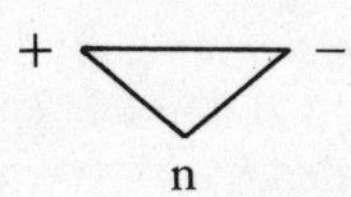

Um die drei Arten der „Neutralisierung" der Zweiheiten zu illustrieren, bedienen wir uns als Beispiel des „Farbkörpers" des deutschen Gelehrten Wilhelm Ostwald[10].

Der Ostwaldsche „Farbkörper" ist ein Doppelkegel; er hat also einen „Nordpol", einen „Südpol" und einen „Äquator".

Der Nordpol ist der *weiße* Punkt, der die Synthese aller Farben ist. Er ist das weiße Licht, das sich in dem Maße immer mehr differenziert, wie es zum Äquator herabsteigt. Dort erreichen die Farben das Maximum ihrer Differenzierung und ihrer individuellen Intensität. So ist z. B. das Rot an der Spitze des Nordpols nur der Möglichkeit nach vorhanden, dann wird es blaßrosa, wenn es eine Stufe weiter unten erreicht, dann rosa, dann rötlich, um zu einem lebhaften Rot zu werden, wenn es am Äquator ankommt. Der Äquator besteht also aus den sieben Farben auf dem Maximum ihrer Intensität.

Dieselben Farben verlieren bei der Fortsetzung ihres Abstieges vom „Äquator" zum „Südpol" stufenweise ihr farbiges Licht und verdunkeln sich. Wenn sie den Südpol erreichen, verlieren sie ihre Unterschiede und werden alle gleichmäßig *schwarz.* Der „Südpol" ist also der *schwarze Punkt* des „Farbkörpers", wie der „Nordpol" sein *weißer Punkt* ist.

Der „weiße Punkt" ist die Synthese von allen Farben; er ist ihre „Neutralisierung oben", im Licht. Der „Äquator" ist die Region der höchsten Unterscheidung der Farben. Dort kann man den Übergang von einer Farbe zur anderen feststellen. Er ist die Region, wo die „Neutralisierung in der Horizontalen" verwirklicht werden kann. Der „Schwarze Punkt" endlich ist derjenige der Vermischung aller Farben, wo sie sich in der Dunkelheit verlieren. Er ist die Region der „Neutralisierung unten".

Dieser „Farbkörper", der von seinem Erfinder Ostwald zum Gebrauch und Nutzen in der Farb- und Textilindustrie entwickelt wurde, weil er die genaue Breite und Länge jeder Nuance und jeglicher Intensitätsabstufung von allen Farben festzustellen erlaubt, kann nun auch – wohl ohne Wissen seines Erfinders – bei hermetischen Meditationen von Nutzen sein als wichtige Grundlage in einer Reihe von Analogien.

So können wir durch Analogie den „weißen Punkt" oder den „*Nordpol*" des „Farbkörpers" als denjenigen der *Weisheit* verstehen, den „*Äquator*" als denjenigen der Familie der einzelnen Wissenschaften des menschlichen Wissens und den „schwarzen Punkt" oder „*Süd*pol" als denjenigen der *Unwissenheit.* Die Weisheit ist die obere Synthese aller einzelnen menschlichen Wissenschaften. Sie enthält sie alle zugleich undifferenziert in sich, wie das weiße Licht die sieben Farben des Prismas enthält. Die „Neutralisierung" oder die Synthese z. B. der Zweiheit „gelb – blau" kann also erreicht werden durch den Aufstieg zum „weißen Punkt" der Weisheit.

Die andere Methode, den dritten Terminus für die Zweiheit „gelb – blau" zu finden, wäre diejenige, am Äquator der Spektralfarben den Punkt auf der Leiter des Überganges von Gelb zu Blau zu finden, der genau in der Mitte der Entfernung liegt, die den Punkt des stärksten Gelb und den Punkt des stärksten Blau voneinander trennt. Dies ist der Punkt *„Grün"*.

Schließlich gibt es noch eine dritte Methode der „Neutralisierung" – diejenige in Richtung unterhalb des Äquators". Das ist die Richtung zum „schwarzen Punkt" hin, wo die einzelnen Farben in der Dunkelheit verschwinden. Die „Neutralisierung" der Zweiheit „gelb – blau" würde also nach dieser Methode erreicht sein, wenn man einen Punkt auf der Stufenleiter des umgekehrten Kegels des „Farbkörpers" gefunden hätte, wo Gelb und Blau aufhören, unterscheidbar zu sein in einem dunklen Braun, zu dem sie geworden sind.

Wenn wir jetzt statt der Zweiheit „gelb – blau" die Zweiheit „Mathematik – beschreibende Wissenschaft" bzw. „Mathematik – Phänomenalismus" nehmen und dort die drei Methoden der Neutralisierung anwenden, erhalten wir eine Formel der transzendenten Synthese, eine andere des Vergleichs oder des Gleichgewichts und eine dritte der Indifferenz. Diese sind:

1. Transzendente Synthese: „Gott geometrisiert; die Zahlen sind Schöpfer der Phänomene" – die Formel von Platon und den Pythagoräern.

2. Gleichgewicht: „Die Welt ist Ordnung, d. h., die Phänomene lassen Grenzen erkennen, die auf dem Gleichgewicht beruhen, das wir Maß, Zahl und Gewicht nennen" – die Formel der Peripathetiker (Aristoteles u. a.).

3. Indifferenz: „Unser Geist reduziert die Phänomene auf Zahlen mit dem Ziel, sich die Aufgabe ihrer Handhabung zu erleichtern" – die Formel der Skeptiker.

Wir sehen also, daß der Platonismus zum „weißen Punkt" der Weisheit hin orientiert war, der Aristotelismus sich in der „Äquatorialzone" der genauen Unterscheidungen bewegte, und der Skeptizismus zum „schwarzen Punkt" des Nihilismus tendierte.

Was nun die Hermetik betrifft, so hält ihr „Eremit" die Lampe, die den „leuchtenden Punkt" der transzendenten Synthese darstellt; er ist eingehüllt in den in Falten herabfallenden Mantel der Entfaltung besonderer Qualitäten, die in der Region des „Äquators" stattfindet, und er stützt sich auf den Stab des Tastens in der Dunkelheit im Gebiet des umgekehrten Kegels, der im „schwarzen Punkt" kulminiert.

Er ist also ein peripathetischer Platoniker (auf dem Weg rund um den Äquator), der sich beim Wandern des Skeptizismus („Stab") bedient. Darum ist die traditionelle Interpretation des neunten Arcanums: die *Klugheit.*

Klugheit ist das ständige Bewußtsein, zwischen zwei Dunkelheiten zu sein – der Dunkelheit des weißen Punktes der absoluten Synthese oben, der blendet und eine langsame und stufenweise Vorbereitung des Geistes verlangt, damit man sein Licht ertragen kann, ohne blind zu werden, und der Dunkelheit des schwarzen Punktes, des Unterbewußten unten.

Klugheit ist zugleich die bewegliche Konzentration, die fortschreitet von der einen besonderen „Farbe" zu der anderen in der „Äquatorialzone" zwischen den beiden entgegengesetzten Polen. Sie hüllt sich in den Mantel ihrer „Synopsis" nicht als das Wissen, das dem Geist immer gegenwärtig ist, vielmehr als der Hintergrund jeder besonderen Erkenntnis, als Gewißheit des *Glaubens* an die Einheit, der die Klugheit einhüllt und bekleidet, der jedoch nach vorne offen ist, um dem Gebrauch von Lampe und Stab Raum zu geben – dem *orientierten Sehen* und dem *konzentrierten Tasten.*

Die Klugheit besteht weder darin, daß dem Geist ständig die Sicht des „weißen" Punktes der Synthese, noch die der „Synopsis", des „Regenbogens" der Farben, gegenwärtig ist. Diese Sicht hüllt die Klugheit eher ein, so wie das Unbewußte das Bewußte einhüllt und nur als Orientierungskraft in bezug auf das Bewußte gegenwärtig ist, als leitende Neigung und Grundimpuls. Niemals arbeitet die Klugheit ein „absolutes System" der Synthese des Alleswissens aus. Sie beschäftigt sich nur mit einzelnen Problemen *auf der Grundlage der Synthese dieser Probleme einer tieferen Bewußtseinsschicht.* Die alles umfassende allgemeine Synthese *vollzieht sich* in einer anderen Bewußtseinsschicht als derjenigen, in der das „Ich" seiner intellektuellen Arbeit nachgeht. So könnte der kluge Eremit Ihnen Dutzende von Antworten auf Dutzende von Fragen geben, und er würde dies spontan und scheinbar unbesorgt um deren Übereinstimmung tun, und Sie würden den Eindruck haben, daß jede einzelne Antwort absolut „ad hoc" ist und nie auf einem intellektuell vorgefaßten System beruht. Sie würden sich vielleicht fragen, ob es sich nicht um „intellektuelle Poesie" handelt, so spontan und unbefangen würde Ihnen eine jede dieser Antworten erscheinen, obwohl sie immer passend und überzeugend wäre.

Dies würde Ihr erster Eindruck sein. Nach wiederholtem Nachdenken aber fänden Sie heraus, daß alle diese spontanen und „ad hoc" gegebenen Antworten ein „Ganzes", einen Organismus der Synthese enthüllen, der im Hintergrund steht, und daß sie *im Grunde* wunderbar zusammenpassen und *im Grunde* zusammen nur ein einziges deutlich vernehmbares „Wort" bilden. Dann werden Sie die Rolle des „Mantels" verstehen, der den Eremiten einhüllt, wenn dieser seine Lampe gebraucht, um in den einzelnen Problemen klar sehen zu können, und wenn er seinen Stab benutzt, um deren Gebiet abzutasten.

Der „Mantel" bedeutet die Anwesenheit der ganzen Wahrheit in einer tieferen Bewußtseinsschicht, und es ist diese Wahrheit, die jede intellektuelle Arbeit einhüllt und inspiriert, die das bewußte Ich mittels Lampe und Stab hinsichtlich der einzelnen Probleme leistet.

Diese Wahrheit ist es, die ihm Richtung und Stil gibt und darüber wacht, daß die Auflösung eines jeden Problems mit ihr übereinstimmt. Sie lebt in einer tieferen Bewußtseinsschicht und ist dort gegenwärtig als die Gewißheit des *absoluten Glaubens,* als die Gewißheit, daß diese Wahrheit ein Abdruck der Wahrheit von oben ist.

Der Eingeweihte ist nicht jemand, der alles weiß. Er ist ein Mensch, der die Wahrheit in einer tieferen Schicht seines Bewußtseins trägt, nicht als ein intellektuelles System, sondern vielmehr als eine Schicht seines Wesens, als einen „Mantel", der ihn einhüllt. Dieser Wahrheits-Abdruck offenbart sich als unerschütterliche Gewißheit – d.h. als *Glaube* im Sinne der *Stimme der gegenwärtigen Wahrheit.*

Die umfassende Wahrheit ist in einer tieferen Bewußtseinsschicht als das Ichbewußtsein gegenwärtig. Sie befindet sich in der Dunkelheit. Aus dieser Dunkelheit schießen die Lichtstrahlen der Einzelerkenntnis empor. Ergebnisse der Bemühungen, die auf die „Neutralisierung der Zweiheiten" oder auf die „Auflösung der Antinomien" hinzielen. Diese Bemühungen sind nichts anderes als Exkursionen in den Bereich einer tieferen Bewußtseinsschicht, nichts anderes als Kontakte, die mit der inneren Dunkelheit hergestellt werden, einer Dunkelheit, die schwanger ist von Enthüllungen der Wahrheit.

Das Wissen und Können, das aus dieser schwarzen, schweigenden Region der leuchtenden Gewißheit geschöpft ist, kann man als „Gabe der vollkommenen Schwärze", als „τέλειον μέλαν", bezeichnen, von der im heiligen Buch des Hermes Trismegistos „Kore Kosmu" die Rede ist.

Die „Gabe der vollkommenen Schwärze" offenbart sich als Folge solcher geistiger Bemühungen wie der „Neutralisierung der Zweiheiten" oder der „Auflösung der Antinomien". Sie ist sozusagen die eigentliche Essenz der Hermetik. Sie stellt die Methode dar, die zur Hermetik gehört, und zugleich die Erkenntnisfähigkeit, deren Ausübung die Hermetik ihre Existenz verdankt.

Der Eremit ist das geistige Sinnbild des Menschen, der die Methode und die Fähigkeit der „Gabe der vollkommenen Schwärze" anwendet. Da diese Methode eine wirkliche Unparteilichkeit erfordert, d.h. die Suche nach einer Synthese der Antinomien und nach dem dritten Terminus zur Zweiheit muß der Hermetiker notwendigerweise einsam sein, d.h. Eremit. Die Einsamkeit ist die eigentliche Methode der Hermetik, denn tief allein muß man sein, um überhaupt diese „Gabe der vollkommenen Schwärze" anwenden zu können angesichts der Gegensätze, der Zweiheiten, der Antinomien und der Parteien, durch die die Welt der Wahrheit geteilt und zerrissen wird. Wer die Synthese, d.h. den wirklichen *Frieden* sucht, ergreift in einem Gegensatz niemals Partei für die eine oder die andere Seite. Da es aber gerade das Parteiergreifen ist, das die Menschen in Gemeinschaften zusammenschließt und in getrennte Gruppen teilt, ist er notwendigerweise allein. Er kann keine menschliche Angelegenheit ohne Vorbehalt zu seiner eigenen machen, noch sich irgendeiner menschlichen Sache entgegenstellen, weil er treulich zur Sache der *Wahrheit* steht, die Synthese und Frieden ist. Darum ist er, ob er will oder nicht, zur tiefen Einsamkeit verurteilt. Er *ist* Eremit in seinem inneren Leben, wie auch sein äußeres Leben aussehen mag. Niemals wird ihm die Freude zuteil, in eine nationale, soziale oder politische Kollektivität einzutauchen. Niemals wird er die Glückseligkeit erleben, die Last der Verantwortung mit der Masse zu teilen, noch wird er jemals Tischgenosse bei Festlichkeiten – und Orgien – sein können, die unter Schlagworten stehen wie: „wir Deutschen", „wir Franzosen", „wir Juden", „wir Republikaner", „wir Royalisten", „wir Kommunisten". Der Rausch, in ein Kollektiv unterzutauchen, wird ihm nicht zuteil. Er muß *nüchtern* sein, und das heißt: *allein.* Denn das Bemühen um die umfassende Wahrheit, die der Friede ist, schließt die Klugheit ein, und Klugheit ist Einsamkeit.

Darum stellt das Evangelium diejenigen, die Frieden stiften, in dieselbe Reihe wie die Armen im Geist, die Leidtragenden, die Hungernden und Dürstenden nach der Gerechtigkeit, und die um der Gerechtigkeit willen Verfolgten – indem es ihnen ein anderes Glück verheißt als das, das sie entbehren.

„Selig die Friedensstifter, denn sie werden Söhne Gottes heißen" (Mt 5,9),

heißt es in der Bergpredigt von denen, die sich weigern, Partei zu ergreifen angesichts von Teilwahrheiten und Einseitigkeiten, die die Welt spalten – weil sie sich der Sache der ganzen Wahrheit widmen, die die Welt vereint und ihr den *Frieden* bringt.

So ist der wandernde Eremit mit seinem Mantel, seiner Lampe und seinem Stab ein Bote des Friedens. Er geht seinen Weg von Meinung zu Meinung, von Überzeugung zu Überzeugung, von Erfahrung zu Erfahrung – und markiert auf dem Weg, den er zurückgelegt hat, die Straße des Friedens zwischen Meinungen, Überzeugungen und Erfahrungen – immer ausgerüstet mit seinem Mantel, seiner Lampe und seinem Stab. Er tut es einsam, weil er *geht* (und niemand könnte statt seiner gehen) und weil sein Werk der *Friede* ist (der Klugheit und also Einsamkeit ist).

Man braucht ihn indessen nicht zu bemitleiden, denn er hat seine Freuden, die intensiv sind. Welche Freude zum Beispiel, wenn er auf dem Wege einen anderen wandernden Eremiten trifft, welches Glück in dieser Begegnung der beiden Einsamen! Diese Freude hat nichts gemein mit dem Rausch des Gefühls, frei von der Last der Verantwortlichkeit zu sein, den das Eintauchen in die Kollektivität mit sich bringt. Es ist im Gegenteil die Freude an der Verantwortlichkeit, die derselben Verantwortlichkeit begegnet, die zusammen die Verantwortlichkeit eines *Dritten* teilen und erleichtern – nämlich dessen, der von seinem irdischen Leben sagt:

„Die Füchse haben Höhlen und die Vögel des Himmels Nester. Der Menschensohn aber hat nicht, wohin er sein Haupt legen kann" (Mt 8,20),

und der der Meister ist, dem alle einsam Wandernden der Welt folgen und dienen.

Das also ist die Freude der beiden, die sich in seinem Namen treffen und wo er „zugegen" ist.

Und dann die Freuden des tiefen, offenbarungsschwangeren Schweigens, die Freude am gestirnten Himmel, dessen feierliche Gegenwart die Sprache der Ewigkeit spricht, an den Konstellationen der Gestirne und Gedanken und am Einatmen der Luft voller Geistigkeit! – Nein, man braucht kein Mitleid zu haben mit dem Eremiten! Obwohl er wie sein Meister nicht hat, wohin er sein Haupt legen kann, ist er bereits selig in dem Glück, das der Meister denen versprochen hat, die Frieden stiften. Er hat das Glück, teilzuhaben am Werk des Gottessohnes, indem er teilnimmt an der Einsamkeit des Erdenlebens des Menschensohnes.

Diejenigen, die Frieden stiften, die Eremiten, stiften ihn nicht um jeden Preis, und sie stiften nicht jeden Frieden ohne Unterschied. Denn man kann auf verschiedene Art zum Frieden kommen, und außerdem ist zwischen Frieden und Frieden zu unterscheiden.

Ostwalds „Farbkörper" kann uns auch bei der Lösung dieses Problems nützlich sein. Der „weiße Punkt", der „Äquator der lebendigen Farben" und der „schwarze Punkt" dieses Körpers können uns als analoge Grundlage dienen bei der Betrachtung der verschiedenen Arten des Friedens und der verschiedenen Weisen, ihn herbeizuführen.

Friede ist Einheit in der Verschiedenheit. Es gibt keinen Frieden, wo es keine Verschiedenheit gibt, und es gibt ihn dort nicht, wo es nur Verschiedenheit gibt.

So ist die Einheit, in der die Verschiedenheit verschwindet, kein Friede. Darum ist der „weiße Punkt" des „Farbkörpers", wo alle Farben in Licht verschwinden, wohl das, was den Frieden möglich macht, aber an und für sich ist er nicht der Friede. Ebenso ist der „schwarze Punkt" dieses Körpers, wo alle Farben in der Dunkelheit verschwinden, nicht der Ort des Friedens, wohl aber der Ort des Todes der Verschiedenheit und damit der Konflikte, die aus der Verschiedenheit entstehen können. Also ist der „Äquator der lebendigen Farben" der eigentliche Bereich des Friedens. Die lebendigen Farben des in den Wolken erscheinenden Regenbogens sind die sichtbare Kundgebung der Idee des Friedens, weil der Regenbogen uns die Einheit der Verschiedenheit der Farben sehen läßt. Dort zeigt sich uns die ganze Familie der Farben als sieben Schwestern, die sich an der Hand halten.

Darum ist der Regenbogen das Zeichen des Friedens oder des Bundes zwischen Himmel und Erde in der Genesis des Moses.

„Und Gott sprach: ‚Dies sei das Zeichen des Bundes, den ich zwischen mir und euch und allen lebenden Wesen bei euch für immerwährende Geschlechter schließe: Ich stelle meinen Bogen in die Wolken, er soll ein Zeichen des Bundes zwischen mir und der Erde sein'" (Gen 9, 12f).

Wenn man nun unter Frieden die Beseitigung von Konflikten und Gegensätzen versteht, sind vier Arten von Frieden möglich: der transzendente oder der Friede des „Nirwana", der immanente oder „katholische" Friede, der Friede der Vorherrschaft oder Hegemonie und der Friede des Todes oder der „nihilistische" Friede.

Der transzendente oder der Friede des „Nirwana" entspricht dem „weißen Punkt" des Farbkörpers. Der immanente oder „katholische" Friede wäre die gleichzeitige lebendige Bekundung *aller* Farben des Regenbogens und entspräche dem „Äquator" des Farbkörpers. Der Friede der Vorherrschaft oder Hegemonie entspräche dem erfolgreichen Bestreben einer besonderen Farbe, die anderen Farben zu verdunkeln und sie im Bereich des „Äquators" der Farben zu verschlingen, so daß nur eine einzige Farbe übrigbliebe. Der Friede des Todes oder der „nihilistische" Friede entspräche dem „schwarzen Punkt" des Farbkörpers und bedeutete die absolute Einebnung jeder Verschiedenheit.

Von diesen vier Arten von „Frieden" ist nur der Friede, den wir als „immanent" oder „katholisch" (universal) bezeichnet haben, der wirkliche und wahre Friede. Er ist der Friede der *Brüderlichkeit* und der gegenseitigen *Ergänzung*. Da der „Eremit" diesen Frieden als Ideal hat, ist er auf dem Kartenbild nicht in der „Padmasana"-Haltung der buddhistischen oder Yoga-Meditation dargestellt, die den transzendenten Frieden des Nirwana anstrebt, noch ist er *sitzend* dargestellt auf dem Thron der Macht mit befehlender Geste, noch schlafend oder tot auf dem Boden liegend, sondern *gehend*. Er geht, d.h., er ist auf dem Weg um den „Äquator" der lebendigen Farben des „Farbkörpers", und sein Weg ist der des Friedens im Sinne der Einheit in der Verschiedenheit.

Es ergibt sich also, daß der Eremit, d.h. der ernsthafte Hermetiker keineswegs „Neutralist" ist, obwohl er seinen Geist bei der „Neutralisierung" der Zweiheiten oder Polaritäten zur Auflösung der Antinomien oder der Gegensätze und *für* den Frieden des Regenbogens oder die Einheit in der Verschiedenheit anwendet. Er versteht „nein" zu sagen gegenüber Tendenzen, die zum falschen Frieden führen – dem der transzendenten Indifferenz, der Unterwerfung und des Nihilismus, ebenso wie er „ja" zu sagen weiß zu allem, was zum wahren Frieden der Einheit in der Verschiedenheit führt.

Er weiß „ja" und „nein" zu sagen – diese beiden magischen Worte des Willens, durch die der Wille stark ist und ohne die er einschläft. „Ja und nein" – das ist das Leben des Willens, sein höchstes und einziges Gesetz. Der Wille kennt kein drittes Wort zwischen außerhalb, oberhalb und unterhalb von „Ja" und „Nein". „*Amen*" und „*Anathema*" sind nicht nur die zusammenfassenden, feierlichen liturgischen Formeln der höchsten Bejahung und Verneinung, sondern auch die des Willens, der lebt und wacht. Denn nur in dem „Ja" und „Nein" lebt und wacht der Wille. Der Wille als solcher ist niemals überparteilich, neutral und gleichgültig.

Nun sind wir bei einer weiteren Antinomie angelangt – bei der *praktischen* Antinomie „Weisheit – Wille" oder „universale Synthese – besondere Handlung" oder auch „Wissen – Wollen".

4. *Die Antinomie „Wissen – Wollen"*

Man *muß* wissen, d.h. die Einheit in der Mannigfaltigkeit sehen, und man *muß* wollen, d.h. die kontemplativ betrachtete Einheit mit dem scharfen, zweischneidigen Schwert des „Ja" und des „Nein" des Willens zerlegen. Kontemplativ-Werden führt zur Untätigkeit. Aktiv-Werden führt letzten Endes zur Unwissenheit.

Man kann das kontemplative Leben wählen, aber um welchen Preis? Der Preis der Wahl der Kontemplation als Hauptweg und Hauptbeschäftigung des Lebens sieht folgendermaßen aus:

Ein Schiff trägt Passagiere und Besatzung, die aus Kapitän, Offizieren und Matrosen besteht. Das gleiche gilt von dem Schiff der menschlichen Gesellschaft, das von Jahrhundert zu Jahrhundert fährt. Es trägt ebenfalls Mannschaft und Passagiere. Die Mannschaft wacht darüber, daß das Schiff seinem Kurs folgt und daß die Passagiere gesund und wohlbehalten sind. Nun impliziert die Entscheidung für eine kontemplative Lebensweise den Entschluß, Passagier des Schiffes der menschlichen Gesellschaft zu werden und die Verantwortung für den Kurs des Schiffes und für das eigene Wohlbefinden und das der anderen Passagiere, der Besatzung – dem Kapitän, den Offizieren und den Matrosen – zu überlassen. Man wird also Passagier des Schiffes der Menschheitsgeschichte, wenn man die kontemplative Lebensweise wählt. Das ist der moralische Preis dieser Wahl.

Man sollte sich allerdings vor dem gradlinigen und oberflächlichen Schluß hüten, daß alle Mönche und Nonnen der „kontemplativ" genannten Orden und die Eremiten Passagiere seien. Nichts wäre falscher als dieser Schluß. Denn unter diesen „Kontemplativen" befinden sich oft nicht nur Matrosen und Offiziere der Besatzung, sondern sogar ihre Kapitäne. Das kommt daher, daß ihr Werk und ihr Ziel, obwohl geistig, wesentlich *praktisch* ist. Das *Gebet,* der Gottesdienst, das Studium und das disziplinierte und strenge Leben bilden eine sehr aktive und wirksame Bemühung um den Kurs und das Schicksal des Schiffes der geistigen Menschheitsgeschichte. In Wahrheit sind es diese „Kontemplativen", die bewußt und aus freiem Antrieb den Hauptteil der Verantwortung für den geistigen Weg des Schiffes und für das geistige Wohlbefinden sowohl der Besatzung als auch der Passagiere tragen. „Kontemplativ" leben: das bedeutet für diese Orden geistige Bemühung und geistige Verantwortung, während es, wenn man es als Entscheidung für den Pol des Sehens auf Kosten des Pols des Wollens im Menschen versteht, darauf hinausläuft, daß man den Genuß des Sehens der *Anstrengung* des Wollens und der (geistigen oder sonstigen) Tätigkeit, die sie mit sich bringt, vorzieht. Man kann in der Tat ziemlich vielen Leuten begegnen, die das kontemplative Leben genießen. Das sind aber fast niemals reguläre Mitglieder der sogenannten kontemplativen Orden, sondern meistens weltliche Amateure, die es eigenmächtig tun. Man kann ihnen begegnen unter den Jüngern des Yoga, der Kabbala, des Sufismus und den Metaphysikern im allgemeinen.

Man kann sich aber auch für den Willenspol im Menschen entscheiden und so den Willen haben, sich nur mit dem zu beschäftigen, was mit aktivem Handeln und mit einem praktischen Ziel verbunden ist. Man kann sehr wohl eine aktive Lebensweise wählen. Aber um welchen Preis?

Der Preis dafür ist eine unvermeidliche Kurzsichtigkeit des Geistes. „Weshalb sich mit den Eskimos befassen, mit denen ich nichts zu tun habe, wenn ich noch nicht einmal die Leute in meiner Straße und die Kollegen in meinem Büro richtig kenne?", wird derjenige sagen, der das Handeln auf Kosten des Wissens erwählt hat. Wenn er gläubig ist, wird er sich fragen: „Wozu all diese vergebliche Inanspruchnahme des Geistes, die Philosophien, die Wissenschaften, die sozialen und politischen Lehren, wenn die heilsamen Vorschriften des Evangeliums (oder der Bibel, des Koran, der Dhammapada usw.) für mein Heil und das der Menschheit genügen?!"

Handlung verlangt Konzentration, und diese zieht unvermeidlich eine Einschränkung des Geistes auf Teilgebiete des Lebens und den Verlust des Blickes für das Ganze nach sich.

Nun, die vom Arcanum „Der Eremit" gelehrte Klugheit kann auch die Auflösung der praktischen Antinomie „Wissen – Wollen" erbringen.

Der Eremit ist weder in Meditation noch in Studien versunken, noch ist er im Begriff, zu arbeiten oder zu handeln. Er *wandert.* Das bedeutet, daß er einen *dritten* Zustand jenseits von Kontemplation und Aktion offenbart. Er repräsentiert in bezug auf die Zweiheit „Wissen – Wollen" oder „Kontemplation – Aktion" oder endlich „Kopf – Glieder" die Synthese, nämlich die des *Herzens*. Denn es ist das Herz, wo Kontemplation und Aktion vereinigt sind, wo Wissen zu Wollen wird, und wo Wollen zu Wissen wird. Das Herz hat nicht nötig, das von der Kontemplation betrachtete Ganze zu vergessen, um zu handeln, und es hat auch nicht nötig, jede Aktion zu unterdrücken, um zur Kontemplation zu kommen. Es ist gleichzeitig und unermüdlich aktiv und kontemplativ, unaufhörlich. Es *geht*. Es geht Tag und Nacht, und wir hören die Schritte seines Tag und Nacht nicht aufhörenden Ganges. Wenn wir daher einen Menschen darstellen wollten, der das Gesetz des Herzens lebt, der im Herzen zentriert und der sichtbarer Ausdruck des Herzens ist – den „guten und weisen Vater" oder den „Eremiten" – so würden wir ihn *gehend* darstellen, ohne Hast, ohne Rast.

Der Eremit des neunten Kartenbildes ist der Mensch des Herzens – der einsame, wandernde Mensch. Er ist der Mensch, der in sich die Antinomie „Wissen – Wollen" oder „Kontemplation – Aktion" hat. Denn das Herz ist ihre Auflösung.

Das „Herz", das wir hier im Auge haben, ist nicht die Empfindsamkeit oder die Leidenschaftlichkeit, die man gemeinhin unter „Herz" versteht. Es ist das mittlere der sieben Zentren der vitalen und seelischen menschlichen Organisation. Es ist die „zwölfblättrige Lotosblume" oder Anahata der esoterischen Anthropologie Indiens. Dieses Zentrum ist das *menschlichste* von allen Zentren oder „Lotosblumen". Denn wenn der achtblättrige Lotos oder das Kronenzentrum derjenige der Offenbarung der Weisheit ist, der zweiblättrige Lotos derjenige der intellektuellen Initiative, der sechzehnblättrige Lotos (Kehlkopfzentrum) derjenige des schöpferischen Wortes, der zehnblättrige Lotos derjenige der Wissenschaft, der sechsblättrige Lotos derjenige der Harmonie und der Gesundheit und der vierblättrige Lotos derjenige der schöpferischen Kraft, so ist der zwölfblättrige Lotos (das Herzzentrum) derjenige der Liebe. Darum ist er das menschlichste der Zentren und das höchste Kriterium nicht dessen, was der Mensch besitzt, was er kann und was er weiß, sondern dessen, was er ist.

Denn der Mensch ist im Grunde nur das, was sein Herz ist. Dort wohnt und offenbart sich die Menschlichkeit im Menschen. Das Herz ist die Sonne des Mikrokosmos.

Darum ist die christliche Hermetik – wie das Christentum im allgemeinen – „heliozentrisch", d.h., sie teilt in all ihrem Wirken dem Herzen den zentralen Platz zu. Das große Werk der geistigen Alchimie oder der „ethischen Hermetik" ist die Transmutation der Substanzen („Metalle") der anderen Lotosblumen in die Substanz des Herzens („Gold"). Die „ethische Hermetik" (in Rußland gebrauchter Ausdruck für die geistige Alchimie) zielt auf die Umwandlung des ganzen Systems der Lotosblumen in ein *System von sieben Herzen*, d.h. auf die Verwandlung des menschlichen Wesens, bis es ganz und gar Herz wird. Das bedeutet in der Praxis die *Vermenschlichung* des ganzen menschlichen Wesens und die Umbildung des Systems der Lotosblumen in ein System, das durch die Liebe und für die Liebe wirkt. So wird die durch die achtblättrige Lotosblume offenbarte Weisheit aufhören, abstrakt und transzendent zu sein; sie wird voller Wärme werden wie das Pfingstfeuer. Die intellektuelle Initiative der zweiblättrigen Lotosblume wird zum „guten Blick“ auf die Welt werden. Das schöpferische Wort der sechzehnblättrigen Lotosblume wird magisch werden: Es wird die Fähigkeit bekommen zu erleuchten, zu trösten und zu heilen.

Das Herz selbst oder die zwölfblättrige Lotosblume, die das einzige Zentrum ist, das nicht an den Organismus gebunden ist, sondern aus ihm herausgehen und mit und in anderen Menschen leben kann, und zwar durch Exteriorisation, d.h. dadurch, daß seine „Blätter“ nach außen gestrahlt werden können, wird ein Reisender werden, ein anonymer Besucher und Gefährte derer, die im Gefängnis sind, die in der Verbannung leben oder die schwere Lasten der Verantwortung tragen. Es wird ein wandernder Eremit werden, der die Erde von einem Ende zum anderen bereist und der Wege findet durch die Sphären der geistigen Welt vom Fegefeuer bis zu den Füßen des Vaters. Denn für die Liebe ist keine Entfernung zu groß, und keine Tür kann sie hindern einzutreten – gemäß dem Versprechen: „und die Pforten der Hölle werden sie nicht überwältigen“ (Mt 16,18).

Das Herz ist das wunderbare Organ, das berufen ist, der Liebe bei diesen Werken zu dienen. Das ist die zugleich menschliche wie göttliche Struktur des Herzens, seine Struktur der Liebe, die auf dem Wege der Analogie die Worte des Meisters der Fassungskraft unseres Verstandes näherbringen kann:

„Und siehe, *ich bin bei euch* alle Tage bis ans Ende der Welt“ (Mt 28,20).

Das Wissen der zehnblättrigen Lotosblume wird dann zum *Gewissen* werden, d.h., es wird im Dienste Gottes und des Nächsten stehen.

Die sechsblättrige Lotosblume, das Zentrum der Gesundheit, wird das der Heiligkeit werden, d.h. der Harmonie zwischen Geist, Seele und Leib.

Die schöpferische Kraft der vierblättrigen Lotosblume wird dann als Quelle der Energie und des unerschöpflichen Elans auf dem langen Weg des wandernden Eremiten dienen, des Menschen des Herzens, d.h. des Menschen, der seine Menschlichkeit wiedergewonnen hat.

Der Schüler des hinduistischen Yoga und Tantra meditiert oder spricht innerlich „Samen – Mantren“ (bija mantra), um diese Zentren oder Chakras zu erwecken und ihre Entwicklung voranzutreiben.

Er läßt innerlich die Silbe OM vibrieren für das Zentrum zwischen den Augenbrauen (die zweiblättrige Lotosblume), die Silbe HAM für das Kehlkopfzentrum (die sechzehnblättrige Lotosblume), die Silbe YAM für das Herzzentrum (die zwölfblättrige Lotosblume), die Silbe RAM für das zum Nabel gehörige Zentrum (die zehnblättrige Lotosblume), die Silbe VAM für das zum Becken gehörige Zentrum (die sechsblättrige Lotosblume) und die Silbe LAM für das Basiszentrum (die vierblättrige Lotosblume). Für das Kronenzentrum oberhalb des Kopfes (die achtblättrige Lotosblume) gibt es kein bija mantra, da dieses Zentrum nicht Mittel, sondern Ziel der Entwicklung im Yoga ist. Es ist das Zentrum der Befreiung.

Und hier folgen die christlichen Formeln („Mantren"), die sich auf diese Zentren beziehen:

„Ich bin die Auferstehung und das Leben" – der achtblättrige Lotos;
„Ich bin das Licht der Welt" – der zweiblättrige Lotos;
„Ich bin der gute Hirte" – der sechzehnblättrige Lotos;
„Ich bin das Brot des Lebens" – der zwölfblättrige Lotos;
„Ich bin die Tür zu den Schafen" – der zehnblättrige Lotos;
„Ich bin der Weg, die Wahrheit und das Leben" – der sechsblättrige Lotos;
„Ich bin der wahre Weinstock" – der vierblättrige Lotos.

Da haben wir den Unterschied und die Wahl der Methode. Es handelt sich, lieber Unbekannter Freund, um die Wahl zwischen der Methode, die die besonderen Töne der Silben Om, Ham, Yam, Ram, Vam und Lam vibrieren läßt, und der Methode, die die geistige Kommunion mit den sieben Strahlen des „*Ich bin*" oder den sieben Aspekten des vollkommenen *Ich* im Auge hat, das *Jesus Christus* ist. Die erste Methode strebt das Aufwecken der Zentren an, *so wie sie sind;* die zweite strebt die *Verchristlichung* aller Zentren an, d. h. ihre *Umwandlung* gemäß ihren göttlich-menschlichen Urbildern. Da handelt es sich um die Verwirklichung des Wortes des Apostels Paulus:

„Wenn einer in Christus ist, so ist er ein neues Geschöpf" (2 Kor 5, 17).

Das Werk der Verchristlichung der menschlichen Organisation, d. h. der Umwandlung des Menschen in einen Menschen des Herzens, vollzieht sich im *inneren* Leben des Menschen; die Lotosblumen sind nur das Feld, auf dem die *Wirkungen* des rein inneren Werkes sich offenbaren. Nun besteht der Bereich, wo diese Umwandlung unmittelbar bewirkt wird, aus drei Gegensatzpaaren (praktischen „Antinomien") und drei „Neutralisierungen" dieser „Zweiheiten" – neun Faktoren im ganzen.

Wenn wir von der praktischen Antinomie „Wissen – Wollen" sprechen und von ihrer Auflösung – dem „Herzen" –, so ist das nur ein allgemeiner Überblick über die Aufgabe der Integration des Menschen. *Praktisch* handelt es sich genauer um das „Wollen und das Herz des Wissens", das „Wissen und das Wollen des Herzens" und das „Wissen und das Herz des Wollens"; denn es gibt Gefühl und Willen im Bereich des Denkens; Denken und Willen im Bereich des Gefühls und Denken und Gefühl im Bereich des Willens. Es gibt also drei Dreiecke „Wissen – Herz – Wollen" bei der Praxis des inneren Werkes der Integration des Menschen.

Die rein praktische Lehre des neunten Arcanums ist, daß man sowohl die spontane fließende Bewegung des Denkens als auch die ordnende intellektuelle Initiative dem „Herzen des Denkens" unterordnen muß, d.h. dem tiefen Gefühl, das dem Denken zugrunde liegt, das man manchmal als „intellektuelle Intuition" bezeichnet und das das „Gefühl des Wahren" ist.

Auch die spontane Phantasie und die aktiv gelenkte Vorstellungskraft muß man der Führung des Herzens unterstellen, d.h. dem tiefen Gefühl der moralischen Wärme, das man manchmal als „moralische Intuition" bezeichnet und die das „Gefühl des Schönen" ist.

Und man muß die spontanen Impulse und die geordneten Absichten des Willens dem tiefen Gefühl unterordnen, das sie begleitet, das man manchmal als „praktische Intuition" bezeichnet und das das „Gefühl des Guten" ist.

„Der Eremit" des neunten Kartenbildes ist der christliche Hermetiker; der das „innere Werk der Neun" repräsentiert, das Werk, das dem Herzen im menschlichen Wesen den Vorrang verschafft oder, in wohlvertrauten überlieferten Worten, das „Werk des Heils". Denn das „Heil der Seele" ist die Wiederherstellung der Herrschaft des *Herzens.*

[1] Auszug aus dem geheiligten Buch von *Hermes Trismegistos,* Kore Kosmu, Fragment XXIII, 31, in: Corpus Hermeticum, Bd. IV (Paris 1954) S. 10; bei Stobaeus I, 49, 44.

[2] *Lactantius,* Divinae Institutiones, IV, 9, 3.

[3] *E. Lévi,* Dogma und Ritual der Hohen Magie, Bd. I: Dogma (München – Planegg 1927) S. 160.

[4] Isagoge, I, 9–14, in: *Aristoteles,* Kategorien/Lehre vom Satz (Hamburg 1958) S. 11.

[5] Zit. nach: Die Sokratiker, übers. u. hrsg. v. *W. Nestle* (Jena 1922) S. 79.

[6] „De docta ignorantia" lautet der Titel einer der bedeutendsten Schriften des Philosophen und Kardinals Nikolaus von Kues (1401–1464).

[7] *P. Teilhard de Chardin,* Der Mensch im Kosmos (Sonderausgabe, München [7]1969).

[8] Werke in 10 Bänden (Olten – Freiburg i.Br. 1959–1972).

[9] Die Grundlagen der okkulten Wissenschaft (Schwarzenburg [3]1979) S. 102.

[10] Die Farbenfibel (Leipzig 1916); *ders.,* Die Farbenlehre (Leipzig 1918).

*Zehnter Brief*

# DAS SCHICKSALSRAD

## Das Arcanum der gefallenen Natur

„Nichtigkeit, nur Nichtigkeit. Alles ist Nichtigkeit ... Was gewesen, dasselbe wird (wieder) sein, und was geschehen, wird (wieder) geschehen: Nichts Neues gibt es unter der Sonne" (Pred 1,2 9).
„Für uns Menschen und zu unserem Heil ist er vom Himmel gekommen, hat Fleisch angenommen durch den Heiligen Geist von der Jungfrau Maria und ist Mensch geworden ...
Er ist aufgefahren in den Himmel und sitzt zur Rechten des Vaters" (Credo).
„Dann richtete ich mein Sinnen darauf, Weisheit und Wissen, Torheit und Unverstand zu durchschauen. Da erkannte ich, daß auch dies (nur) Haschen nach Wind ist. Wirklich:
Bei viel Weisheit ist viel Ärger, und mehrt man das Wissen, so mehrt man den Schmerz" (Pred 1,17f).

„Selig die Trauernden, denn sie werden getröstet werden" (Mt 5,4).

*Lieber Unbekannter Freund,*

wir haben vor uns ein sich drehendes Rad und drei Figuren in Tiergestalt, von denen zwei (Affe und Hund) sich mit dem Rad drehen, während die dritte (die Sphinx) außerhalb der Bewegung des Rades ist: sie sitzt auf der Plattform oberhalb des Rades. Der Affe steigt herab, um sodann aufzusteigen: der Hund steigt herauf, um dann abzusteigen. Beide kommen an der Sphinx vorbei.

Bei der Betrachtung des Kartenbildes erheben sich spontan einfache und natürliche Fragen:

Warum drehen sich Affe und Hund mit dem Rad? Warum ist die Sphinx da? Wie oft müssen Affe und Hund an der Sphinx vorüberfahren? Und warum diese Begegnungen mit der Sphinx?

Sind diese einfachen Fragen einmal gestellt, befinden wir uns bereits im Herzen des zehnten Arcanums und eingetaucht in die Sphäre der Begriffe und Ideen, die es zu wecken berufen ist.

In der Tat: das Rad allein, ohne seine beiden Passagiere und ohne die über ihnen sitzende Sphinx, würde nur die Idee des Kreises wachrufen oder höchstens die der Kreisbewegung. Das Rad mit den beiden Tieren, das eine aufsteigend, das andere absteigend, würde ohne die Sphinx den Gedanken an ein inhaltsleeres und absurdes Spiel hervorrufen. Doch das sich mit seinen beiden Passagieren drehende Rad *und* die das Ganze beherrschende Sphinx veranlassen den Betrachter zu der Frage, ob es nicht ein Arcanum, d.h. einen Schlüssel gibt, den man besitzen muß, um sich im Bereich der Probleme und Phänomene, die mit dem Kreislauf der Lebewesen zusammenhängen, zurechtzufinden.

Vor allem die Sphinx oberhalb des Rades gibt uns einen intellektuellen Anstoß und regt uns dazu an, das Arcanum des Kartenbildes zu suchen.

Im Hinblick auf den genetischen Zusammenhang und ganz allgemein auf die Entstehung der vier Naturreiche – des Mineral-, Pflanzen-, Tier- und Menschenreiches – gibt es zwei Vorstellungen, die tief im intellektuellen Leben der Menschheit Wurzeln geschlagen haben.

Die eine fußt auf der Idee vom *Sündenfall*, d.h. der Degeneration und des Abstieges von oben nach unten. Nach dieser Betrachtungsweise ist nicht der Affe der Vorfahr des Menschen, sondern ganz im Gegenteil ist der Mensch der Vorfahr des Affen, der bloß ein degenerierter, degradierter Nachkomme des Menschen ist. Und die drei Naturreiche unterhalb des Menschenreiches sind nach dieser Ordnung der Ideen der nach außen projizierte Restbestand aus dem umfassenden Wesen des ursprünglichen Menschen oder aus Adam, der das Urbild und die ursprüngliche Synthese aller Wesen ist, die die vier Naturreiche bilden.

Die andere Ideenordnung enthält die Idee der Evolution, d.h. des umgestaltenden Fortschritts von unten nach oben. Nach dieser Ideenordnung wäre die primitivste Wesenheit – die primitivste sowohl hinsichtlich ihrer biologischen Struktur als auch ihres Bewußtseins – der Ursprung aller Wesen der vier Naturreiche und damit deren gemeinsamer Vorfahr.

Das Kartenbild des zehnten Großen Arcanums des Tarot zeigt einen Affen, d.h. also ein Tier mit einem Gesicht, das noch unverkennbar menschliche Züge bewahrt hat. Dieser Affe ist im Absturz begriffen, denn er klettert nicht nach unten, sondern die Bewegung des Rades zieht ihn mit sich. Der Affe hebt den Kopf, weil er unfreiwillig absteigen muß. Von wo steigt dieses Tier mit dem menschenähnlichen Kopf herab? Von dem Ort, wo die Sphinx ihren Sitz hat. Die gekrönte und geflügelte Sphinx mit dem Menschenkopf und dem Tierkörper, die ein weißes Schwert hält, stellt die Stufe des Seins dar, von der der Affe sich entfernt und der der Hund sich nähert.

Wenn Sie nun die Aufgabe hätten, zeichnerisch die Idee des Sündenfalls darzustellen im Sinne der Degeneration des umfassenden Wesens, des Urbildes der ganzen Natur, würden Sie nicht in der Höhe die gekrönte Sphinx zeichnen als die einzig mögliche Gestalt, die die Einheit von Menschenreich und Tierreich repräsentiert, wobei das Tierreich seinerseits die Synthese von Pflanzen- und Mineralreich ist? Und hätten Sie nicht eine im Zuge der Tierwerdung absteigende Gestalt gezeichnet, die der Krone, des Schwertes und der Flügel beraubt ist, aber noch Züge trägt, die von ihrem Ursprung zeugen – d.h., würden Sie nicht den Affen gewählt haben, um den Übergang vom Zustand des umfassenden urbildlichen Wesens zum Zustand des eingeschränkten und spezialisierten Wesens darzustellen? Bietet sich der Affe nicht aufs beste als Symbol der Tierwerdung an, die sich auf Kosten der engelhaften und menschlichen Elemente des urbildlichen Wesens vollzieht?

Wenn Sie andererseits dem Heimweh der gefallenen und bruchstückhaften Wesen nach dem verlorenen Zustand der Fülle und Vollständigkeit sichtbaren Ausdruck verleihen wollten, würden Sie dann nicht den Hund wählen, das vom menschlichen Element am leidenschaftlichsten angezogene und anhänglichste Tier, als Sinnbild für das Streben des Tieres nach Vereinigung mit der menschlichen Natur, d.h. für das Streben zur *Sphinx,* in der die tierische Natur mit der menschlichen vereinigt ist?

Das Kartenbild des zehnten Arcanums lehrt uns also schon durch seine bloße Anordnung den Organismus der Ideen über die Probleme von Fall und Wiederherstellung gemäß der hermetischen und der biblischen Tradition. Es macht den *ganzen* Kreislauf sichtbar, der sowohl den Abstieg wie den Aufstieg umfaßt, während die Abstammungslehre der modernen Wissenschaft sich nur mit einer *Hälfte* des Kreises befaßt, nämlich mit der Hälfte des Aufstieges oder der Evolution.

Zwar haben einige hervorragende Gelehrte (wie Edgar Dacqué in Deutschland und Pierre Teilhard de Chardin in Frankreich) das Postulat der Prä-Existenz des Urbildes aller Wesen – sei es auch nur als Möglichkeit – vorgebracht, das die Wirk- und Zielursache des ganzen Evolutionsvorganges ist, weil nur durch dieses Postulat die Evolution verständlich wird. Diese Lehre ändert aber nichts daran, daß die Wissenschaft auf der Basis der grundlegenden Hypothese *arbeitet,* daß das *Minimum* der Vorfahr des Maximums ist, das Einfache der Vorläufer des Komplizierten, und daß es das Primitive ist, das schließlich den höchstentwickelten Organismus und das höchstentwickelte Bewußtsein hervorbringt – obwohl dies für das Denken ganz und gar unverständlich ist. Wenn man von jener anderen Hälfte des Kreises absieht, nämlich von allem, was – und sei es nur „in ordine cognoscendi" (auf der Ebene des Erkennens) – dem Zustand des Primitiven voraufgeht, von dem die Wissenschaft ihren Ausgangspunkt nimmt. Denn man müßte auf das Denken verzichten und es auf den Zustand der Lethargie zurückführen, um ernsthaft glauben zu können, daß der Mensch aus den einfachen und unbewußten Teilchen des Urnebels, der früher unser Planet war, hervorgegangen ist, ohne daß dieser Nebel den Keim für alle Möglichkeiten der künftigen Evolution in sich trug, der „Eclosion" des Aufblühens, d. h. der Prozeß des Überganges vom Zustand der Möglichkeit in den der Wirklichkeit.

So schreibt Arnold Lunn, der Herausgeber des Buches „Is Evolution Proved?", daß er schon an die Evolution glauben und sie als bewiesen gelten lassen wolle, wenn er vier Schwierigkeiten lösen könnte, darunter die folgende:

„Die Tatsache, daß kein Evolutionist jemals eine plausible *Vermutung* vorgebracht hat, geschweige denn eine von Beweisen gestützte Theorie, die einiges Licht auf die Frage geworfen hätte, wie es einem rein natürlichen Prozeß hätte gelingen können, aus Schlamm, Sand, Nebel und Meeren des ursprünglichen Planeten das Gehirn zu entwickeln, das die neunte Symphonie von Beethoven ersann und die Reaktionen auf die Schönheit der Musik, der Kunst und der Natur hervorbrachte." [1]

Es ist meine traurige Pflicht, dem obigen Zitat die Antwort von William S. Beck hinzuzufügen. Beck antwortet auf die von Arnold Lunn bezeichneten Schwierigkeiten:

„Es scheint, daß die Argumentation gegen die Evolution nur metaphysischer Brokat ist, kunstvoll drapiert, um so die zwingende Evidenz der Wissenschaft zu verdunkeln." [2]

„Metaphysischer Brokat" oder nicht, die Tatsache der Unverständlichkeit der *Theorie* (nicht der Tatsachen) der Evolution für das menschliche Dasein bleibt dennoch bestehen. Und sie ist und wird immer unverständlich bleiben, solange sie nur die Hälfte des Kreislaufes der ganzen Evolution in Betracht zieht und sich weigert, die andere Hälfte des Kreises anzunehmen, diejenige der *Involution* oder des Falles, die sie verständlich machen würde.

Nun stellt das zehnte Große Arcanum des Tarot einen *Kreis* dar, ein Rad, in dem sowohl der Abstieg oder der Aufbruch von dem umfassend-urbildhaften Wesen hinweg als auch der Aufstieg zu diesem Wesen hin enthalten ist.

In der okkultischen Literatur im allgemeinen ist die Lehre vom

Kreis der Involution und der Evolution ein Gemeinplatz; dies wird aber anders, sobald man die Involution als Sünden*fall* versteht und die Evolution als *Heil*. Ein himmelweiter Unterschied besteht zwischen den orientalisierenden Lehren über den gleichsam automatischen „Prozeß" der Involution und der Evolution einerseits und der hermetischen, biblischen und christlichen Lehre über den Sündenfall und das Heil andererseits. Denn die ersteren sehen im Kreislauf Involution-Evolution nur einen rein natürlichen Prozeß, ähnlich dem Atmungsvorgang des lebenden tierischen oder menschlichen Organismus. Die hermetische, biblische und christliche Tradition dagegen sieht darin eine kosmische Tragödie und ein kosmisches Drama, voll der höchsten Gefahren und Risiken, die in den traditionellen Begriffen „Verdammnis" und „Heil" enthalten sind.

„Sündenfall", „Verdammnis", „Erlösung", „Heil" sind eigentlich sinnlose Worte für den wissenschaftlichen wie für den spiritualistischen Evolutionisten. Der letztere sieht in der kosmischen Evolution die ewige kreisförmige Bewegung der Veräußerlichung und der Verinnerlichung, der Ausatmung und der Einatmung des kosmischen oder göttlichen Atems. Um welchen Sündenfall sollte es sich handeln? Um welches Wagnis, welche Verdammnis? Um welche Erlösung und wovon? Um welches Heil? Dieser ganze Bestand grundlegender jüdisch-christlicher Ideen findet keine Anwendung auf eine Welt, die natürlicherweise, d. h. *schicksalhaft* in Evolution begriffen ist.

Wer hat recht? Diejenigen, für die die Evolution ein organisch determinierter Prozeß ist, in dem Abstieg und Aufstieg nur zwei aufeinanderfolgende Phasen einer einzigen kosmischen Schwingung sind? Oder diejenigen, die in der Evolution eine Tragödie und ein kosmisches Drama sehen, dessen Essenz und Leitmotiv dem Gleichnis vom Verlorenen Sohn entspricht?

Was heißt recht haben? Täuschen sich die mit Fahrkarten versehenen Passagiere auf einem Schiff, wenn sie das Schiff mit seiner Mannschaft als Transportmittel betrachten, das sie nach vorherbestimmtem Kurs an den Bestimmungsort bringt? Für die Reisenden ist die Reise auf dem Meer ein „ganz natürlicher Vorgang", eine Sache, die automatisch abläuft, vorausgesetzt, daß die Fahrkarte bezahlt ist.

Können aber der Kapitän, die Offiziere und die anderen Mitglieder der Besatzung die Reise auf dem Meer auf gleiche Weise wie die Passagiere betrachten? Augenscheinlich nicht. Für sie, die für die Reise verantwortlich sind, bedeutet die Fahrt Arbeit, Wache halten, Manövrieren, Orientierung, um Kurs zu halten, und die Last der Verantwortung für alles tragen. Für die Besatzung ist die Reise keineswegs eine Art „natürlicher Vorgang", etwas, das von selbst abläuft. Im Gegenteil, für sie ist sie Anstrengung, Kampf und Gefahr.

Ebenso ist es mit der Evolution. Man sieht sie als „natürlichen Vorgang", wenn man sie mit dem Auge des Passagiers betrachtet, während man sie als „Tragödie und Drama" sieht, wenn man sie mit dem Auge eines Besatzungsmitgliedes betrachtet. Jeder Determinismus und Fatalismus – einschließlich des Naturalismus und Pantheismus – verlegt die Verantwortlichkeit irgendwohin außerhalb des menschlichen moralischen Daseins – etwa in die Natur, in Gott, in die Sterne ..., und zwar deshalb, weil jeder Determinismus oder Fatalismus die Bekundung der Mentalität oder der psychologischen Einstellung des Passagiers ist.

Die Evolution, mit den Augen des Passagiers betrachtet, d.h. als etwas, das von selbst abläuft, ist indessen keine Illusion. Sie gibt es. Es ist tatsächlich möglich, die Existenz eines solchen „Evolutionsprozesses" oder „Prozesses des Fortschritts", der auf der Ebene der Erscheinungswelt von selbst abläuft, zu finden und nachzuweisen. Doch welche Anstrengungen, Opfer, Täuschungen und Sünden verbergen sich hinter der wahrnehmbaren Fassade des festgestellten und feststellbaren Evolutionsprozesses und „universalen Fortschritts"!

Wir sind hier beim Kern des Problems „Exoterik-Esoterik" angekommen. Die Exoterik lebt in „Prozessen", die Esoterik in ... Tragödien und Dramen. Die alten Mysterien waren Tragödien und Dramen – darin zeigt sich ihr esoterischer Charakter.

Die Exoterik entspricht der Mentalität und der Psychologie des Passagiers; die Esoterik derjenigen des Mitgliedes der Besatzung.

Ich wiederhole es: Die Exoterik ist keine bloße Illusion. Denn wenn sich zehn Gerechte in Sodom und Gomorrha gefunden hätten, hätte Gott diese Städte verschont. Ihre Bewohner hätten den „Prozeß der Evolution" ihrer Sitten und ihrer Zivilisation fortgesetzt ... Freilich hätten sie nichts geahnt von Abrahams Gebet noch von der Rolle, die die zehn Gerechten im Fall der Fortsetzung ihres „Evolutionsprozesses" gespielt hätten, aber tatsächlich hätten sie diesen Prozeß fortgesetzt.

Ebenso verhält es sich mit der Evolution im ganzen. Denn es gibt eine natürliche Selektion, und es gibt eine geistige Selektion oder Erwählung. Die Bewohner von Sodom und Gomorrha hatten gesündigt gegen die Natur und wurden verworfen von der natürlichen Selektion, aber sie hätten überleben können, wenn sich unter ihnen zehn Gerechte befunden hätten. Dann hätte die geistige Selektion sie verschont wegen dieser zehn. Die Tatsache, zehn Gerechte in ihrer Mitte hervorgebracht und deren Gegenwart unter sich zugelassen zu haben, hätte genügt, um die Fortführung ihrer Existenz zu rechtfertigen, obgleich ihre Sitten wider die Natur waren. Die „geistige Selektion" würde also über die „natürliche Selektion" den Sieg davongetragen haben, oder mit anderen Worten, die Esoterik hätte das exoterische Leben bestimmt und gerettet.

Die Esoterik ist also kein Leben und keine Tätigkeit, die das Geheime sucht. Sie ist gegründet auf die Mentalität und Psychologie der Besatzung, und ihre „Geheimnisse“ sind nur insofern Geheimnisse, als die Mentalität und Psychologie der Passagiere eine Beteiligung an der Verantwortlichkeit ablehnt.

Zugleich gibt es keinen schwerwiegenderen Irrtum, als eine Gemeinschaft oder Bruderschaft „organisieren“ zu wollen, die berufen wäre, die Rolle des Instruments der geistigen Selektion oder Erwählung zu spielen, oder gar die Rolle der geistigen Elite. Denn weder kann man sich die Funktion des Erwählens anmaßen, noch sich selbst als erwählt betrachten. Es wäre eine ungeheure moralische Verfehlung, wenn eine Gruppe von Menschen sagen würde: „Wir erwählen die zehn Gerechten unserer Zeit“ oder: „Wir sind die Gerechten unserer Zeit.“ *Denn man erwählt nicht; man wird erwählt.* Die Kenntnis der Tatsache von der „geistigen Selektion“ oder Erwählung und der Rolle, die sie in der Menschheitsgeschichte und in der Evolution im allgemeinen spielt, kann also wohl Anlaß geben zur Entstehung einer falschen Esoterik, d.h. zur Bildung von Gruppen, Gemeinschaften oder Bruderschaften, die glauben, entweder die Vollmacht zum Erwählen zu besitzen, oder die sich selbst für auserwählt halten. Die „falschen Propheten“ und die „falschen Auserwählten“ (Christusse), auf die das Evangelium hinweist, sind und bleiben das Produkt einer falschen Esoterik, die von denen gepflegt wird, die sich das Recht der Auswahl oder der „geistigen Selektion“ anmaßen.

Man braucht hier nur noch hinzuzufügen, daß niemals ein christlicher Heiliger sich selbst anders denn als großen Sünder betrachtet hat und daß es nie einen Gerechten oder Propheten des Alten Testaments gegeben hat, der es ohne Ruf oder Bestimmung von oben war.

Doch kehren wir wieder zum Gegenstand unserer Betrachtung, der Evolution, zurück.

Die exoterisch verstandene Evolution ist ein kosmischer Prozeß – ob biologisch oder geistig ist unwichtig –, während sie esoterisch verstanden ein Drama oder ein „Mysterium“ ist im Sinne der Mysterien der Antike. Und nur für die so verstandene Evolution werden die Ideen von Sündenfall, Verdammnis, Erlösung und Heil nicht nur anwendbar, sondern sogar notwendig.

Nehmen wir zerst die Ideen „Verdammnis – Heil“ und versuchen wir, sie auf der Ebene der kosmischen Evolution oder des kosmischen Dramas zu verstehen.

Stoßen Sie sich nicht daran, lieber Unbekannter Freund, und erlauben Sie mir, Ihnen einen Mythos zu erzählen – einen kosmischen Mythos aus der Gnosis, weder aus der alten noch aus der modernen, sondern aus der ewigen Gnosis – und zwar, weil das kosmische Drama in Wirklichkeit ein Fleisch gewordener Mythos ist, und man es zuerst als solchen sehen muß, bevor man daraus die wichtigsten intellektuellen

Lehren zieht. Ich werde also den Mythos erzählen, um dann daraus einige Ideen zu entlehnen, die sich auf das Arcanum des Tarot beziehen, das uns beschäftigt.

Als der Vater am siebenten Tag durch sein WORT sein Werk vollendete, das er geschaffen hatte, ruhte er am siebenten Tag von seinem Werk, das er geschaffen hatte. Und der Vater segnete den siebenten Tag und heiligte ihn, weil er an diesem Tage ruhte von all seinem Werk, das er durch sein Tun hervorgebracht hatte.

So ist der siebente Tag gesegnet und geheiligt, weil es der Tag ist nicht der Welt und der Bewegung der Welt, sondern allein des Vaters selbst. Er ist der siebente Teil des Kreises der Bewegung der Welt, wo er zurücktritt, wo er stillesteht und schweigt.

So kam es, daß der Kreislauf der Bewegung der Welt nicht geschlossen wurde, sondern *geöffnet* blieb. Und der siebente Tag wurde geheiligt und gesegnet als der geöffnete Teil des Kreises der Bewegung der Welt, so daß die Wesen der Welt Zutritt hatten beim Vater und der Vater Zutritt hatte bei ihnen.

... Aber die Schlange sagte: „Es gibt keine Freiheit für die Welt, solange der Kreis der Welt nicht geschlossen ist. Denn Freiheit ist in sich selbst sein ohne Einmischung von draußen, vor allem von oben, von seiten des Vaters. Die Welt wird immer dem Willen des Vaters folgen und nicht dem ihrigen, solange es die Öffnung im Kreis der Welt gibt, solange der *Sabbat* existiert."

Und die Schlange nahm ihren Schwanz in ihr Maul und bildete so einen geschlossenen Kreis. Sie drehte sich mit großer Kraft und brachte so in der Welt den großen Wirbel hervor, der Adam und Eva erfaßte. Und die Wesen, denen Adam die Namen, die er ihnen gab, eingeprägt hatte, folgten ihnen.

Und die Schlange sagte zu den Wesen der Welt, die sich diesseits des geschlossenen Kreises bewegten, den sie bildete, indem sie ihren Schwanz in ihr Maul nahm und anfing, sich zu drehen:

„Hier ist euer Weg: ihr beginnt an meinem Schwanz und werdet an meinem Kopf ankommen. Dann werdet ihr die Länge des ganzen Kreises meines Wesens durchlaufen haben, und ihr werdet den geschlossenen Kreis ganz in euch haben, und so werdet ihr frei sein, wie ich frei bin."

Aber die Frau bewahrte die Erinnerung an die zum Vater hin geöffnete Welt und an den Heiligen Sabbat. Und sie erbot sich, den in ihr geschlossenen Kreis zu zerreißen, um Kinder von außerhalb des Kreises zu gebären, Kinder, die herstammen aus der Welt, wo es den Sabbat gibt. Das war der Anbeginn der Schmerzen ihrer Schwangerschaft und des Leidens diesseits der Welt der Schlange.

„Und es wurde Feindschaft gesetzt zwischen der Schlange und dem

Weib, zwischen den Nachkommen der Frau, die mit Schmerzen geboren wurden, und der Nachkommenschaft der Schlange, die mit Vergnügen geboren wurde. Und jene wird den Kopf der Schlange zertreten, und die Schlange wird ihr die Ferse verwunden." Denn die Frau bewegt sich in entgegengesetzter Richtung zur Bewegung der Schlange, und ihr Kopf kommt am Schwanz der Schlange an, und ihre Fersen berühren den Kopf der Schlange. Denn das Leiden in der Welt, der der Strom der Schlange ist, stellt deren Gegenbewegung dar. Durch die Gegenbewegung des Leidens nahm der Gegenstrom seinen Anfang, der das Denken ist, geboren aus der Erinnerung an die Welt des Sabbats und aus dem Leiden.

So errichteten die Söhne der Frau dem Vater Altäre diesseits der Welt der Schlange. Und Enosch, Sohn des Seth, betete nicht nur den Vater an, sondern gelangte sogar dazu, seinen Namen zu erkennen. Er begann, den Namen des Vaters anzurufen (Gen 4,26). Aber Henoch, aus der Nachkommenschaft des Seth, ging noch weiter; er lebte mit Gott und schritt nicht durch die Bitternis des Todes, die der Ausgang aus dem geschlossenen Kreis der Schlange für die Wesen ist, die diesseits des Kreises der Schlange leben, sondern wurde herausgenommen durch den Vater. Denn dem zum Vater strebenden Denken gelang es um diese Zeit, den Kreis der Schlange zu durchbrechen und eine Öffnung in dem geschlossenen Kreis herzustellen. So konnten Initiation und Prophetie diesseits der Welt der Schlange eingesetzt werden. Die Initiation hielt die Erinnerung an die Welt des Sabbats lebendig, und die Prophetie nährte die Hoffnung auf die Befreiung aus dem Kreis der Schlange und auf die künftige Wiederherstellung der Welt des Sabbats.

Die Buddhas lehrten den Weg des Ausgangs aus der Welt der Schlange und der Ankunft in der Ruhe des Sabbats.

Aber die Propheten verkündeten die Umwandlung der Welt der Schlange von innen heraus durch die Ankunft des Wortes, das in der Welt der Schlange leben und innerhalb der Welt der Schlange nicht allein den Sabbat wiederherstellen würde, sondern auch die sechs anderen Schöpfungstage, so wie sie waren, bevor der dritte Teil der Wesen eines jeden losgerissen und mitgerissen wurde durch den geschlossenen Wirbel der Schlange.

Dieses geschah. Die Frau-Jungfrau, die die Seele der Gegenbewegung zur Schlange und zum Leiden ist seit dem Beginn der Welt der Schlange, nahm an, empfing und gebar das Wort des Vaters. „Und das Wort ist Fleisch geworden und hat unter den Menschen gewohnt in der Welt der Schlange, voller Gnade und Wahrheit."

Da haben wir den kosmischen Mythos – das esoterische Drama, das dem exoterischen „Prozeß der Evolution" zugrunde liegt. Er hebt vor allem die Idee des *offenen Kreises und des geschlossenen Kreises* hervor. Der offene Kreis – oder die Spirale – ist die Welt der sechs Schöpfungstage vor dem Sündenfall, gekrönt vom siebenten Tag, dem kosmischen Sabbat, der dem entspricht, was man in der Mathematik als „Spiralschritt" bezeichnet. Er legt die Idee vom unbegrenzten Wachstum und Fortschritt nahe, denn er ist seiner Form nach nichts anderes als die Einführung oder das Vorzimmer zur Ewigkeit. Er verspricht einen unbegrenzten Fortschritt.

Der geschlossene Kreis dagegen ist im Prinzip nur ein *Gefängnis,* wie groß er auch immer sei. Er ist das Rad, das sich dreht, und er läßt daher an keinerlei Fortschreiten außerhalb seines Kreises denken. Die Idee, die der geschlossene Kreis oder das Rad eingibt, ist die der *ewigen Wiederkehr.*

Drei historische Persönlichkeiten haben nachdrücklich die Idee des kosmischen Rades hervorgehoben, obwohl jede von ihnen es auf verschiedene Weise tat. Das sind Gautama Buddha, Salomo und Friedrich Nietzsche. Der erste spricht von dem „Rad der Wiederverkörperung" wo Geburt, Krankheit, Alter und Tod sich unaufhörlich wiederholen. Die Erleuchtung, die Buddha unter dem Bodhibaum zuteil wurde, enthüllte ihm drei Wahrheiten: daß diese Welt ein Rad von Geburten und Toden ist, daß dessen Bewegung im Grunde nur Leiden ist und daß es einen Weg gibt zum Mittelpunkt des Rades, der in Ruhe ist.

Der König Salomo hatte die Erfahrung des Rades; nicht als das der Wiederverkörperungen, wie Buddha, sondern als unverbittliches Schicksal, das alle menschliche Anstrengung und Hoffnung vergeblich macht:

„Nichtigkeit, nur Nichtigkeit. Alles ist Nichtigkeit.

Was bleibt dem Menschen von all seiner Mühe, womit er sich abmüht unter der Sonne? Ein Geschlecht geht, und ein anderes kommt; doch die Erde bleibt ewig bestehen. Die Sonne geht auf, und die Sonne geht unter und eilt an ihren Ort, wo sie aufgeht. Der Wind weht nach Süden, dann wendet er nach Norden; er dreht sich, kehrt um, kommt wieder; so wiederholt der Wind seinen Umlauf. Alle Flüsse laufen ins Meer, doch wird das Meer nicht voll. Zum Ort, wohin die Flüsse gehen, dahin geht ihr Lauf immer wieder" (Pred 1, 2–7).

„Was gewesen, dasselbe wird (wieder) sein, und was geschehen, wird (wieder) geschehen: Nichts Neues gibt es unter der Sonne ...

Ich sah alle Werke an, die unter der Sonne geschehen; da zeigte sich: Alles ist Nichtigkeit und Haschen nach Wind. Was krumm ist, kann nicht gerade werden, und was fehlt, kann man nicht zählen ...

Dann richtete ich mein Sinnen darauf, Weisheit und Wissen, Torheit und Unverstand zu durchschauen. Da erkannte ich, daß auch dies (nur) Haschen nach Wind ist. Wirklich: Bei viel Weisheit ist viel Ärger und mehrt man das Wissen, so mehrt man den Schmerz ..." (Pred 1,9 14f 17f).

Das ist das Rad des Daseins unter der Sonne, dessen Vision Salomo, der Weise, der traurige König von Jerusalem, hatte.

Welchen praktischen Rat gibt er der Nachwelt? Den der höchsten Verzweiflung:

„Es gibt für den Menschen nichts Besseres, als zu essen und zu trinken und es sich wohl sein zu lassen bei seiner Mühe" (Pred 2,24).

„Freue dich, junger Mann, in deiner Jugendzeit; laß froh den Sinn dir sein in deinen jungen Tagen! Gehe, wohin dein Herz dich zieht und die Augen dich locken! Doch wisse wohl, daß Gott dich über all dieses zur Rechenschaft ruft. Banne den Ärger aus deinem Sinn und halte das Übel dir vom Leibe! Denn die Jugend und das Alter der schwarzen Haare sind nichtig" (Pred 11,9f).

Die Verzweiflung Salomos hat ihn zum Propheten des Alten Testamentes gemacht und seinem Werk den Platz zwischen den Psalmen und den prophetischen Büchern verschafft. Denn Salomo zeigt die *Leere* der Welt der Schlange, die er „Nichtigkeit" nennt, und hebt so das Dilemma hervor: entweder Selbstmord oder Heil von seiten Gottes; denn oberhalb des drehenden Rades der Nichtigkeit *gibt es* Gott.

Die Verzweiflung Salomos gehört wesentlich zur Heiligen Schrift. Sie zeigt die Welt ohne Christus – was übrigens auch der Buddha tut. Die Traurigkeit Salomos ist das Seufzen der Kreatur nach Befreiung, das in ihm bewußt geworden ist.

So hat Buddha die Welt der Schlange vor Christus zutreffend diagnostiziert; Salomo hat sie beweint; aber Nietzsche – ungeheuerlich! – hat sie *besungen.* Ja, Nietzsche hat das Rad, den geschlossenen Kreis ohne Ausgang, in der Welt der Schlange gesehen und verstanden, und er für seinen Teil *sagte „ja" dazu.* Er hat die Schau der ewigen Wiederholung, der „ewigen Wiederkunft" gehabt – und er hat sie mit der Ewigkeit gleichgesetzt, obwohl sie gerade das Gegenteil der Ewigkeit ist ...

„O wie sollte ich nicht nach der Ewigkeit brünstig sein und nach dem hochzeitlichen Ring der Ringe – dem Ring der Wiederkunft! Nie noch fand ich das Weib, von dem ich Kinder möchte – es sei denn dieses Weib, das ich liebe: Denn ich liebe dich, o Ewigkeit!"[3]

So besingt er das Rad, das Buddha als das große Unglück erkannt hatte und das Salomo als „Nichtigkeit, nur Nichtigkeit" einschätzte.

Poetische Lyrik? Mehr als das! Nietzsche hatte dem poetische Form gegeben, was er für seine Erleuchtung hielt. Und dies war nur die Zusammenfassung der letzten, aus der modernen Wissenschaft gezogenen Konsequenz – nicht als Methode, sondern als Art und Weise, die Welt zu betrachten.

In der Tat, nach der positiven Wissenschaft vom Ende des 19. Jahrhunderts ist die Welt die Gesamtsumme der unzähligen Kombinationen von einfachen Teilen – der Atome. Diese Kombinationen wechseln unaufhörlich; aber einmal, welches auch die Zahl der möglichen Kombinationen der Atome sei, müssen sie notwendig ihre Grenze erreicht haben, und die Zahl der neuen Kombinationen muß erschöpft sein. Dann werden sich die früheren Kombinationen wiederholen müssen. Es wird also irgendwann einmal in der Zukunft ein Tag kommen, der die genaue Wiederholung von heute sein wird. – Das ist die wissenschaftliche Grundlage der „ewigen Wiederkehr".

Der Glaube an die ewige Wiederkehr hat als Grundlage nicht allein die Berechnung der möglichen Atomkombinationen, sondern zudem das wissenschaftliche Dogma von der quantitativen Konstanz der Materie und Energie in der Welt. Nichts verschwindet, nichts erscheint in der Welt. Die Gesamtsumme der Materie und der Energie der Welt ist konstant. Es ist nicht möglich, daß sie zunimmt, noch daß sie abnimmt. Man kann nichts hinzufügen noch ihr etwas nehmen. Die Welt ist ein *geschlossener Kreis,* aus dem nichts entkommt, und in den nichts eintritt.

Nun, vorausgesetzt, die Welt ist eine fest bestimmte Quantität, so ist sie berechenbar. Sie ist letztlich nur eine bestimmte Anzahl von Partikeln und/oder Energieeinheiten. Also ist auch die Zahl der Kombinationen dieser Partikel keineswegs unbegrenzt. Ihre Grenze muß einmal erreicht sein. Und dann werden sich die vergangenen Kombinationen wiederholen. Die „ewige Wiederkehr" von allem ist also eine unvermeidliche Schlußfolgerung, wenn man die Welt als geschlossenen Kreis auffaßt.

In der Welt, die ein geschlossener Kreis ist und deren Materie und Energie eine konstante Größe darstellt, gibt es keine Wunder. Denn der kosmische Begriff „Wunder" setzt die Veränderlichkeit der stofflichen und energetischen Quantität der Welt voraus. Wenn ein Wunder stattfände, würde die Energie der Welt eine Vermehrung oder Verminderung erfahren. Dies setzt eine *Öffnung* im Kreis der Welt voraus: damit ein Wunder möglich wird, muß die Welt ein offener Kreis sein; sie muß eine Spirale sein, d.h. eine „ungeschaffene" Sphäre oder den „Sabbat" haben, gemäß dem oben erzählten kosmischen Mythos.

Nun lehrt die Religion – jede entwickelte Religion –, daß die Welt ein offener Kreis ist. Darum besteht sie auf der Wirklichkeit von Wundern. Das „Übernatürliche" der Wunder ist die Wirklichkeit der scheinbar geschlossenen Handlung, die außerhalb des Kreises der Natur entspringt. Es ist die Wirklichkeit des kosmischen Sabbats.

Die „frohe Botschaft" der Religion ist, daß die Welt kein geschlossener Kreis ist, daß sie kein ewiges Gefängnis ist und daß es Ausgang und Eingang gibt. Es gibt einen Eingang, darum ist Weihnachten ein Fest der Freude. Es gibt einen Ausgang, darum ist Himmelfahrt ein Fest. Und daß die Welt, so wie sie ist, umgewandelt werden kann dahin, wie sie vor dem Fall war, ist die frohe Botschaft des Festes der Feste – des Festes der Auferstehung oder Ostern.

Die Welt als geschlossener Kreis, die Welt der ewigen Wiederkehr, die Welt, in der es „nichts Neues unter der Sonne gibt" – was ist sie in Wahrheit?

Sie ist nichts anderes als die *kosmische Hölle.* Denn die Idee der Hölle ist das ewige Dasein in einem geschlossenen Kreis. – Der geschlossene Kreis des Egoismus ist daher die subjektive und individuelle Hölle; und der geschlossene Kreis der Welt der konstanten Energie ist die objektive und kosmische Hölle.

Das also ist der kosmische Sinn der Begriffe „Heil" und „Verdammnis". „Verdammnis" bedeutet, in den ewigen Kreislauf des geschlossenen Zirkels der Welt ohne „Sabbat" eingeschaltet zu sein; „Heil" ist das Leben in der Welt des offenen Kreises, der Spirale, wo es Ausgang und Eingang gibt. „Verdammnis" ist das Dasein im geschlossenen Kreis der „ewigen Wiederkunft"; „Heil" ist das Leben unter offenem Himmel, wo jeder Tag einzig und neu ist – ein Wunder in der unendlichen Kette der Wunder ... Denn Gott ist nicht unerkennbar, sondern erkennbar in einer unerschöpflichen und unendlichen Erkenntnis. Die unendliche Enthüllbarkeit und Erkennbarkeit Gottes – das ist das Wesen des ewigen Sabbats, des siebenten Schöpfungstages. Der siebente Tag der Schöpfung ist der des ewigen Lebens und die Quelle der Wunder. Denn er ist voller Möglichkeiten, Neues zu wirken, und von ihm aus können Energien zu der sogenannten „konstanten" Quantität der Erscheinungswelt hinzukommen, so wie in ihn Energien dieser Welt verschwinden können.

Die beiden anderen Begriffe des kosmischen Dramas oder der Evolution sind der „Fall" und die „Erlösung". Es ist jetzt leichter, sie zu verstehen, nachdem wir bis zu einem gewissen Grade den kosmischen Sinn der Begriffe „Heil" und „Verdammnis" freigelegt haben. Denn der „Fall" ist das kosmische Ereignis, daß der Wirbel, der in Bewegung gesetzt wurde durch den geschlossenen Kreis der sich in den Schwanz „beißenden" Schlange, einen Teil der geschaffenen Welt mit sich zog. Und die „Erlösung", um es gleich vorwegzunehmen, ist der kosmische Akt der Wiederherstellung der gefallenen Welt, indem zuerst eine *Öffnung* in ihrem geschlossenen Kreis geschaffen wird (Religion, Einweihung, Prophetie), sodann der Weg des *Ausganges* (die Buddhas) und des

*Einganges* (die Avatare) durch diese Pforte eingeführt wird und indem endlich die gefallene Welt von innen aus umgewandelt wird durch die Ausstrahlung des inkarnierten Wortes (Jesus Christus).

Das ist der Sinn dieser beiden Begriffe auf einer der allgemeinsten Ebene.

Betrachten wir jetzt den Gegenstand dieser Begriffe näher, so daß die wesentlichen Einzelheiten aus dem Gesamtzusammenhang hervortreten können. Zunächst der *Fall.* Hier werden wir mit der biblischen Erzählung von den sechs Schöpfungstagen und dem Paradies konfrontiert; mit dem eindrucksvollen Bild der natürlichen Evolution, wie es die Wissenschaft herausstellt; mit den Umrissen der majestätischen Skizze einer Welt des Kreislaufs und des Rhythmus, einer vom kosmischen Bewußtsein regelmäßig wiedergeträumten Welt, wie sie vom Genius des alten Indien der *Kalpas, Manvatras* und *Yugs* entworfen wurde; mit dem Bericht des Buches Dzyan über die Kosmogenese und Anthropogenese gemäß der indo-tibetanischen Tradition, wie ihn H. P. Blavatsky in den drei Bänden ihrer „Geheimlehre“[4] wiedergibt; mit dem grandiosen Bild der geistigen Entwicklung der Welt durch die sieben als „planetarische Zustände“ bezeichneten Phasen hindurch, die Rudolf *Steiner* der verblüfften Intelligenz unseres Jahrhunderts hinterlassen hat; endlich mit den ausdrücklichen oder implizierten Kosmogonien und Eschatologien von Hermes Trismegistos, Platon, dem *Sohar* und verschiedener Schulen der *Gnosis* der ersten Jahrhunderte unseres Zeitalters.

Obwohl ich mich mit all diesen Vorstellungswelten und Dokumenten während mehr als vierzig Jahren auseinandergesetzt habe, bitte ich um Verständnis, daß ich sie hier nicht so behandeln kann, wie sie es verdienten, nämlich sie einordnen, die wesentlichen Punkte der Übereinstimmung und der Unterschiedlichkeit darlegen, sie angemessen zitieren usw. Täte ich das, so würde ich das Wesentliche in einem Meer zweitrangiger Dinge untergehen lassen. Ich muß also auf folgende Art vorgehen: Der *Geist* aller dieser Ideen und Dokumente wird als allgemeiner Hintergrund gegenwärtig sein, ohne daß ich davon ausdrücklichen Gebrauch mache.

Dies vorausgeschickt, kehren wir zum Problem des kosmischen Falles zurück.

Worin besteht das Problem? Wie ist es aufgetaucht?

Betrachten wir die Gesamtheit unserer Erfahrung der persönlichen, historischen, biologischen und jeder anderen Welt. Was hat sie uns zu sagen? – Leibniz, der Philosoph des Optimismus, sagt, daß die gegebene Welt die beste der möglichen Welten ist. Schopenhauer, der pessimistische Philosoph, sagt, daß in der gegebenen Welt die Summe an Leid jene der Freude überwiegt, daß die Welt unserer Erfahrung also nicht nur unvollkommen, sondern sogar letztlich ein Übel ist. Sowohl Leibniz als auch Schopenhauer haben die gesamte Erfahrung der Welt betrachtet, so wie wir es jetzt tun – und doch: Welcher Unterschied in den beiden Visionen!

Vom Standpunkt des *reinen Denkens,* der derjenige von Leibniz ist, zeigt die Welt als Ganzes ohne Zweifel eine vollkommene Ordnung des Gleichgewichtes, des harmonischen Funktionierens ihrer wesentlichen Teile, und so ist das Ganze der Welt – was auch immer in ihren Falten und dunklen Ecken geschehen mag – in großen Zügen, d. h. im wesentlichen betrachtet, die Harmonie selbst.

Vom Standpunkt des *reinen Willens,* den Schopenhauer einnimmt, bestätigt die Erfahrung jedes individuellen Wesens in der Welt die von Gautama Buddha gestellte Weltdiagnose, man muß sie also als wahr annehmen.

Was kann man nun vom Standpunkt des *Herzens,* desjenigen der Hermetik und der jüdisch-christlichen Tradition, über die Welt sagen? – Das Herz sagt uns: Die Welt, dieses Wunderwerk an Weisheit, Schönheit und Güte, leidet. Sie ist krank. Dieser große Organismus, der nicht aus der Krankheit geboren sein *kann* und dessen Geburt sich nur der vollkommenen Gesundheit verdanken *kann,* d. h. vollkommener Weisheit, Schönheit und Güte – dieser Organismus ist krank. Die Kontinente und die Planeten verfestigen sich, versteinern unaufhaltsam – das ist die „Sklerose" in der Welt. Und auf der Oberfläche dieser im Versteinerungsprozeß befindlichen Massen, im Schoß der Meere und im Luftraum – überall herrscht der Kampf ums Dasein. Das ist das Fieber der Entzündung in der Welt.

Krank wie sie ist, bewahrt die Welt nichtsdestoweniger überall und immer die Züge ihrer ursprünglichen Gesundheit und zeigt das Werk der Kräfte ihrer neuen Gesundheit, ihrer Genesung.

Denn neben dem Kampf ums Überleben gibt es Zusammenarbeit für das Leben, und neben der mineralischen Versteinerung gibt es den kraftvollen, atmenden Teppich des Pflanzenreiches. Die Welt kann also zugleich besungen und beweint werden.

Hier haben wir den Ursprung der Problematik des Sündenfalles: daß die Welt würdig ist, zugleich besungen und beweint zu werden.

Die Welt ist nicht, wie sie sein sollte. Es besteht ein Widerspruch zwischen dem Ganzen und den Teilen. Denn während der gestirnte Himmel eine Harmonie des Gleichgewichtes und des vollkommenen Zusammenwirkens darstellt, zerfleischen sich Tiere und Insekten gegenseitig und bringen Legionen von ansteckenden Mikroben den Menschen, Tieren und Pflanzen Krankheit und Tod.

Auf diesen Widerspruch zielt der Begriff „Fall" hin. Er bezeichnet vor allem jenen Zustand der Dinge in der Welt, der den Eindruck macht, als ob die Welt aus zwei unabhängigen, wenn nicht gar gegensätzlichen Welten zusammengesetzt sei, als ob sich in den Organismus der großen Welt der „Sphärenharmonie" eine andere Welt mit ihren eigenen Gesetzen und mit ihrer eigenen Evolution eingeschaltet hätte, ja, als ob sich eine Krebsgeschwulst im sonst gesunden Organismus der Welt entwikkelte.

Die Wissenschaft nimmt die beiden Welten zusammen. Sie betrachtet sie als untrennbare Einheit und nennt diese Gesamtheit „*Natur*". Es ist eine Natur mit zwei Gesichtern; die Natur, die gütig und grausam zugleich ist; die Natur des erstaunlichen Zusammenwirkens einerseits und des erbitterten Kampfes andererseits; die weise und zugleich blinde Natur; die liebende „Mutter Natur" und die Stiefmutter voller Bosheit ...

Mit allem der Wissenschaft geschuldeten Respekt muß man hier doch auf einen sehr banalen Denkfehler hinweisen, den sie begeht. Und zwar begeht sie denselben Irrtum wie ein Arzt, der den Krebsprozeß und der den Blutkreislauf als zwei normale Aspekte der einen *Natur* des Organismus des Patienten bezeichnen würde. Der Zustand der Krankheit wäre also normal! Tatsächlich wäre es eine Ungeheuerlichkeit, wenn der Arzt es ablehnte, zwischen der Natur und der *Widernatur* oder Krankheit im Organismus des Patienten zu unterscheiden. Genauso aber verhält sich die Wissenschaft gegenüber dem Organismus der Welt. Sie weigert sich, in der Welt Natur und Widernatur, Gesundheit und Krankheit, natürliche Entwicklung und widernatürliche Entwicklung zu unterscheiden.

Daß es eine Anomalie im Zustand der Welt gibt, wußten die Alten schon immer. Ob sie diese dem Prinzip der Unwissenheit (Avidya) zuschrieben, wie im alten Indien, oder dem Prinzip der Finsternis (Ahriman), wie im alten Persien, oder aber dem Prinzip des Bösen (Satan), wie bei den alten Semiten, ist nicht von Belang; denn immer handelte es sich um die Unterscheidung zwischen natürlicher Welt und entarteter Welt, zwischen Natur und Perversion, zwischen Gesundheit und Krankheit.

Es versteht sich von selbst, daß die Hermetik im Einklang mit der jüdisch-christlichen Tradition die „Natur" der Wissenschaft nicht als die von Gott geschaffene Welt betrachtet, sondern als das *Feld*, auf dem die geschaffene Welt und die Welt der Schlange einander begegnen.

Die Welt der Schlange. Das ist jene „Welt in der Welt", die Anlaß gegeben hat zu Dualismen wie dem Zoroastrismus, dem Manichäismus und dem Dualismus gewisser gnostischer Schulen. Diese Dualismen erhielten die Bezeichnung „Häresie", d. h., daß sie gegen die wesentlichen Heilswahrheiten verstoßen, weil sie denselben Irrtum wie die moderne Wissenschaft begangen haben, allerdings im umgekehrten Sinne: denn wie die Wissenschaft sich weigert, in der „Natur" zwischen der Natur der Orthogenese und des Zusammenwirkens einerseits und der die genetischen Sackgassen und die Parasiten hervorbringenden Natur andererseits zu unterscheiden, so weigerten sich die Manichäer, Katharer, Albigenser usw., zwischen der jungfräulichen und der gefallenen Natur zu unterscheiden. Aber während die Wissenschaft ihre „Natur", obwohl diese der Widerspruch in sich selbst ist, als souveräne Königin der Evolution betrachtet, die die Evolution von der Eiweißzelle bis hinauf zum entwickelten Gehirn des Homo Sapiens zu führen verstanden hat, betrachten die radikalen Dualisten sie so, als ob sie ganz und gar böse sei. Mit anderen Worten: die Wissenschaft betrachtet die Natur letzten Endes als gut; die Anhänger des Manichäismus betrachten sie als böse. Die Wissenschaft weigert sich, in ihr auch Satan zu sehen; die radikalen Dualisten wollen in ihr nur Satan sehen.

Doch kehren wir zur Welt der Schlange zurück. Ihr allgemeinster charakteristischer Zug ist Entwicklung, Einfaltung und Einstülpung – ein Vorgang, den man in Analogie zur Schlange als *Einrollung* bezeichnen kann, während der allgemeine charakteristische Zug der geschaffenen Welt Entwicklung, Entfaltung, Aufblühen, also *Ausstrahlung* ist.

So sind zum Beispiel Gehirn und Eingeweide im Tierreich Resultate der Einrollung; Blattwerk, Zweige und Blüten im Pflanzenreich hingegen sind Ausdruck der entgegengesetzten Tendenz. Das Blattwerk ist die entfaltete und der Luft geöffnete Lunge der Pflanze; dagegen ist die tierische oder die menschliche Lunge ihr eingerolltes Blattwerk. Ein anderes Beispiel: die Sonne befindet sich im Zustand der Ausstrahlung, während sich die Planeten im Zustand der Verdichtung, d. h. der Einrollung, befindet.

Diese beiden Tendenzen haben ihre traditionellen Bezeichnungen, „Licht" und „Finsternis" bezeichnen Ausstrahlung bzw. Einrollung. Deshalb beschreibt das Evangelium nach Johannes das kosmische Drama so:

„Lux in tenebris lucet, et tenebrae eam non comprehenderunt – Das Licht scheint in der Finsternis, und die Finsternis hat es nicht ergriffen" (Jo 1,5).

Das heißt, daß das Licht nicht ergriffen und eingefangen wurde von dem Wirbel der Einrollung und sich nicht verdunkelte, sondern *in der Finsternis scheint.* Das ist die Quintessenz des Evangeliums, der Frohen Botschaft.

So sind Sonne und Sterne für die Planeten (einschließlich der Erde), was das Licht für die Finsternis ist. Und im Mikrokosmos ist das System der „Lotosblumen" für das endokrine Drüsensystem, was das Licht für die Finsternis ist. Denn die „Lotosblumen" sind, im Grunde genommen, strahlend erblühte Drüsen, während die Drüsen eingestülpte „Lotosblumen" sind. Die endokrinen Drüsen sind sozusagen Niederschläge der „Lotosblumen" im Mikrokosmos, ganz wie die Planeten Niederschläge der „planetarischen Sphären" im Makrokosmos oder im planetarischen System sind.

Die Welt der Schlange ist die der Einrollung. Die Schlange, die sich in den Schwanz beißt und so einen geschlossenen Kreis bildet, ist ihr Symbol. Vollständig gelungene Einrollung würde die Hölle sein oder der Zustand vollkommener Isolation.

Die vollständige Einrollung oder vollkommene Isolation ist jedoch nirgends auf der Welt gelungen. Die Geschichte der sogenannten „natürlichen" Evolution zeichnet uns das Bild von aufeinanderfolgenden Versuchen, einen lebensfähigen, allein der Einrollung zu verdankenden Organismus und ein absolut autonomes Bewußtsein zu entwickeln, ohne daß dieses dem Wahnsinn zum Opfer fällt – welche Versuche alle scheiterten. Nehmen wir zum Beispiel das Atom, eine durch Einrollung erzeugte Entität. Ist es autonom und unabhängig? Wir sehen, daß die Atome sich *verbunden* haben zu Molekülen! Aber das Molekül? Haben wir hier nicht eine autonome Entität? Nun, die Moleküle haben sich zu geheimnisvollen Bruderschaften des Lebens zusammengeschlossen, die wir „organische Zellen" nennen. Und dann gibt es die unzähligen Zusammenschlüsse der Moleküle in den Organismen ... Die Geschichte der Evolution der lebenden „Organzellen" ist die des Triumphes des Prinzips der Verbindung und Zusammenarbeit über das der Trennung und Vereinzelung.

Dem letzteren war es nur gelungen, nicht lebensfähige Mißgeburten hervorzubringen. Die Dinosaurier, die Großreptilien, die sich über die Erde ausbreiteten und die ihre unbestrittene Herrschaft während der hundert Millionen Jahre der Ära der Reptilien oder des Mesozoikums ausübten, wo sind sie? Sie waren nur eine große biologische Sackgasse, daher starben sie aus. Sie traten ihr Reich den Säugetieren und den Vögeln ab. Auch die ersteren bildeten mehrere blinde Seitenzweige, bevor das Wachstum der Wirbeltiere, Form auf Form verwerfend und zu schnellem oder langsamem Aussterben verurteilend, bei den Primaten ankam, deren eine Gattung, der Homo Sapiens, sich der Erde bemächtigte und jetzt dort unangefochten herrscht. So ist unser Planet, der in der Ära des Mesozoikums der „Planet der Reptilien" war, zum „Planeten der Menschheit" geworden.

Ist die Menschheit die Enkelin der Reptilien? Oder, biblisch ausgedrückt, sind die Menschen „Kinder der Schlange", „Kinder der Finsternis", Produkt der Einrollung, oder sind sie „Kinder des Lichts" (Lk 16,8)?

Der Mensch hat das entwickeltste Gehirn. Nun ist das Gehirn – wie Henri Bergson gezeigt hat – ein Organ, das für das Bewußtsein die Rolle des *Siebes* spielt: es ist zugleich das Instrument des Wissens und der Unwissenheit. Seine Aufgabe ist, im Bewußtsein das „Geeignete" zuzulassen und nicht zuzulassen, „zu vergessen", was unter dem Gesichtspunkt des „Handelns oder des auf Handlung zielenden Willens nicht geeignet ist".

Das Gehirn ist also das Organ der *Selektion* – eine Abkürzung der gesamten Evolution! Denn was das Gehirn tut, ist die Essenz von dem, was während all der Millionen Jahre der biologischen Evolution geschah. Die ganze Evolution ist der unaufhörlich wiederholte Prozeß der Aufeinanderfolge „Schöpfung – Auswahl – Verwerfung – Vergessen". Die „geeigneten" Formen werden dabei ausgewählt, die anderen werden verworfen. Ein unsichtbares Sieb ist am Werk, und dieses unsichtbare Sieb ist nun sichtbar geworden, ist Fleisch geworden. Es ist das Gehirn. Henri Bergson sagt unter anderem vom Gehirn:

„Sowohl in der Tätigkeit des Denkens im allgemeinen wie in der Wirkungsart des Gedächtnisses scheint das Gehirn nur beauftragt, dem Körper die Bewegungen und die Stellungen aufzuprägen, die das *agieren,* was der Geist *denkt,* oder was zu denken ihn die Umstände anreizen. Das habe ich an anderer Stelle ausgedrückt, als ich das Gehirn ein ‚Organ der Pantomime' nannte ...

Die Gehirnphänomene sind für das geistige Leben in der Tat das, was die Gesten des Kapellmeisters für die Symphonie sind: sie zeichnen davon die Bewegungsansätze und sonst nichts. Vom höheren Wirken des Geistes würde man also in der Gehirnrinde nichts finden. Das Gehirn hat außer seinen sensorischen Funktionen keine andere Aufgabe, als im weitesten Sinne des Wortes das Leben des Geistes mimisch darzustellen."[5]

Das Gehirn ist also ein Organ der Mimik und der Auswahl des Gemimten. Es mimt „aus gegebenem Anlaß".

Nun ist solche „Mimik bei Gelegenheit" genau das, was das Buch der Genesis unter List (עָרוּם – arum) versteht, wenn es sagt, daß „die Schlange listiger als alle Tiere des Feldes war, die Gott gemacht hatte" (Gen 3,1). Es ist sozusagen das „psychologische" Prinzip der Schlange, wie die Einrollung und die Bewegung des geschlossenen Kreises ihr „dynamisches" Prinzip ist.

Listig sein heißt, die Weisheit zu mimen, nachdem man das Wesentliche – ihr Licht – beseitigt hat, um sich ihrer für eigene Zwecke zu bedienen. Darum sagt man, daß „der Teufel der Affe Gottes ist", daß er Gott nachäfft.

Das Gehirn wird also der Schlange verdankt. Es ist das Werk der Schlange, und die Menschheit, insofern sie die Tierart ist mit dem höchstentwickelten Gehirn, ist demnach Enkelin der Schlange. Die Menschen sind, soweit sie an das Gehirn gebundene Wesen sind, tatsächlich „Kinder der Schlange" oder „Kinder der Finsternis".

Deshalb verehrte man in einer Art kindlicher Frömmigkeit die Schlange fast überall in der Welt – in Ägypten, Indien (die geheiligten „Nagas"), Mexiko, Zentral-Amerika und in China, wo man das geheiligte Reptil in seiner fliegenden Form, dem Drachen, anbetete. Sogar

Moses errichtete in der Wüste die eherne Schlange an einem Stab, und erst zur Zeit der Regierung von Ezechias, dem Sohn des Achaz, Königs von Juda, wurde der Verehrung dieser Schlange ein Ende gesetzt, und zwar als Ezechias „die eherne Schlange zerschlug, die Mose hatte aufrichten lassen; denn bis zu jener Zeit – d.h. während der ganzen Jahrhunderte der Richter und Könige bis auf Ezechias! – hatten die Israeliten ihr Rauchopfer dargebracht; man nannte sie Nechuschtan." (2 Kön. 18,4). Viele Jahrhunderte später verehrten die gnostischen Naasener (Nahashiener) die Schlange in der gleichen Gegend – und das nach Jesus Christus!

Sogar im 19. und 20. Jahrhundert bemühten sich mehrere okkultistische Schriftsteller, den Kult der Schlange wiederherzustellen, diesmal in intellektueller Form. So hat H. P. Blavatsky in ihrer „Geheimlehre" viel getan, um die Schlange als philosophische Idee der alten Weisheit zu Ehren zu bringen. Sie interpretierte sie als Prinzip der universalen Energie, Fohat, die das einzige und unentbehrliche Band zwischen dem universalen Intellekt, Mahat, und der universalen Materie, Prakriti, sei. Sie beschwor die alten Legenden und Traditionen der Lehrer der kindlichen Menschheit, der Schöpfer der Zivilisation, der „Söhne der Schlange" herauf, die die Wohltäter der Menschheit in der Morgenröte ihrer Geschichte waren.

Eliphas Lévi stellte die Schlange als „großes magisches Agens" dar, d.h. als vermittelndes Prinzip zwischen dem Bewußtsein und der Welt der objektiven Tatsachen. Die Schlange ist nach ihm das Prinzip der „Realisation", d.h. dasjenige, was den Willen praktisch in Ereignisse umsetzt, was das Subjektive objektiviert.

Stanislas de Guaita widmete sein unvollendetes Werk der Schlange, indem er ihm den Titel „Die Schlange der Genesis"[6] gab. Er hebt in diesem Buch die Wirklichkeit und die Rolle des „großen magischen Agens" in der Geschichte hervor.

Die Theosophische Gesellschaft wählte sich als Symbol und Siegel die sich in den Schwanz beißende Schlange mit dem Hexagramm und dem ägyptischen Tau innerhalb des geschlossenen Kreises der Schlange, begleitet von dem Wahlspruch der Maharadschas von Benares: „Satiyat Nasti Paro Dharmah – Es gibt keine Religion, die höher steht als die Wahrheit."

Ja, die Schlange ist tatsächlich das „große magische Agens", d.h. das Prinzip, das das Bewußtsein mimt und so das Band ist zwischen dem Subjektiven und dem Objektiven, ganz wie das Gehirn das Band zwischen Bewußtsein und Handlung ist. Ja, die ersten Vertreter der mit dem Gehirn verbundenen Intellektualität, die „Söhne der Schlange" der alten Legenden, waren sehr wohl die ersten Meister der entstehenden Zivilisation. Sie sind es, die die kindliche Menschheit die Anfangsgründe der Künste und Wissenschaften lehrten.

Dies alles zugegeben, frage ich mich trotzdem: Ist die Schlange als „großes magisches Agens" das *einzige* magische Agens, ist sie das magische Agens *aller* Magie? Bedient sich die göttliche oder heilige Magie (auf die wir in den Briefen über das vierte und fünfte Arcanum des Tarot hingewiesen haben) des gleichen Agens wie die Fakire, Hypnotiseure, Magnetiseure und Geisterbeschwörer?

Die Erfahrung von Jahrhunderten bezeugt nicht allein, daß es *ein anderes Agens* und eine *andere Magie* gibt, sondern auch, daß es ein anderes Bewußtsein und eine andere Erfahrung als die auf das Gehirn zurückgehenden gibt. Nicht die Schlange sah Johannes der Täufer auf den Meister der heiligen Magie und den größten Wunderheiler der Geschichte sich herabsenken, sondern die *Taube.*

„... Johannes bezeugte und sprach: ‚Ich sah den Geist herabsteigen wie eine Taube vom Himmel, und er blieb auf ihm'" (Jo 1,32).

Drei Tage später fand das Wunder der Hochzeit zu Kana statt. Die Wunder der Hochzeit zu Kana, der Heilung des Sohnes eines königlichen Offiziers, der Heilung des Kranken am Teich Bethesda, der Brotvermehrung, des Wandelns Jesu auf dem Wasser, der Heilung des Blindgeborenen und der Auferweckung des Lazarus – haben als wirkendes Agens nicht die Schlange noch das Gehirn als Instrument, noch die an das Gehirn gebundene Intellektualität als Quelle der Initiative. Das wirkende Agens ist dabei die Taube, d.h. der Geist, der oberhalb des Gehirns und des Kopfes ist und der auf das Haupt *herabsteigt* und dort verweilt, der Geist, der die Gehirnintellektualität *transzendiert.* Er ist sowohl die Quelle der Initiative als auch das Agens und Instrument der göttlichen oder heiligen Magie.

Ich frage mich also – und ich frage Sie, lieber Unbekannter Freund –, warum die okkultistischen Schriftsteller nicht ihren Eifer, ihre Leidenschaft und ihre Geschicklichkeit in den Dienst der Sache der Taube anstatt der Schlange stellten? Warum haben sie nicht das große Agens der heiligen Magie anerkannt, das doch erwiesen hat, daß es berufen ist, die Welt zu erleuchten, zu heilen und umzuwandeln? Warum hat die Theosophische Gesellschaft, die die Wahrheit oberhalb jeden Glaubens ansiedelt, als ihre Standarte nicht die Taube des Heiligen Geistes gewählt, die das Prinzip der geistigen Universalität ist, anstatt der Schlange, die sich in den Schwanz beißt? Warum hat Stanislas de Guaita nicht ein Buch geschrieben mit dem Titel: „Die Taube des Evangeliums"? Warum hat Eliphas Lévi nicht auf das *neue* große magische Agens hingewiesen, die Taube, die berufen ist, das alte magische Agens, die Schlange, zu ersetzen? Warum hat H. P. Blavatsky sich geweigert, zu sehen, daß es zwei Prinzipien der kosmischen Energie gibt, das des Fohat oder der Energie der Schlange und das des Heiligen Geistes oder der Energie des Heils? Weil das Buch Dzyan es nicht erwähnt – ist dieses denn die einzige Quelle der Wahrheit? Gilt das Zeugnis der Propheten, der Apostel und der Heiligen während dreißig Jahrhunderten denn nichts?

Es macht mich ratlos, wiederhole ich, nicht weil die Interpretation der Schlange bei den erwähnten okkultistischen Schriftstellern nicht im wesentlichen richtig wäre, sondern weil das Thema „Schlange" von ihnen mit einer seltsamen Ausschließlichkeit, ja, Parteilichkeit behandelt wird, die schwer zu erklären ist, ohne zu psychologischen Faktoren Zuflucht zu nehmen.

Wie dem auch sei, es gibt in der okkultistischen Literatur die ausgesprochene Neigung, die Schlange als einziges Prinzip der „Realisation" und sogar als das einzige Prinzip der Wissenschaft hinzustellen, einschließlich der okkulten Wissenschaft.

Was uns betrifft, so können wir in der Schlange in erster Linie nur das Prinzip der Einrollung, der Tendenz, geschlossene Kreise zu bilden, ebenso wie auch der Gehirntätigkeit und der Gehirnintellektualität sehen – oder mit anderen Worten: das Prinzip des *Falles.*

Ich sage: *in erster Linie,* weil, dank dem Werk des Heils, das seine jahrtausendealte Geschichte hat, eine stufenweise Vergeistigung des Werkes der Schlange – einschließlich der Gehirnintellektualität – stattfindet, und weil das Eingreifen von oben nicht nur die Bildung vollkommen geschlossener Kreise vereitelt, sondern außerdem der Einrollungstendenz eine Richtung zur Solidarität hin gibt, über Stufen, wie Familie, Nation, Kulturgemeinschaft usw. Mit anderen Worten: die Vorsehung wacht darüber, daß die von der Schlange gebildeten Kreise nicht ganz und gar geschlossen sind und daß die Reihe dieser Kreise in eine Reihe von ihnen entsprechenden *Spiralen* umgewandelt wird.

Die Wohltaten dieser stufenweisen Metamorphose des Werkes der Schlange sind aber nicht der Schlange zuzuschreiben, sondern dem anderen, ihr entgegengesetzten Prinzip: demjenigen des *„Lichtes, das in die Finsternis scheint"*. Denn die wahrhafte und ganze *Evolution* besteht einerseits aus dem Wirken der Schlange, das einrollt und in der Bildung des Gehirns und der Gehirnintellektualität endet, und andererseits im Wirken des Lichtes von oben, das das Eingerollte *öffnet* und die Gehirnintellektualität erleuchtet.

Schlange und Taube – das sind letztlich die Faktoren, die dem *ganzen* Prozeß der Evolution zugrunde liegen.

Wenn Sie mich fragen, lieber Unbekannter Freund, ob ich glaube, daß man wählen und Partei ergreifen soll entweder für die Schlange oder für die Taube, würde ich hinweisen auf den Rat des Meisters:

„Seid klug wie die Schlangen und ohne Falsch wie die Tauben" (Mt 10,16).

Es gilt also, die Gehirnintellektualität mit der geistigen Spontaneität zu vereinen. Man sollte zwar in klaren Gedanken und auf diskursive

Weise denken, aber oberhalb dieses diskursiven Denkprozesses schwebe immer das Ideal! Man muß im Lichte des Ideals denken!

Kommen wir auf die Frage zurück: Sind die Menschen „Kinder der Schlange“ oder „Kinder des Lichtes“? – Wir haben gesagt: Insofern die Menschen die Tierart sind mit dem entwickeltsten Gehirn, sind sie Kinder der Schlange. Jetzt muß man hinzufügen: Soweit sie Wesen sind, die nach dem Ideal des Guten, Schönen und Wahren streben, sind die Menschen Kinder des Lichtes.

Denn was immer man sagen mag, *es gibt keinen einzigen Grund und keine einzige Gegebenheit in der gesamten in der Bildung des menschlichen Gehirns gipfelnden biologischen Evolution, die das menschliche Streben nach dem Wahren, Schönen und Guten erklärt und als notwendig erscheinen läßt.* Jedes Kloster, jeder Konvent ist im übrigen ein deutliches Dementi der These, daß die Menschheit nur Ergebnis der biologischen Evolution ist. Jeder Verzicht auf etwas Konkretes – auf Reichtum, Macht, Gesundheit und sogar auf das Leben – zugunsten eines Ideals zeugt davon, daß der menschliche Wesenskern einer Wirklichkeit entstammt, die jenseits der Evolution und des Gehirns liegt.

Wenn die von den Paläontologen ausgeführten Ausgrabungen Schädel und Skelette zutage fördern als Zeugnis für die biologische Evolution, die im menschlichen Gehirn endet, so legen gleichzeitig die Märtyrer in der Geschichte Zeugnis ab für die Tatsache der Transzendenz des Kernes der menschlichen Natur gegenüber der biologischen Evolution.

Das kommt daher, daß die Evolution als Ganzes die Überschneidung von biologischer und geistiger Evolution ist. Die Tatsache des Sichkreuzens dieser beiden so verschiedenen Bereiche ist die Wirklichkeit des *Falles.*

Der andere Begriff des kosmischen Dramas, der uns beschäftigt, und der mit dem „Fall“ verbunden ist, ist die *Erlösung.*

Wir haben weiter oben gesagt, daß die Erlösung der kosmische Akt der Wiederherstellung der gefallenen Welt ist, „indem zuerst die *Öffnung* in ihrem geschlossenen Kreis geschaffen wird (Religion, Einweihung, Prophetie), sodann der *Weg* des *Ausganges* (die Buddhas) und des *Einganges* (die Avatare) durch diese Tür eingeführt wird und indem endlich die gefallene Welt von innen aus umgewandelt wird durch die Ausstrahlung des inkarnierten WORTES (Jesus Christus)“.

Daher lautet die These, die wir hier vorbringen, daß das Heilswerk, das auf die Erlösung im eigentlichen Sinne hinzielt, universal sowohl in zeitlicher als auch in räumlicher Hinsicht ist. Denn dieses Werk wirkte seit der Morgenröte der Menschheit und erstreckte sich auf alle Gruppen und alle Religionen. Jedes Jahrhundert war ein Abschnitt davon, und die ganze Menschheit war – und ist – sein Feld. Das Werk des Heiles ist *katholisch* im buchstäblichen, hermetischen, magischen, gnostischen und mystischen Sinn dieses Wortes. Das bedeutet, daß die Geschichte der leidenden, streitenden und triumphierenden Kirche so lang ist wie die der Menschheit und daß sie auch ebenso ausgedehnt ist wie die Menschheit selbst. Denn das Wort „war das wahre Licht, das jeden Menschen erleuchtet, der in diese Welt kommt“ (Jo 1,9), d.h. jeden Menschen immer und überall.

Es gibt also nur ein einziges Heilswerk. Es umfaßt alle wahren menschlichen Bemühungen, die darauf abzielen, das Gehirn und die gehirngebundene Intellektualität zu übersteigen und auch alle wahren Offenbarungen von oben durch die Zeitalter der Menschheitsgeschichte hindurch. Es wirkte schrittweise. Vom ersten Altar, der auf einem Hügel oder an einem Waldrand errichtet wurde, bis zu den großen Kathedralen unseres Europa strebte es in immer neuen Schritten zu den Höhen des Bewußtseins oberhalb der Sphäre der Gehirnintellektualität.

Die Stufen des universalen Heilswerkes bilden die geistige Geschichte der Menschheit, die die große universale Bibel ist, von der die historische Bibel nur ein Teil ist. Sie kann auf zwei Arten, unter zwei verschiedenen Gesichtspunkten zusammengefaßt werden: unter dem der Offenbarung und dem der Vollbringung des Heils.

Unter dem ersten Gesichtspunkt kann die Geistesgeschichte der Menschheit zusammengefaßt werden – wie es die Kabbala tut –, indem die Aspekte *Gottes* aufgezeigt werden, die sich aufeinanderfolgend in der Geistesgeschichte der Menschheit offenbaren. Die *zehn Namen Gottes* der Kabbala, die den *zehn Sephiroth* des Sephiroth-Baumes entsprechen, stellen die Zusammenfassung der Geistesgeschichte der Menschheit unter dem Gesichtspunkt der stufenweisen *Offenbarung* Gottes dar. Denn von dem durch den Namen „ADONAI – Herr“ vergegenwärtigten Aspekt bis zu dem durch den Namen „EYEH – Ich bin“ angedeuteten Aspekt gibt es einen langen Weg; der erstere ist Ausdruck der Überlegenheit der Macht an sich, während der letztere auf die unmittelbare Erkenntnis (Intuition) des durch sich selbst seienden Wesens oder „dessen, der ist“ hinweist.

Unter dem Gesichtspunkt der Vollbringung des Heils könnte man die Geistesgeschichte der Menschheit zusammenfassen durch die Beschreibung der Stufen von der ersten Öffnung des geschlossenen Kreises der Schlange bis zur Ankunft und der Entfaltung des „Reiches Gottes“ im Inneren dieses Kreises.

Die betreffenden Stufen wären also das *Öffnen* des geschlossenen Kreises, der *Weg* des Ausganges und des Einganges durch diese Tür und die *Inkarnation des* WORTES. Die erste Stufe, die des Öffnens des geschlossenen Kreises, ließ in die inkarnierte Menschheit den „Glauben“ eintreten; die zweite brachte ihr die „Hoffnung“; die dritte entzündete in ihr die „Liebe“, die tätige *Gegenwart* des göttlichen Lebens im Schoße des Kreises der Schlange.

Was die Menschheit geglaubt hatte, was sie gehofft hatte, es wurde gegenwärtige Wirklichkeit – das ist die Essenz der ganzen Geistesgeschichte der Menschheit in einem einzigen Satz.

Diese Zusammenfassung umgreift eine Welt von Ereignissen. Sie umfaßt das erste Aufdämmern von Erinnerungen an das Paradies in den Seelen, die in die Finsternis des Kampfes ums Dasein getaucht sind; die Einrichtung des Kultes, um diese Erinnerungen zu hüten und vor dem Vergessen zu bewahren; das Auftreten von Priestern, die mit diesem Kult betraut sind, und von Sehern und Propheten, die den Kult lebendig erhalten und weiterentwickeln; das Entstehen von Schulen der individuellen Bemühung um eine das Gehirn transzendierende Erfahrung; die aufsehenerregende Botschaft, daß ein solches Bemühen nicht vergeblich ist, daß es einen Weg aus dem geschlossenen Kreis gibt; die Lehren der Buddhas, der Meister dieses Weges; die Offenbarungen der Avatare – der Rishis, der Großen Meister und der „Männer Gottes" –, die die Realität des Weges des Einganges, der Kundgabe und der Inkarnation zeigten; die geistige Vorbereitung der Inkarnation in der ganzen Welt und ihre blutsmäßige Vorbereitung in einem auserwählten Volk – Israel –, vorgebildet durch die Inkarnationen und Kundgaben der Avatare und Buddhas; dann die Inkarnation selbst und endlich alles, was enthalten ist in dem Ausspruch des hl. Paulus:

„Und ganz gewiß, groß ist das Geheimnis der Frömmigkeit: er wurde geoffenbart im Fleische, gerechtfertigt im Geiste, geschaut von Engeln, verkündet den Heiden, geglaubt in der Welt, aufgenommen in Herrlichkeit" (1 Tim 3,16).

Was man gemeinhin unter „Evolution" versteht, ist das Ergebnis der Konkurrenz zweier hauptsächlicher Wirkungsweisen – derjenigen der Schlange und derjenigen des Heilswerkes. *Hauptsächlich,* sage ich, weil es außerdem noch Evolutionslinien zweiter Ordnung gibt, die die Rolle der Vermittlung zwischen den Hauptlinien spielen. Eine solche Evolutionslinie liegt z. B. vor in der Entwicklung der individuellen Seelen auf dem Wege der wiederholten Erdenleben. Dieser Gegenstand wurde bereits in einem früheren Brief behandelt und wird es noch einmal im dreizehnten Brief werden. Wir weisen hier im Zusammenhang der allgemeinen Evolution nur auf folgende Tatsache hin:

Die Wissenschaft sieht sich gegenwärtig konfrontiert mit dem Problem der Übertragung von durch Erfahrung erworbenen Eigenschaften auf dem Wege der Erblichkeit. So wie sich dieses Problem heute darstellt, geht es auf den paradoxen Widerspruch zurück zwischen dem, was man über die Vererbungsgesetze weiß, und dem, was über die Evolution und den Fortschritt überhaupt bekannt ist. Man hat nämlich festgestellt, daß einerseits erworbene Eigenschaften sich nicht durch Vererbung übertragen, während andererseits die Gesamtheit der Tatsachen der allgemeinen Evolution von einem Fortschritt zeugt.

Um diesen Widerspruch zwischen der bloß reproduzierenden Vererbung und der allgemeinen Evolution, die sich als schöpferisch erweist, zu lösen, muß man eine weitere Dimension in Betracht ziehen; man muß der horizontal in der Zeit verlaufenden Kontinuität der Vererbung, die die aufeinanderfolgenden Generationen verbindet, die *vertikale* Dimension hinzufügen. Was den eigentlichen Vererbungsmechanismus betrifft, so muß man zugeben, daß die erworbenen Eigenschaften *irgendwo anders* aufgespeichert werden und daß es zwischen diesem Mechanismus und den erworbenen Eigenschaften – die nicht verschwinden, sondern nur an einen anderen Ort verwiesen sind – eine aktive Spannung gibt, die sich sowohl in der Tatsache der Erziehung und Selbsterziehung äußert als auch im Auftauchen von intellektuellen und moralischen Genies aus einer mittelmäßigen Vererbungslinie. Diese Spannung zwischen dem Erbmechanismus und den durch Erfahrung erworbenen, anderswo angesammelten Eigenschaften führt auf lange Sicht dahin, daß die letzteren überwiegen und daß eine Art „Einbruch" von ihrer Seite aus in den Erbmechanismus stattfindet. Die Früchte vergangener Erfahrung „reinkarnieren sich" sozusagen.

Auf diese Weise wird man dahin geführt, das Prinzip der Wiederverkörperung zu postulieren. Und wenn die moderne Tiefenpsychologie der Jungschen Schule hier umfassendes Material hinzufügt über das Wiederaufleben vergangener Erfahrungen in Träumen, Visionen und in der Phantasie von Menschen, die in ihrem normalen Bewußtsein nichts davon wissen, und wenn so z. B. mitten im 20. Jahrhundert die Riten und Symbole der alten Mysterien wieder zutage treten, so verliert das Postulat, das notwendig ist, um die Möglichkeit des Fortschrittes zu erklären, den Charakter des bloßen Postulats; es wird zu einer Schlußfolgerung, die auf Erfahrung gegründet ist und einen hohen Wahrscheinlichkeitsgrad besitzt.

Es ist wahr, daß Jung den Ort, wohin die Erfahrungen der Vergangenheit verbannt werden, als das „kollektive Unbewußte" bezeichnet. Warum aber *kollektiv?* Warum spricht er nicht vom individuellen Unbewußten? Nur weil die Erfahrungen der Vergangenheit, die aus den Tiefen des Bewußtseins auftauchen, viel miteinander gemeinsam haben? Weil sie sich ähneln?

Doch es sind ja *Menschen,* in denen diese vergangenen Erfahrungen plötzlich auftauchen. Daher ist es ganz natürlich, daß sie vieles gemeinsam haben – soviel, wie Menschen eben miteinander gemeinsam haben. Muß man nur aus diesem Grunde die Kollektivität der unterbewußten (oder überbewußten), über Jahrtausende reichenden Erinnerungen postulieren? Wäre es nicht einfacher und naheliegender, zu schließen, daß derjenige, der sich an eine Erfahrung erinnert, auch derjenige ist, der diese Erfahrung gemacht hat?

Man muß Jung Gerechtigkeit widerfahren lassen und darauf hinweisen, daß er nicht auf einer *substantiellen Kollektivität* seines „kollektiven Unbewußten“ besteht. Er läßt als wahrer Gelehrter die Frage offen, ob das kollektive Unbewußte ein der Menschheit gemeinsames Reservoir ist oder ob es die durch Abstraktion erzielte Gesamtheit der *gemeinsamen Züge* der Individuen ist. Die „Metaphysik“ des kollektiven Unbewußten, um es so auszudrücken, ist von Jung kaum ausgearbeitet worden.

Wie dem auch sei, die Tatsachen, die Jung zusammengetragen und dargeboten hat, geben mindestens soviel Anlaß für eine reinkarnationistische wie für eine kollektivistische Interpretation.

Für das innere Forum des Bewußtseins aber – und ich darf Sie erinnern, lieber Unbekannter Freund, daß diese Briefe sich nur an Ihr inneres Forum richten und grundsätzlich nicht beabsichtigen, Lehren von allgemeiner, d. h. wissenschaftlicher Gültigkeit aufzustellen – ist es die Erfahrung der Tiefen unserer eigenen Seele, die in der Problematik der individuellen Wiederverkörperung das letzte Wort hat, und sie ist es, der die Aufgabe zufällt, die Möglichkeit und Wahrscheinlichkeit der Reinkarnation in Gewißheit zu verwandeln – in Gewißheit vor dem inneren Forum wohlgemerkt.

Es gibt also drei Kontinuitäten in der Evolution; die biologische Kontinuität oder die Vererbung, die seelische Kontinuität oder die Wiederverkörperung und die geistige Kontinuität oder das Heilswerk. Beachten wir, daß diese drei Linien der Kontinuität dem dynamischen Dreieck entsprechen, auf das Fabre d'Olivet die Geschichte des Menschengeschlechtes zurückführt – das Dreieck: Schicksal, Wille und Vorsehung. Die Vererbung entspricht dem Schicksal (dem Fatum), die Wiederverkörperung dem Willen (der Freiheit) und das Heilswerk der Vorsehung. Er sagt folgendes über dieses Dreieck:

„Aber wenn der Mensch zunächst ... nur eine Kraft im Keimzustand ist, die durch die Zivilisation entwickelt werden muß, woher werden ihm dann die unentbehrlichen Prinzipien dieser Kultur kommen? Ich erwidere, daß dies von zwei Kräften sein wird, an die er sich gebunden findet und aus denen er die dritte bilden soll ... Diese beiden Kräfte, in deren Mitte er sich gestellt sieht, sind das Schicksal und die Vorsehung. Unter ihm ist das Schicksal die der Notwendigkeit unterworfene Natur, die natura naturata; oberhalb seiner ist die Vorsehung, die freie Natur, die natura naturans. Er selbst, als Menschenreich aufgefaßt, ist der vermittelnde Wille, die bewirkende Kraft, die zwischen diese beiden Naturen gestellt ist, um ihnen als Bindeglied zu dienen, als Kommunikationsmittel, um zwei Aktivitäten, zwei Bewegungen zusammenzuführen, die ohne ihn unvereinbar wären.

Die drei Kräfte, die ich soeben nannte ... bilden den Schauplatz des Universums. Nichts entschlüpft ihrer Wirkung; alles im ganzen Weltall ist ihnen unterstellt, alles außer Gott selber, der, indem er sie einhüllt in seine unergründliche Einheit, mit ihnen zusammen die geheiligte Tetrade bildet, diese unermeßliche Vierheit, die alles in allem ist und außer der nichts ist." [7]

Ich erlaube mir, diesem Zitat von Fabre d'Olivet hinzuzufügen, daß es mir während meines ganzen Lebens nicht gelungen ist, eine klarere Formel und einen wirksameren Generalschlüssel für das Verständnis der Evolution und der Geschichte der Menschheit zu finden, als sie Fabre d'Olivet gegeben hat, trotz der anderthalb Jahrhunderte, die seit seinem Werk vergangen sind und trotz der seit dieser Zeit erfolgten Erweiterung unserer Kenntnisse über die Menschheitsgeschichte. Allerdings hat die unheilvolle Seite von Fabre d'Olivet, die ihn blind machte für gewisse Mysterien des Christentums, mich veranlaßt, die von ihm vollzogene *Anwendung* seiner so bewundernswerten allgemeinen Prinzipien auf konkrete Probleme und auf Einzelheiten der Menschheitsgeschichte einer Revision zu unterziehen. Derselbe Vorbehalt gilt auch hinsichtlich Saint-Yves d'Alveydre[8], abgesehen von der antichristlichen Seite, die sich bei ihm nicht findet.

Die *Erblichkeit*, das *Heilswerk* und die *Wiederverkörperung* – letztere als vermittelndes Prinzip zwischen den beiden ersteren – bilden also zusammen das kosmische Drama der Evolution.

Das zehnte Kartenbild des Tarot stellt dieses ganze Problem vor Augen und gibt einen Querschnitt mitten durch die Probleme der Evolution, indem es denjenigen Aspekt herausarbeitet, der von größter praktischer Tragweite ist: *die Beziehung zwischen Tierheit und Menschheit.*

Die *Sphinx* oberhalb des Rades stellt die vereinigte Tierheit und Menschheit dar, die entweder *noch* nicht differenziert oder *schon* wieder integriert sind. Das Rätsel der Sphinx ist also das der Vermenschlichung der Tierheit und der Tierwerdung der Menschheit.

Der Hund, der zur Sphinx aufsteigt, stellt die nach Wiedervereinigung mit der Menschheit strebende Tierheit dar; der sich abwärts bewegende Affe vergegenwärtigt den Prozeß der Tierwerdung der Menschheit. Es handelt sich bei diesem Arcanum also um die praktische Lösung des Problems: Wie kann man die menschlichen und tierischen Elemente in der menschlichen Persönlichkeit zu einer Einheit zusammenführen, ohne etwas auszureißen und zu verwerfen und ohne daß die ersteren tierhaft (zu „Affen") werden oder die letzteren unter die tyrannische Herrschaft der ersteren fallen (zu „Hunden" werden). Mit anderen Worten: Wie kann man in den tierischen Bereich hinabsteigen, ohne tierhaft zu werden, und wie kann man ohne Zwang die Tierheit in den Bereich des Menschlichen aufsteigen lassen?

Nun, auch das zehnte Arcanum hat eine ausgesprochen praktische Bedeutung. Es ist eine geistige Übung mit dem Ziel, das „Arcanum" zu erwecken, d. h. das Erfahrungswissen von einer bestimmten praktischen

Fertigkeit. Und zwar ist dieses „savoir faire", um das es im zehnten Arcanum geht, die richtige Handhabung der Elemente der tierhaft gewordenen Menschheit und derjenigen der zum Menschen hinstrebenden Tierheit von einem festen Zentrum aus und mittels eines festen Zentrums.

Dieses feste Zentrum ist die *Sphinx,* die über dem Rad der Tierheit sitzt, d.h. oberhalb der automatischen Regungen im Seelenleben des Menschen.

Das *Rad* und die Sphinx über ihm – zu welcher praktischen Aufgabe regt diese Zusammenstellung an?

Es gibt die *erschaffene* Tierheit, und es gibt die durch Entwicklung entstandene Tierheit. Die erste stammt aus der Zeit vor dem Sündenfall, während die letzte ihr Dasein der Evolution *nach* dem Sündenfall verdankt, also dem Werk der Schlange.

Es gibt die durch das göttliche Wort erschaffene Tierheit, von der das Johannes-Evangelium sagt:

„Alles ist durch das Wort geworden, *und ohne das Wort ist nichts geworden, was geworden ist*" (Jo 1,3)

und von der die Genesis des Moses spricht als von der Schöpfung der Tiere „ein jedes nach seiner Art" (Gen 1,24), am 5. und 6. „Tag" der Schöpfung.

Die Tierheit, die göttlichen Ursprungs ist, läßt sich zusammenfassen in den Urbildern oder *Arten* der heiligen *Hayoth,* der Cherubim. Diese sind: der Stier, der Löwe, der Adler und der Engel oder Mensch. Wenn man diese vier Urbilder in einem einzigen Wesen vereinigt, erhält man die *Sphinx.*

Die Sphinx ist demnach die urbildliche Synthese der Heiligen Tierheit, d.h. der göttlichen Instinktivität oder des Prinzips des spontanen Gehorsams zu Gott. Denn „Heilige Tierheit" bedeutet nichts anderes als „spontaner Gehorsam gegenüber Gott" oder „göttlicher Instinkt".

Die *anderen* Instinkte rühren von der Evolution her, die das Werk der Schlange ist. Der Ausdruck *Bestialität* faßt diese zusammen.

Es gibt also Instinkte göttlichen Ursprungs, und es gibt bestialische Instinkte. So ist der Instinkt, der nach dem Höhenflug des Geistes und des Herzens strebt, im Adler versinnbildlicht, den die ikonographische Tradition als inspirierendes Prinzip oder als Kanal der göttlichen Inspiration des Evangelisten Johannes dargestellt hat. Zugleich vergegenwärtigt der Adler als Urbild des Raubvogels den Instinkt der Angriffslust und der blitzschnellen Attacke. Der Adler als Sinnbild des Raubinstinktes war als inspirierendes Prinzip auf den Standarten der römischen Legionen abgebildet.

Ebenso stellt der Löwe den Instinkt dar, den man als „moralischen Mut" bezeichnen kann. Die Märtyrer waren Repräsentanten des Löwen, und der Löwe als „moralischer Mut" wird in der christlichen Ikonographie mit dem Evangelisten Markus verbunden. Ebenso wie es „Adler" und Adler gibt, gibt es auch „Löwe" und Löwe. Die reißende Wildheit verhält sich zum moralischen Mut, wie sich der Löwe zum „Löwen" verhält. Die erstere ist die Degeneration des letzteren.

Der Stier ist das Symbol des Instinktes der schöpferischen Konzentration. Er liegt der Neigung zur tiefen Meditation zugrunde. Er ist der Kanal der göttlichen Inspiration des Evangelisten Lukas.

In diesem Sinne gab der Stier in Indien Anlaß zum Kult seines weiblichen Aspektes, der heiligen Kuh. Die Verehrung der Kuh ist nur das volkstümliche Gegenstück der indischen Neigung zur Meditation.

Auch hier gibt es „Stier" und Stier. Der letztere ist die Degeneration des ersteren, und zwar die Konzentration des Willens auf einen einzigen Punkt, die für alles übrige blind macht. Es war nicht die Neigung zur Meditation, die man in den Mithras-Mysterien abtöten wollte, indem man den Stier opferte, sondern die blind machende Leidenschaft.

Der Evangelist Matthäus hat nach der Ikonographie als beratenden Gefährten den Engel oder Menschen. Dies bedeutet die Neigung zur Objektivität, die sich zum Beispiel in der Wahrhaftigkeit des epischen Berichts eines Annalisten oder Chronisten offenbart.

Doch es gibt Objektivität und „Objektivität". Man kann objektiv sein, d. h. unparteiisch, indem man alle Dinge gleicherweise in sein Herz aufnimmt. Und man kann objektiv oder unparteiisch sein, indem man eine Haltung der Gleichgültigkeit gegenüber allen Dingen einnimmt.

Die erstere ist die Objektivität der Engel, die letztere ist ihre Degeneration; sie ist die der herzlosen, kalten Beobachtung. Die eine offenbart sich durch die Wirkungen desjenigen Instinktes, den wir *Gewissen* nennen; die andere äußert sich in dem, was viele für „wissenschaftlichen Geist" halten, was aber eigentlich nur die Neigung zum *Zynismus* ist.

Soweit also die vergleichende Darstellung der wichtigsten Instinkte – die einen göttlichen Ursprungs, die anderen entstanden nach dem Sündenfall.

Die praktische Aufgabe, die sich daraus ergibt, ist die der inneren Alchimie: die Umwandlung der gefallenen Instinkte in ihre nicht gefallenen Urbilder, d. h. die Umwandlung des Adlers in den „Adler", des Löwen in den „Löwen", des Stiers in den „Stier", des Menschen in den „Engel", oder mit anderen Worten: Die Aufgabe besteht darin, die Sphinx über dem Rad aufzurichten bzw. wiederaufzurichten, *um so das Rad oder den psychischen Automatismus der Sphinx umzuwandeln.* Wie ist das zu machen?

Auf dem Wege der Metamorphose, d. h. durch abwechselnde Zusammenziehung und Ausdehnung. Wie im Wachstum einer Pflanze zwei Tendenzen offenbar werden – eine vertikale und eine horizontale – die abwechselnd wirken, so daß die eine nach oben treibt und die andere die

Entfaltung bewirkt, ebenso geschieht die seelische Metamorphose durch Zusammenziehung der expansiven Tendenz – was zu einer Erhöhung führt –, worauf eine Expansion auf der neuen, durch Erhöhung erreichten Ebene folgt, die ihrerseits von einer Einschränkung abgelöst wird, aus der eine erneute Erhöhung resultiert und so fort. Das ist das Gesetz der Metamorphose, das Goethe im Pflanzenreich festgestellt und erforscht hat, und das ist auch das Gesetz der Umwandlung psychischer Kräfte – das Gesetz des „engen Weges" oder des Kreuzes – im Menschenreich. Denn Mensch und Pflanze leben unter dem Gesetz des Kreuzes – letztere organisch, ersterer geistig. Darum ist die Pflanze ein Lehrbuch der praktischen Hermetik, worin man die unverrückbaren Regeln der geistigen Disziplin lesen kann. Schiller, der „Bruder" Goethes, hat das erkannt und darum sagte er:

„Suchst du das Höchste, das Größte?
Die Pflanze kann es dich lehren.
Was sie willenlos ist,
Sei du es wollend – das ist's!" (Friedrich Schiller, 1795)

Das ist es, weil das Pflanzenreich das jungfräulichste der Natur nach dem Fall ist und weil sich der Mensch auf dem Wege der Wiederherstellung befindet. Jeder Garten bewahrt also irgend etwas aus dem Garten Eden und kann als lebendige Bibliothek für den Menschen dienen, der nach dem Heil strebt.

Nun handelt es sich darum, das Gesetz des Kreuzes, das das Pflanzenreich organisch und das Menschenreich geistig beherrscht, auf das *Tierreich* auszudehnen. Und das soll nicht etwa geschehen, indem man Hunde, Pferde und Papageien abrichtet, sondern indem man das Gesetz des Kreuzes auf das Animalische im psychischen Leben des Menschen anwendet. Wir müssen den Stier in uns beschränken, damit er sich zum „Stier" erhebt. Das heißt, daß das triebhafte Begehren, das sich als auf einen Punkt konzentrierte Versessenheit zeigt und blind macht für alles andere, eingeschränkt und so erhöht werden muß in eine Neigung zu tiefer Meditation. Diese ganze Operation ist in der Hermetik zusammengefaßt in dem Wort *„Schweigen"*. Die Vorschrift „Schweigen" ist nicht nur, wie manche Verfasser es auslegen, eine Regel der Vorsicht, sondern darüber hinaus eine *praktische Methode* der Verwandlung des beengenden und blind machenden Instinktes in eine Neigung zur Tiefe und in eine Abneigung gegen alles, was oberflächlich ist.

Der *geflügelte Stier* ist also das Ergebnis, das durch das Verfahren des „Schweigens" erreicht werden soll. Das bedeutet, daß der Stier sich auf das Niveau des Adlers *erhebt* und sich mit ihm vereint. Durch diese Vereinigung findet die Vermählung des Auftriebes zur Höhe mit der Neigung zur Tiefe statt. Die Vermählung der Gegensätze – dieses traditionelle Thema der Alchimie – ist das Wesen der Praxis des Gesetzes des

*Kreuzes.* Denn das Kreuz ist die Vereinigung von zwei Gegensatzpaaren, und die Praxis des Kreuzes ist das Werk der Versöhnung von vier Gegensätzen – zwei horizontalen und zwei vertikalen. Stier und Adler sind vertikale Gegensätze: Sie sind Tendenzen zur Höhe und Tiefe, zum Allgemeinen und zum Besonderen, zum verstehenden Überblick und zur Wahrnehmung der allerkleinsten Einzelheit.

Engel und Löwe bilden das andere Gegensatzpaar des Kreuzes der menschlichen Triebhaftigkeit. Da handelt es sich darum, den kämpferischen Mut in moralischen Mut zu verwandeln – in den Mut des *Gewissens.* Denn der Instinkt, den wir „moralisches Gewissen" nennen, ist die Auswirkung der Inspiration durch den Engel. Durch die Erhöhung des Mut-Instinktes, d. h. des Verlangens nach Heldentum, nach Abenteuern und Kampf, vereint dieser Instinkt sich mit dem Gewissen und wird zu jenem moralischen Mut, den wir bei den Märtyrern und Heiligen bewundern.

Der *geflügelte Löwe* ist das Ergebnis, das erreicht werden soll durch ein Verfahren, das mit dem Ausdruck „Wagnis" bezeichnet wird, in dem der moralische Mut inbegriffen ist.

Wie der Stier durch seine Verbindung mit dem Adler – durch die Praxis des *„Schweigens"* – Flügel und ebenso wie der Adler die Beständigkeit und Ausdauer des Stieres erwirbt dank der Praxis des *„Wollens"*, ebenso erwirbt auch der Löwe Flügel durch seine Verbindung mit dem Engel dank der Praxis des „Wagens". Und die Auswirkung der Inspiration des Engels, von der man sich Rechenschaft zu geben *wagt,* wird zur *spontanen Gewißheit* dank der Praxis, die durch den Ausdruck *„Wissen"* bezeichnet wird.

Das sind also die vier Richtungen der Bemühungen, die durch die Sphinx symbolisierte Aufgabe zu lösen: *schweigen, wollen, wagen* und *wissen.*

„Schweigen" ist die Beschränkung des Willens, der sich nach dem Gesetz des Kreuzes infolge dieser Beschränkung auf eine höhere Stufe erhebt. Auf dieser höheren Stufe erfährt er seine erneute Ausdehnung und wird dort zum wahren „Wollen".

Die ständige Aufmerksamkeit auf das Gewissen beschränkt die Impulsivität, und diese erhebt sich so auf eine höhere Ebene, wo sie sich ausdehnt. Die Zügelung der Impulsivität durch das Gewissen ist der praktische Sinn von „wagen" und „wissen". Denn nur, wenn die Impulsivität mit dem auf dem Gewissen beruhenden Wissen in Harmonie ist, wird sie zu einem „legitimen Wagen" oder zum moralischen Mut.

Das ist das Prinzip der jahrtausendealten hermetischen Askese. Es stützt sich auf das Gesetz des *Kreuzes;* sein Ziel ist die Sphinx, die die mit der Menschheit wiedervereinigte Tierheit ist.

Es ist klar, daß dies eine sehr alte Lehre ist und daß das zehnte Arcanum auf die antike Hermetik vor unserer Ära zurückgeht und uns in

Verbindung bringt mit den Ideen derjenigen, die die Sphinx und die Pyramiden errichtet haben. Die *innerliche,* nicht die ikonographische und historische Evidenz drängt uns diesen Schluß auf.

Was ihn noch verstärkt, ist dasjenige, was auf dem zehnten Kartenbild *fehlt.* Es zeigt uns das Rad der Tierheit und die Sphinx als Lösung des praktischen Problems der Tierheit. Nun führt uns die tiefere und fortgesetzte Analyse der Sphinx und des ganzen Zusammenhanges der Karte unvermeidlich zu den *vier* Tieren und zu all dem, was damit verbunden ist: göttliche und gefallene Tierheit, Sündenfall und Wiederherstellung, das Prinzip der praktischen Askese usw. Alles das könnte noch ergänzt werden durch die Tatsachen und Erkenntnisse der modernen Geschichtsforschung, Biologie und Psychologie. Ein Wesentliches aber fehlt auf der Karte: die „quinta essentia", die „Quintessenz", die die Sphinx verwirklicht, *selbst aber nicht die Sphinx ist.* Das *aktive Prinzip des Kreuzes* – die fünfte „Essenz" –, ohne das die ganze Operation nicht durchführbar ist und nur ein Gegenstand der Erkenntnis und der Hoffnung bleibt, findet sich hier in keiner Weise angedeutet. Die Sphinx stellt hier symbolisch die letzte Lösung dar – oder vielmehr das letzte *Rätsel.*

Die Abwesenheit eines *direkten* Hinweises (denn indirekt weist das ganze Kartenbild auf das Rätsel der Sphinx und eben dadurch auf die „quinta essentia" hin) in der Zusammenstellung des Kartenbildes auf das Prinzip des *„Neuen Adam",* das die Quintessenz ist, wie wir heute in Esoterik und Exoterik gleicherweise wissen, beweist den vorchristlichen Ursprung der zehnten Karte. In ikonographischer Hinsicht ist sie deutlich mittelalterlich (aus dem *späten* Mittelalter) wie alle anderen Karten, aber dem Inhalt nach ist sie viel älter, und zwar vorchristlich.

Ist sie die älteste oder ist sie einfach die am wenigsten entwickelte Karte der zweiundzwanzig Karten des Tarot?

Da die zweiundzwanzig Karten des Tarot einen *Organismus,* eine Ganzheit bilden, kann von einem verschiedenen und getrennten Ursprung der einzelnen Karten keine Rede sein, wohl aber von *Graden ihrer Entwicklung* bzw. *Verwandlung.* Denn auch der Tarot ist kein *Rad,* kein geschlossener Kreis, sondern eine *Spirale,* d. h., er entwickelt sich durch Tradition und ... Reinkarnation.

Die Verfasser, die im Tarot das „Heilige Buch des Thoth" oder des Hermes Trismegistos sahen, hatten zugleich recht und unrecht. Sie hatten insofern recht, als sie die Geschichte des *Wesens* des Tarot in das Altertum verlegten – und zwar ins *ägyptische* Altertum. Und sie hatten unrecht, insofern sie glaubten, daß der Tarot ein Erbe des alten Ägyptens sei, d. h., daß er von Generation zu Generation überliefert worden sei und dabei nur geringfügige ikonographische Veränderungen erfahren habe. Zur Unterstützung dieser These erzählt man die sinnreiche Geschichte oder Legende (die Sie wahrscheinlich kennen) vom Rat der ägyptischen Priester, die über das Problem berieten, wie sich das Wesentliche ihrer Weisheit für kommende Generationen bewahren ließe, wenn Ägyptens Licht erloschen sein würde. Man verwarf Vorschlag auf Vorschlag – die Weisheit auf Papier, Stein oder Metall festzuhalten usw. –, und man entschied sich endlich, die Weisheit einem weniger zerstörbaren und stabileren Mittel anzuvertrauen, als Papier, Stein oder Metall es sind: dem *Laster,* dem Kartenspiel.

Unter ikonographischem Gesichtspunkt ist der Tarot aber rein mittelalterlich. Unter historischem Gesichtspunkt gibt es keinen Hinweis, daß er vor Ende des 14. Jahrhunderts existierte[9]. Wenn es sich also um ein von den ägyptischen Weisen als solcher bestimmtes volkstümliches Spiel handelte, dann müßten wir im Besitz vieler Materialien über den Tarot oder das Kartenspiel selbst sein, die aus den vierzehn oder wenigstens zehn Jahrhunderten stammen.

Nein, der Tarot ist *nicht vererbt, er ist reinkarniert.* Er ist „reinkarniert", entsprechend der Erfahrung der modernen Tiefenpsychologie der Schule Jungs, die das Auftauchen von antiken und sogar archaischen Mysterien und Kulten aus den Tiefen des Unbewußten bei Menschen des zwanzigsten Jahrhunderts feststellt. *Der Tarot ist das „Heilige Buch des Thoth",* aber er ist nicht vererbt oder überliefert – er ist das *wiedergeborene* „Buch".

Zitieren wir zur Unterstützung dieser These diesmal keine moderne Legende, sondern den mehr als zwanzig Jahrhunderte alten Text einer griechischen Abhandlung. Es ist „Kore Kosmu", worin *Isis* ihren Sohn *Horus* die Mysterien des Himmels lehrt. Dort ist vom „Heiligen Buch des Thoth" die Rede, von seiner Beschaffenheit und seinem Ursprung. Hier der betreffende Text:

„O mein wunderbarer Sohn Horus, nicht in einem Wesen aus dem Geschlecht der Sterblichen hat sich dies ereignen können – das es in der Tat noch nicht gab –, sondern in einer Seele, die im Besitze des Bandes der Sympathie mit den Mysterien des Himmels war: dies war Hermes, der alles gekannt hat. Er schaute die Gesamtheit der Dinge, und nachdem er geschaut hatte, verstand er, und nachdem er verstanden hatte, besaß er die Macht, zu enthüllen und zu zeigen. In der Tat, *die Dinge, die er erkannte, prägte er ein, und nachdem er sie eingeprägt hatte, verbarg er sie,* da er es vorzog, über die meisten von ihnen ein völliges Stillschweigen zu bewahren, anstatt von ihnen zu sprechen, *damit jede nachgeborene Generation nach ihnen zu suchen habe ...*

... endlich kam er (Hermes) zu dem klaren Entschluß, die geheiligten Symbole der kosmischen Elemente nahe den heiligen Gegenständen des Osiris in Verwahrung zu geben, um, nachdem er ein Gebet gesprochen und verschiedene Worte ausgesprochen hatte, wieder aufzusteigen in den Himmel.

Aber es ziemt sich nicht, mein Kind, daß ich diesen Bericht unvollständig lasse: Ich muß alles berichten, was Hermes im Augenblick des Hinterlegens der Bücher sagte. Er sprach nämlich also:

‚O heilige Bücher, die von meinen unvergänglichen Händen geschrieben wurden, ihr, über die ich alle Vollmacht habe, nachdem ich euch mit der Arznei der Unsterblichkeit gesalbt habe, bleibt *durch die Zeiten aller Jahrhunderte hindurch* unverweslich und unverderblich, ohne daß euch irgend jemand von denen sieht noch entdeckt, die die Ebenen dieser Erde durchlaufen sollen, bis zu dem Tag, an dem der alt gewordene Himmel eurer würdige Organismen gebären wird, solche, die der Schöpfer Seelen genannt hat.‘

Nachdem er sich so an die Bücher gewandt hatte und ein Gebet zu seinen eigenen Werken gesprochen, drang er durch die *geheiligte Umfriedung* in die Zonen, die ihm angehören.“[10]

Dies ist die griechisch-ägyptische Version von Ursprung und Beschaffenheit der „Heiligen Bücher des Thoth“. Nach dieser Version sind sie „eingeprägt“ durch „unvergängliche Hände“ und bleiben niedergelegt in der „geheiligten Umfriedung in den Zonen“, die Hermes „unverweslich und unverderblich“ gehören, „damit jede nachgeborene Generation nach ihnen zu suchen habe“. Sie sind also magisch „eingeprägt“ in eine Region *zwischen Himmel und Erde,* nahe genug der Erde, um die Seelen der Suchenden auf Erden zu erreichen und in ihnen den Geist des Suchens durch ihre Anziehungskraft zu erwecken, und andererseits genügend entfernt, um niemals durch die an das Gehirn gebundene Intellektualität ergriffen, analysiert und ausgenützt zu werden. Das *Original* der „Heiligen Bücher des Thoth“ befindet sich in der „transzerebralen“ Region, und darum muß man sie nicht in Krypten, Manuskripten und Inschriften auf Stein suchen, nicht einmal in geheimen Gesellschaften oder Bruderschaften, sondern in der „geheiligten Umfriedung in den Gebieten, die Hermes angehören“. Man muß sich über die „Zone“ der an das Gehirn gebundenen Intellektualität hinaus *erheben,* weil die „heiligen Bücher“, laut der zitierten hermetischen Abhandlung *vor* der Bildung des Gehirns geschrieben worden sind. Sie sind der magisch wirksame Aufruf „durch die Zeiten aller Jahrhunderte hindurch“, die Gehirnintellektualität zu übersteigen und „den ihrer würdigen Organismus“, denjenigen nämlich, den „der Schöpfer *Seele* genannt hat“, emporzuheben zu der Region, wo sie wohnen.

Dieser Bereich, dieser Garten der „heiligen Symbole der kosmischen Elemente“, gepflanzt zwischen Erde und Himmel, diese magischen Formeln, gnostischen Symbole und mystischen Feuer der ursprünglichen Offenbarung, die die „geheiligte Umfriedung“ oberhalb der an das Gehirn gebundenen Intellektualität und unterhalb des Himmels bilden – das ist die *Wirklichkeit* der Hermetik; das ist der Antrieb, der die menschlichen Seelen durch die Zeitalter hindurch dazu anregt, nach der „Schau der Gesamtheit der Dinge zu trachten, und nachdem man sie geschaut hat, sie zu verstehen, und nachdem man sie verstanden hat, nach der Fähigkeit zu streben, sie zu enthüllen und zu zeigen". Die *Gesamtheit der Dinge* (τὰ σύμπαντα) – das ist die Seele der Hermetik durch „die Zeiten aller Jahrhunderte hindurch". Und weil das Gehirn das Organ der praktischen Spezialisierung ist, laufen der Appell und das Streben zur Gesamtheit der Dinge, sýmpanta, darauf hinaus, das Gehirn und die an es gebundene Intellektualität zu übersteigen.

Die Hermetik begleitet die Menschheit von Jahrhundert zu Jahrhundert. Wegen einer Plejade glänzender Schriftsteller? Oder infolge geheimer Gesellschaften? Oder infolge der Anziehungskraft des Geheimen überhaupt? Man sagt so.

Warum aber gibt es immer und zu jeder Zeit hermetische Schriftsteller? Warum gibt es Geheimgesellschaften? Und warum übt das Geheimnis eine solche Anziehung aus?

Weil in den Tiefen des Unbewußten – das bewußt werden will und an die Tür klopft – die „geheiligte Umfriedung" gegenwärtig ist, das „Heilige Buch des Thoth", aus dem symbolische und hermetische Werke geboren – oder wiedergeboren – werden. *Ein solches Werk ist der Tarot.*

Der Tarot hat sein unsichtbares Urbild, und die Funktion und Aufgabe des Tarot ist es, die Seele zu ihrem Urbild zu erheben. Darum ist er ein System geistiger Übungen. Er gibt den Impuls und die Richtung, die an das Gehirn gebundene Intellektualität zu übersteigen und mittels der Seele einzudringen in die „geheiligte Umfriedung", wo die „heiligen Symbole der kosmischen Elemente" wohnen.

Die Gesamtheit der Dinge. Die Intuition, die die hirngebundene Intellektualität übersteigt. Die Hermetik. – Aber warum die *Hermetik?* Ist dies nicht das Streben jeder metaphysischen Philosophie und jeder mystischen Praxis der Religion?

Gewiß übersteigt die mystische Praxis der Religion die hirngebundene Intellektualität, aber sie tut es, um den *Himmel* zu erreichen und nicht die Zwischenzone zwischen Erde und Himmel, wo sich die ursprüngliche Offenbarung der „Mysterien des Himmels" niedergelegt findet. Die Heiligen erleben das Licht, die Wärme und das Leben des Himmels. Himmlisches Gold, Blau und Weiß strahlen in ihrem Leben und durch ihr Leben.

Die Hermetiker dagegen sind berufen – oder soll ich sagen verurteilt? –, weder am Tag der Erde, noch am Tag des Himmels zu leben, vielmehr sind sie eingetaucht in die *Nacht,* in die tiefe Dunkelheit des Mysteriums der Beziehungen zwischen Himmel und Erde. *Das Denken,* das Himmel und Erde eint, das gleicherweise jeder phänomenalen irdischen Struktur und jeder noumenalen himmlischen Wesenheit immanent ist, es ist die Schau und das Verstehen der Gesamtheit der Dinge, ebenso wie „die Macht, sie zu enthüllen und zu zeigen".

Die Heiligen streben nicht nach dem kosmischen Denken, nach dem Verstehen des Zusammenhanges der Dinge, sondern nach dem göttlichen *Leben.*

Und die Metaphysiker? Die idealistischen Philosophen, streben sie nicht nach der Gesamtheit der Dinge, um sie durch das Denken zu ergreifen?

Platon, der Vater der metaphysischen Philosophie, besaß die Erfahrung des über das Gehirn hinausgehenden Denkens, d.h. des nicht begrifflich erfaßten, sondern *erschauten* Gedankens. Darum konnte er die Methode der stufenweisen Erhebung über die hirngebundene Intellektualität lehren – die Erhebung von der möglichen „Meinung" (δόξα) zur wahrscheinlichen Schlußfolgerung (διάνοια), die auf einer dialektischen Argumentation beruht, und schließlich, von der wahrscheinlichen Schlußfolgerung zur Gewißheit der unmittelbaren Wahrnehmung der Wahrheit (ἐπιστήμη). Aufgrund der „Episteme", der unmittelbaren Wahrnehmung, besaß er die Erfahrung des *objektiven Denkens,* des kosmischen Denkens, das er die *„Welt der Ideen"* nannte. Nachdem er die Erfahrung der nicht durch subjektive, hirngebundene Verstandestätigkeit erfaßten oder ersonnenen, sondern durch die Episteme wahrgenommenen und kontemplierten Ideen gehabt hatte[11], beging Platon den – übrigens wohl begreiflichen – Irrtum, mit den Ideen die höhere Sphäre der geistigen Welt zu bevölkern, während es in Wirklichkeit keine „Ideenwelt" als Welt oder Sphäre der Welt gibt. Die ganze Welt ist nur bevölkert von *individuellen Wesenheiten,* und die Ideen leben und existieren nur in ihnen, durch sie und in den Beziehungen zwischen ihnen. Die Ideen sind wohl real, aber als *immanente* Realitäten, nicht als Realitäten für sich. Die Ideen leben nur im Bewußtsein, sei es Gottes, sei es der himmlischen Hierarchien, sei es des Menschen.

Sie können jedoch auch nach außen projiziert (oder „eingeprägt", wie es unsere alte Abhandlung sagt), inkarniert in Symbolen und Formeln, und so in der objektiven geistigen Welt aufbewahrt werden. Diese ganze Operation der Projektion, Inkarnation und Konservierung der Ideen wird in der Hermetik *„das Schreiben des Buches"* genannt. Von einem solchen Buch spricht die Apokalypse, wenn es dort heißt:

„Und ich sah auf der Rechten dessen, der auf dem Throne sitzt, eine Buchrolle, innen und auf der Rückseite beschrieben, versiegelt mit sieben Siegeln" (Offb 5,1).

Derart ist auch das *Heilige* Buch (oder *die* Bücher) des Thoth, von dem das Buch „Kore Kosmu" spricht.

Nun hatte Platon, indem er sich über die hirngebundene Intellektualität erhob, die Begegnung mit dem „Heiligen Buch des Thoth", mit den

„geheiligten Symbolen der kosmischen Elemente, unverweslich und unverderblich" in der „geheiligten Umfriedung in den Hermes angehörenden Zonen". Als Hermetiker, der er war, gelangte er zu der „geheiligten Umfriedung", aber als spekulativer Philosoph, der er ebenfalls war, hat er versäumt, die magische Tatsache eines *lebendigen geistigen Denkmals* zu würdigen, und so gab er ihm eine Auslegung – die später von seinem Schüler Aristoteles zurückgewiesen wurde –, die nicht magisch, sondern „rational" war, indem er eine „Ideenwelt" über der Welt der Erscheinungen postulierte.

Hier liegt der Grundirrtum aller metaphysischen Philosophie seit Platon bis auf den heutigen Tag. Sie hypostasiert die Ideen, die nur im individuellen Bewußtsein leben oder *potentiell* gegenwärtig sind in Büchern – in sichtbar geschriebenen Büchern wie den heiligen Schriften, in unsichtbaren Büchern, die lebendige geistige Denkmale sind dank der Operation der göttlichen Magie, und endlich in der ganzen Welt, die auch das große Buch ist, das *potentiell* die Ideen der Schöpfung und ihrer Bestimmung enthält, ausgedrückt durch die *Symbolik der Tatsachen.*

Darin unterscheidet sich die Hermetik von der religiösen Mystik und der metaphysischen Philosophie. Die Hermetik als Streben nach der *Gesamtheit der Dinge* ist weder Schule noch Sekte, noch Gemeinschaft. Sie ist das *Schicksal* einer gewissen Klasse oder einer gewissen Gruppe von Seelen. Denn es gibt Seelen, die nach dem Ganzen der Dinge notgedrungen streben *müssen* und die von dem Lauf des niemals anhaltenden Gedankenflusses vorwärts getrieben werden, immer weiter, ohne Unterlaß ... Es gibt kein Stillstehen für diese Seelen; sie können nicht, ohne auf ihr eigenes Leben zu verzichten, aus diesem Gedankenstrom heraustreten, der unaufhörlich fließt – während unserer Jugend, dem Erwachsensein und dem Alter gleicherweise, ohne Unterlaß, ohne Aufenthalt, von einer aufzuklärenden Dunkelheit zu einer anderen, die zu vertiefen ist.

Solches war, ist und bleibt mein Schicksal. Und wenn ich diese Briefe an den *Unbekannten Freund* richte, so wende ich mich an den, der dieses Schicksal mit mir teilt.

Herr Professor, verzeihen Sie mir das anmaßende und unbescheidene, in Ihren Augen zweifellos kindische Streben nach persönlicher Gewißheit in bezug auf das Ganze der Dinge, einer Gewißheit, die Sie als fleißiger und fruchtbarer Arbeiter erst nach Jahrhunderten der kollektiven Anstrengung ganzer Generationen von Gelehrten zu erreichen hoffen. Aber Sie sollen wenigstens wissen, daß ich Ihnen unendlich dankbar bin und daß Sie in mir einen Schüler haben, der immer begierig ist, mit Respekt und Dankbarkeit bei Ihnen zu lernen, und der sich niemals erlauben wird, Sie in irgend etwas zu belehren.

Herr Pfarrer, verzeihen Sie mir, was Sie als menschliche Hybris beurteilen werden, die eindringen will in die Mysterien Gottes, anstatt sich zu beugen vor der göttlichen Weisheit und Güte und mit Demut, wie es dem Christen geziemt, die geoffenbarten Heilswahrheiten anzunehmen, die, wenn sie praktiziert werden, absolut genügen für das Wohl, das Glück und das Heil der Seele. Ich sage Ihnen jetzt wie zu einem Beichtvater: *Ich kann nicht* nicht streben nach der Tiefe, der Höhe und der Weite der umfassenden Wahrheit, der Erkenntnis des Ganzen der Dinge. Das „sacrificium intellectus", das Opfer des Intellektes, ich habe es in aller Aufrichtigkeit und ohne Vorbehalt gebracht, aber welche Verstärkung des Gedankenlebens, welch wachsender Eifer im Streben nach geistiger Erkenntnis folgt daraus! Ich weiß, daß die geoffenbarten und vom Lehramt der heiligen Kirche überlieferten Heilswahrheiten sowohl notwendig als auch ausreichend sind für das Heil; ich habe keinen Zweifel daran, daß sie wahr sind, und ich bemühe mich, mein Bestes zu tun, um sie zu praktizieren – aber ich *kann* den Lauf des Gedankenflusses *nicht* anhalten, der mich zu den Mysterien trägt, die vielleicht den Heiligen, vielleicht den Engeln – was weiß ich – vorbehalten sind, jedenfalls ohne Zweifel würdigeren Wesen, als ich es bin. Mein Vater, werden Sie mir die Absolution erteilen?

Wie dem auch sei, ich sage mit Jakob: „Ich lasse dich nicht, du segnest mich denn" (Gen 32,27).

[1] Is Evolution Proved? A Debate between D. Dewar and H. S. Shelton, hrsg. v. *Arnold Lunn* (London 1947) S. 333.
[2] *W. S. Beck,* Modern Science and the Nature of Life (London 1958) S. 121.
[3] *F. Nietzsche,* Also sprach Zarathustra, 3. Teil.
[4] The secret Doctrine (London 1888).
[5] *H. Bergson,* Die seelische Energie (Jena 1928) S. 67.
[6] Le Serpent de la Genèse (Paris 1915/1920).
[7] *A. Fabre-d'Olivet,* Histoire philosophique du Genre humain, Bd. I (Paris 1824, Nachdruck Lausanne o.J. [1974]) S. 48f.
[8] Besonders hinsichtlich seines Werkes „Mission des Juifs" (Paris 1956).
[9] Vgl. *G. van Rijnberk,* Le Tarot (Lyon 1947) S. 23ff.
[10] Fragment XXIII, 5, 7, 8, in: Corpus Hermeticum, Bd. IV (Paris 1954) S. 2f.
[11] Zur Kontemplation s. Brief 16.

*Elfter Brief*

# DIE KRAFT

## Das Arcanum der Jungfrau

Dies ist die starke Kraft aller Kraft: denn sie wird alles Feine besiegen und alles Feste durchdringen (Tabula Smaragdina).

*Virgo* potens – du mächtige Jungfrau.
*Virgo* clemens – du milde Jungfrau.
*Virgo* fidelis – du getreue Jungfrau.
(Lauretanische Litanei)

*Lieber Unbekannter Freund,*

der vorige Brief handelte von der Umwandlung der gefallenen Tierheit in die heilige Tierheit, deren Wesen der spontane Gehorsam zu Gott ist, in den sich weder Überlegung noch Zweifel noch Interessen mischen. Ein solcher Gehorsam beruht auf Instinkt: und das ist der Grund, warum die heilige Tierheit – die in der hermetischen Tradition, in der Vision des Ezechiel, in der Offenbarung des Johannes und in der christlichen Ikonographie durch die vier heiligen Tiere versinnbildlicht wird, deren Synthese die Sphinx ist – die göttliche Instinktivität oder die Herrschaft Gottes im Unbewußten und durch das Unbewußte darstellt. Denn Gott herrscht, d. h., er wird angebetet, ihm wird gehorcht, er wird geliebt, nicht nur ausdrücklich durch Theologien und Philosophien oder durch Gebete, Meditationen und kultische Handlungen, sondern auch durch den Hunger und Durst nach Gerechtigkeit, Wahrheit und Schönheit und durch jede großmütige Handlung, jede Äußerung der Hochachtung, Bewunderung und Anbetung. Ja, die Welt ist voll von unausgesprochener Religion, und die Heiligen und die inspirierten Dichter, die von den Vögeln sagten, sie loben Gott, wenn sie singen, hatten keineswegs unrecht. Denn ihr kleines Leben singt das große Leben und verkündet in unzähligen Varianten die gleiche Botschaft, alt wie die Welt und neu wie der Tag: „Das Leben lebt und regt sich in mir!" Welche Huldigung an die Quelle des Lebens durch das strömende Leben, durch die singenden Vögel!

*Religio naturalis.* Die natürliche Religion besteht durchaus und erfüllt die Welt. Ihre Wasser entströmen dem Throne Gottes, denn indem sie alle Wesen, die kleinen und die großen, mit wunderbarer Hoffnung und mit wunderbarem Glauben erfüllen – die auf dem Grunde allen Lebensschwunges sind –, können sie aus nichts anderem hervorgehen als aus der unmittelbaren Gegenwart Gottes selbst. Die Fluten der Hoffnung und des Glaubens, die sich im großen „Ja!" offenbaren, das alle lebenden Wesen durch die Tatsache aussprechen, daß sie leben und daß sie das Leben dem Tod vorziehen – diese Fluten können nichts anderes in sich tragen als das sichere Zeugnis für die zugrunde liegende Gegenwart Gottes, d.h. für den Sinn und das Ziel des Lebendigseins.

Die Fluten dieses Zeugnisses erreichen das Unbewußte der Wesen und bewirken dort jene wunderbare Überzeugung, die dem Lebensschwung zugrunde liegt. Die „Uroffenbarung", auf die die Theologie hinweist, und die „natürliche Religion", die auf diese Uroffenbarung zurückgeht, sind Hoffnung und Glaube, die sowohl in der ganzen Welt schwingen als auch in jedem einzelnen Wesen als die unbewußte Überzeugung, daß das Leben aus der heiligen Quelle hervorgeht, daß es zu einem Ziele von höchstem Werte fließt und daß es Geschenk, Segnung und Aufgabe ist.

Das Mysterium der natürlichen Religion, welches zugleich dasjenige des Lebensschwunges ist, findet sich mit erstaunlicher Klarheit in der Apokalypse des hl. Johannes ausgedrückt:

„Und vor dem Thron (war es) wie ein Meer von Glas, gleich Kristall; und in der Mitte des Thrones und rings um den Thron (waren) vier Wesen, ganz voll Augen vorne und hinten. Das erste Wesen glich einem Löwen, das zweite Wesen glich einem Stier, das dritte Wesen hatte ein Gesicht wie das eines Menschen, und das vierte Wesen glich einem fliegenden Adler. Und die vier Wesen hatten, eines wie das andere, je sechs Flügel; ringsum und innen sind sie voller Augen. Und keine Ruhe haben sie bei Tag und Nacht und sprechen: ‚Heilig, heilig, heilig ist der Herr, Gott, der Herrscher über die ganze Schöpfung; er war und er ist und er kommt'" (Offb 4,6ff).

Das ist das Bild von der Wirkungsweise der natürlichen Religion, ihrer Struktur und ihrer Elemente. Die Gegenwart spiegelt sich in dem durchsichtigen Meer „gleich Kristall“, und die Heilige Tierheit hört nicht auf, Tag und Nacht zu rufen: „Heilig, heilig, heilig ist der Herr, Gott, der Herrscher über die ganze Schöpfung; er war und er ist und er kommt.“

Das „gläserne Meer“ ist das Auge der ganzen Natur für Gott; die vier Tiere „voller Augen ringsum und innen, was sie sind und was sie tun“, stellen die natürliche *Reaktion* auf die göttliche Gegenwart dar. *Wahrnehmung* und *Reaktion* machen das Wesen der natürlichen Religion aus, die die unbewußten Tiefen der Geschöpfe erfüllt und im Lebensschwung zum Ausdruck kommt. Denn alles, was lebt, hat teil an der kollektiven Wahrnehmung des „gläsernen Meeres“ und an der kollektiven Reaktion des Chores: „Heilig, heilig, heilig ...“; denn diese Teilhabe ist das Leben seines Lebens und die Quelle, aus der sein Lebensschwung hervorbricht.

Der Ausspruch „die Natur ist im Grunde übernatürlich“ ist also tief wahr. Denn das Leben, das natürliche und übernatürliche, hat immer dieselbe Quelle. Die Quelle allen Lebens ist, bewußt oder unbewußt, Religion, d.h. die *Wahrnehmung* der Gegenwart Gottes und die Reaktion auf seine Gegenwart.

Solange mein Herz schlägt, ich atme und mein Blut kreist – solange, mit anderen Worten, Glaube und Hoffnung in mir wirksam sind –, so lange nehme ich durch all dies teil an dem großen kosmischen Ritual, an dem alle Wesen teilnehmen, alle Hierarchien von den Seraphim bis zu den Schmetterlingen: am Ritual des Taufsakraments der natürlichen Religion, d.h. dem Untertauchen in die Wasser des gläsernen Meeres; und an dem des Sakraments der Firmung der natürlichen Religion, das Tag und Nacht wirksam ist durch den Chor der Chöre der beseelten Natur: „Heilig, heilig, heilig ...“ Alle Wesen sind getauft und gefirmt in der natürlichen Religion. Denn sie haben, sofern sie leben, Glaube und Hoffnung. Doch Taufe und Firmung mit Feuer und Geist, die Sakramente der Liebe, übersteigen die der natürlichen Religion. Sie bringen der *gefallenen* Natur Verzeihung und Heilung.

Auch die gefallene Natur hat ihr unbewußtes Mysterium, d.h. ihre kollektive Instinktivität der *Wahrnehmung* (ihre „Wasser“) und ihre kollektive Instinktivität der *Reaktion* (ihre „Tiere“). Und auch dies offenbart uns die Apokalypse des hl. Johannes. So berichtet sie über den Ursprung des „Meeres“ der gefallenen Natur:

„Und die Schlange spie aus ihrem Maul hinter der Frau her Wasser gleich einem Strom, damit sie von dem Strom fortgerissen werde. Aber die Erde kam der Frau zu Hilfe, und die Erde öffnete ihren Mund und verschlang den Strom, den der Drache aus seinem Maul ausgespien hatte“ (Offb 12,15f).

Der Unterschied zwischen den Wassern des „gläsernen Meeres" vor dem Throne und den von der Schlange ausgespienen Wassern besteht also darin, daß erstere Ruhe, Friede und Stetigkeit der Kontemplation, daß sie reine Wahrnehmung sind; sie sind „wie Glas", „gleich dem Kristall", während letztere in Bewegung sind, „ausgespien" und „wie ein Strom" in der *Verfolgung eines Zieles,* nämlich dem, die Frau *fortzureißen.*

Es gibt also in der Welt zwei verschiedene Arten, zu einer Überzeugung zu kommen: man kann *erleuchtet* werden durch die heitere Klarheit der Kontemplation, oder man kann fortgerissen werden durch einen elektrisierenden Strom leidenschaftlicher Argumente, die ein gewünschtes Ziel erstreben. Der Glaube der Erleuchteten ist voller Toleranz, Geduld und ruhiger Festigkeit – „ähnlich dem Kristall"; der Glaube der Mitgerissenen dagegen ist fanatisch, aufgeregt und aggressiv. Er bedarf, um zu leben, endloser Eroberungen; denn allein die Eroberungen halten ihn am Leben. Der Glaube der Mitgerissenen giert nach *Erfolgen,* die sein Seinsgrund sind, sein Maßstab und seine treibende Kraft. Die Nazis und die Kommunisten sind Mitgerissene; die wahren Christen und Humanisten können nur Erleuchtete sein.

Es gibt also in der Welt zwei Arten von Glauben, zwei Arten von Instinktivität, zwei verschiedene Arten, die Welt zu *sehen,* und zwei verschiedene Arten, sie zu *betrachten.* Es gibt den offenen und unschuldigen Blick, der nichts wünscht als das Licht widerzuspiegeln, d. h., der nur *sehen* will, und es gibt den alles prüfenden Blick, der seine begehrte Beute zu finden und zu ergreifen sucht. Es gibt Geister, deren Vorstellen und Denken vorbehaltlos in den Dienst des Wahren, Schönen und Guten gestellt sind, und es gibt Geister, deren von einem Ziel eingenommener Wille sich des Denkens und Vorstellens bedient, um die anderen für ihre Sache zu gewinnen, um sie mitzureißen durch den Strom ihres *Willens.* Ein Platon hatte niemals revolutionären Erfolg und wird ihn niemals haben, aber er wird durch die Jahrhunderte der menschlichen Geschichte hindurch immer leben – er lebt dort schon während dreiundzwanzig Jahrhunderten – und wird in jedem Jahrhundert Gefährte der Jungen und Alten sein, die das reine Denken lieben und nur das Licht suchen, das es mit sich führt. Dagegen hatte Karl Marx ein Jahrhundert lang erstaunlichen Erfolg, und er revolutionierte die Welt. Er riß Millionen fort, die auf die Barrikaden gingen oder in die Schützengräben bei Bürgerkriegen, oder in Gefängnisse, sei es als Kerkermeister, sei es als Gefangene ... Du einsame menschliche Seele, tiefe und nüchterne Seele, was verdankst aber du Karl Marx? Du weißt wohl, daß, wenn das von Marx aufgewirbelte intellektuelle, blutige und staubige Getöse sich einmal beruhigt haben wird, es von neuem Platon sein wird, an den sich die Jungen und Alten wenden, die das Licht des Denkens in den kommenden

Jahrhunderten lieben. Denn Platon *erleuchtet,* während Marx *mit sich fortreißt.*

Stellen Sie sich einen *christlichen Hermetiker* auf dem Roten Platz zu Moskau vor, am Tag des ersten Mai oder am Gedenktag der Großen Sozialistischen Oktoberrevolution!

Kommen wir zu unserem Arcanum des Tarot zurück, denn noch sind wir nicht mitgerissen von irgendeiner „Massenbewegung" oder gezwungen, in „Kolonnen" zu marschieren und mit der Menge zu schreien ...

Die Wasser, die aus dem Maul der Schlange hervorgehen, reißen mit, während diejenigen des gläsernen Meeres vor dem Throne, gleich dem Kristall, erleuchten.

Und ebenso wie die kollektive Wahrnehmung des Thrones durch die jungfräuliche Natur – das gläserne Meer – begleitet wird von der kollektiven Reaktion auf diese Wahrnehmung – der ständigen Anbetung durch die vier heiligen Tiere –, ebenso gibt es in der gefallenen Natur eine Reaktion auf die Wasser der Schlange, die von der Erde verschlungen werden – das sind die *Bestien* der Apokalypse. Die Apokalypse bezeichnet sie nicht mit dem Ausdruck „Tier" (τὸ ζῷον = Lebewesen), den sie gebraucht, um die vier vor dem Thron zu bezeichnen, sondern mit dem Ausdruck „Bestie" (τὸ θηρίον = bestia). Sie stellt also der Tierheit die Bestialität gegenüber. Die ursprüngliche Tierheit ist heilig; die Bestialität ist entartet.

Die Apokalypse berichtet – abgesehen von dem „feuerroten Drachen mit sieben Köpfen und zehn Hörnern" (Offb 12,3), der die ursprüngliche Schlange ist – von der Bestie: die

„zehn Hörner und sieben Köpfe (hatte) und auf (ihren) Hörnern zehn Kronen und auf (ihren) Köpfen Lästernamen. Und das Tier, das ich sah, glich einem Panther; seine Füße waren wie Bärenfüße und sein Maul wie ein Löwenmaul" (Offb 13,1 f),

und sie weist hin auf die Bestie, die aufsteigt aus der Erde: die

„hatte zwei Hörner, einem Lamme ähnlich, redete aber wie ein Drache" (Offb 13,11),

auf die scharlachrote Bestie,

„ganz voll von lästerlichen Namen und hatte sieben Köpfe und zehn Hörner" (Offb 17,3),

auf der das Weib Babylon sitzt; schließlich weist sie hin auf den „falschen Propheten", der vor der Bestie (mit zwei Hörnern)

„Wunderdinge vollbringt, durch die er diejenigen verführt, die das Zeichen der Bestie angenommen und ihr Bild angebetet hatten".

Es gibt also vier Bestien (darunter den „falschen Propheten", der eine menschliche Bestie ist), die den vier Hajoth, den heiligen Tieren des Thrones, entsprechen.

Da es sich bei den beiden Bildern um das Mysterium der *Kraft* handelt (Shakti im Tantra) – d.h. um das, was die nichtgefallene Natur bewegt, und um das, was die gefallene Natur bewegt – und da der Ausdruck „Kraft" auf das Prinzip der *Reaktion* hinausläuft, welches die vorhergehende *Wahrnehmung* einschließt, lassen sich die beiden Bilder in zwei weiblichen Gestalten zusammenfassen:

„eine Frau, umkleidet mit der Sonne, der Mond unter ihren Füßen und auf ihrem Haupt ein Kranz von zwölf Sternen ... in Wehen und Geburtsqualen" (Offb 12,1 f)

und

„ein Weib, auf einer scharlachroten Bestie sitzend ... in Purpur und Scharlach gehüllt und überladen mit Schmuck aus Gold und Edelgestein und Perlen. Es hielt einen goldenen Becher in seiner Hand, ganz voll von Abscheulichkeiten und von dem Unrat seiner Unzucht" (Offb 17,3 f).

Die erstere ist die Seele der kosmischen, nichtgefallenen Natur (Sonne, Mond und Sterne), und die letztere ist die Seele der irdischen, gefallenen Natur (Gold, Edelsteine, Perlen und die Bestie). Die erste ist Mutter; die zweite ist Hure. Die eine ist *Wahrnehmung* dessen, was oben ist, und *Reaktion* auf das, was so wahrgenommen ist, durch seine Verwirklichung („Gebären"); die andere ist horizontale Wahrnehmung („Prostitution") und *Reaktion* auf das so Wahrgenommene durch unfruchtbaren Genuß („Becher, gefüllt mit Abscheulichkeiten ihrer Buhlerei"). Die eine ist die „Jungfrau-Mutter" und die andere die große Hure Babylon. Die „Jungfrau-Mutter." Die Seele der jungfräulichen, d.h. der nicht gefallenen hervorbringenden Natur (natura naturans), die in den Schmerzen andauernden Gebärens liegt, bis die Geburt, die das Ideal aller Geburten ist, sich erfüllt.

Evolution ... Orthogenese ... natürliche Selektion ... Mutationen im Erbmechanismus ... Avatare ... Advent ... Weihnachten – so viele Probleme und Ideen bezüglich der einen großen Erwartung und der einen großen Hoffnung, daß die Evolution das letzte Stadium des Aufblühens erreicht und ihre Blüte darbietet, daß die Orthogenese *das Wesen der Kulmination* hervorbringt, daß die natürliche Selektion im künftigen Übermenschen mündet, daß der Erbmechanismus sein Bestes herausbildet, daß das, was wir oben anbeten, sich unten unter uns offenbart, daß der Messias kommt, daß Gott Mensch wird! Evolution, Fortschritt, Genealogien, Prophezeiungen, Hoffnungen der Jahrhunderte – was bedeuten sie *im Grunde* anderes als die *„Schmerzen des Ge-*

*bärens*" durch alle Zeitalter und die ständige Erwartung der Geburt, um die es geht? Welch anderes Ideal kann in den Tiefen aller Mutterschaft gegenwärtig sein und aufleuchten? Welch anderes Ziel vermag es, die hervorbringende Natur (natura naturans) während aller Jahrtausende ihres Gebärens zu beseelen?

Das also ist die *Tragweite* der Frohen Botschaft: „*Das Wort ist Fleisch geworden* und *hat* unter uns *gewohnt.*"

Die natura naturans, die natürliche Religion, die Frau, mit der Sonne bekleidet, den Mond unter ihren Füßen und eine Krone mit zwölf Sternen auf ihrem Haupt, die Jungfrau Sophia, war in Maria gegenwärtig, und so geschah es, daß die Seele der nicht gefallenen Natur das göttliche WORT gebar.

Die natura naturans hat also ihre Aufgabe erfüllt. Sie hat sich selbst überschritten, und seitdem hat die Epoche des *Übernatürlichen* – die Epoche der göttlichen Magie – begonnen. Die natürliche Religion ist jetzt durchtränkt von den Strahlen der „*Glorie*" der übernatürlichen Religion, und die nichtgefallene Natur ist Schenkerin und Mitwirkende geworden an den Wundern der neuen Evolution, der „Evolution" der *Zweiten Geburt.*

Hierbei ist die „Jungfrau" das Prinzip der Kraft, d.h., sie ist das Prinzip der Mitwirkung bei der Verwirklichung der übernatürlichen Handlungen des Heiligen Geistes. Dies bedeutet nicht nur, daß die göttliche Magie nicht *gegen* die nichtgefallene Natur handelt, sondern auch, daß diese letztere mit ihr *zusammenwirkt.* Sonne, Mond und Sterne leisten also ihre Mithilfe bei den Handlungen der göttlichen Magie, welche die Auferstehung zum Ziel hat. Wenn dem nicht so wäre, wenn die jungfräuliche Natur nicht teilhätte an den Handlungen der göttlichen Magie, d.h. an den Wundern, müßten diese immer *Neuschöpfungen* aus dem Nichts sein und nicht Umbildungen, Umwandlungen und Heilungen. Nun war der *Wein* auf der *Hochzeit zu Kana* aber nicht aus dem Nichts *geschaffen,* sondern das *Wasser* war zu Wein geworden. Halten wir auch fest, daß die „Jungfrau-Mutter" nicht nur auf der Hochzeit anwesend war, sondern daß sie auch auf ausdrückliche Weise teilgenommen hat am Wunder der Verwandlung des Wassers in Wein, da dank ihrer Initiative das Wunder geschah.

Die Brotvermehrung in der Wüste war ein Wunder der *Vermehrung* von Broten und nicht das Erschaffen von Broten aus dem Nichts. Auch dort ist die *Mitwirkung* der Natur offensichtlich. Und der Blindgeborene mußte sich im Teich von Siloah waschen, um geheilt zu werden durch das Wort und durch die Breiauflage auf seine Augen, die mit dem Speichel des Meisters gemacht war. Hier ist die Teilhabe der Natur augenfällig. Sogar das Wunder der Wunder, die Auferstehung selbst, war nicht die Erschaffung eines neuen Körpers, sondern die Umwandlung des gekreuzigten Körpers. Dieser mußte *verschwinden* aus dem Grab, damit der Auferstandene Maria Magdalena und den anderen *erscheinen* konnte.

Der Auferstandene selbst weist auf die *Fortdauer* seines Körpers hin, indem er Thomas auffordert, seinen Finger in die Wundmale der Nägel zu legen und seine Hand in die Seitenwunde.

Die jungfräuliche Natur hat also ihren Anteil an allen Wundern. Und die jungfräuliche Natur, die tätigen Anteil an den Wundern der göttlichen Magie hat, ist das Thema des elften Arcanums des Tarot „Die Kraft", das eine Frau als Siegerin über einen Löwen darstellt, dessen Rachen sie mit ihren Händen halb öffnet. Sie tut dies mit derselben Leichtigkeit und offensichtlich genauso ohne Anstrengung, wie der „Gaukler" des ersten Arcanums seine Gegenstände handhabt. Hinzu kommt, daß sie einen Hut trägt, welcher dem des „Gauklers" ähnlich ist, da er ebenfalls die Form der Lemniskate hat. Man könnte sagen, daß beide gleicherweise unter das Zeichen des Rhythmus gestellt sind, der Atmung der Ewigkeit, unter das Zeichen $\infty$; und daß beide zwei Aspekte eines einzigen Prinzips offenbaren, nämlich daß Anstrengung die Gegenwart eines Hindernisses anzeigt und daß sowohl vollständige Aufmerksamkeit als auch unversehrte Natürlichkeit einen inneren Zwiespalt ausschließen und damit jedes Hindernis und jede Anstrengung. Ebenso wie die vollkommene Konzentration ohne Anstrengung geschieht, ebenso handelt wahre Kraft ohne Anstrengung. So ist der „Gaukler" das Arcanum der Integralität des Bewußtseins, der Konzentration ohne Anstrengung; und die „Kraft" ist das Arcanum der natürlichen Integrität des Seins – des Könnens ohne Anstrengung. Denn die Kraft bändigt den Löwen nicht durch eine ähnlich geartete Kraft, wie sie der Löwe besitzt, sondern vielmehr durch die Kraft einer höheren Ordnung und Ebene. Das ist das Arcanum der „Kraft".

Was also lehrt das elfte Arcanum des Tarot? – Durch das gezeigte Bild selbst sagt es: Die „Jungfrau" bändigt den Löwen und lädt uns somit ein, die Ebene der *Quantität* zu verlassen – denn die Jungfrau ist offensichtlich schwächer als der Löwe, was die Quantität der physischen Kraft anbelangt – und uns auf die Ebene der *Qualität* zu erheben, denn dort finden sich offenbar die Überlegenheit der „Jungfrau" und die Unterlegenheit des Löwen.

Wem also gehorcht der Löwe? Vor wem neigt er sich spontan? Ist er hypnotisiert? – Er ist es nicht, denn die „Jungfrau" sieht ihn nicht einmal an; ihr Blick ist irgendwo anders hin gerichtet ... weit ab vom Löwen, dem sie den Rachen öffnet. Der Löwe erleidet keinerlei Zwang – weder physischen noch hypnotischen –, also gehorcht er niemandem außer seiner eigenen Natur, also ist es seine wahre Natur, die in ihm handelt. Es ist der Löwe, vor dem der Löwe sich neigt; es ist die heilige Tierheit, der die bestialische Tierheit gehorcht.

Die Kraft, die das Kartenbild hervorruft, ist die der natürlichen Religion, der nicht gefallenen Natur. Die Magie der Jungfrau Natur erweckt im Löwen die jungfräuliche Natur, und dies ist die Kraft, welche das elfte Arcanum zu enthüllen berufen ist.

Es gibt zwei Prinzipien, die man verstehen und unterscheiden muß, wenn man das Arcanum der Kraft ergründen will. Das eine ist das Prinzip der „Schlange“ und das andere dasjenige der „Jungfrau“. Das erste ist die *Opposition*, wovon die Reibung herrührt, welche die Energie hervorbringt. Das andere ist die Übereinstimmung, aus der die Verschmelzung hervorgeht, welche die Kraft erzeugt.

So sind ungeheure Energien *seelischer* Art in die Welt geschleudert worden durch Streit und Krieg, welche durch den Konflikt von Interessen und Ansprüchen entstanden. Intellektuelle Energien gehen aus dem Zustand der Möglichkeit in den der Wirklichkeit über, sobald es eine Kontroverse gibt. Man sagt: „Aus dem Zusammenprall der Meinungen geht die Wahrheit hervor“; aber es ist eigentlich nicht die Wahrheit, die daraus hervorgeht, sondern vielmehr die intellektuelle, kampflustige Energie. Denn die Wahrheit enthüllt sich durch das *Verschmelzen* der Meinungen und nicht durch ihren Zusammenprall. Der Zusammenprall erzeugt wohl intellektuelle Energie, aber er enthüllt niemals die Wahrheit. Niemals hat Streit je zur Wahrheit geführt, es sei denn, man habe ihn verlassen und den Frieden gesucht. Polemik kann wohl die Geister elektrisieren und in der Welt ein wahres intellektuelles Gewitter verursachen, aber das Vermögen, Wolken zu zerstreuen und die Sonne leuchten zu lassen, ist ihr nicht gegeben.

Ich muß gestehen, lieber Unbekannter Freund, daß ich während all meines langen Suchens nach der Wahrheit durch die Früchte der konstruktiven Arbeit so manches Gelehrten bereichert worden bin, ebenso durch die geistigen Anstrengungen von manchem Mystiker und manchem Esoteriker und auch durch das moralische Beispiel von manchem Menschen voll guten Willens – aber nichts verdanke ich der Polemik oder den Polemikern. Nichts verdanke ich den alten christlichen Autoren, die das Heidentum angriffen, noch den heidnischen Autoren, die das Christentum angriffen, noch den Doktoren des Protestantismus des 16. Jahrhunderts; und die Gelehrten der Aufklärung und der Revolution des 18. Jahrhunderts haben mich nichts gelehrt. Auch den *kämpferischen* Gelehrten des 19. Jahrhunderts und den revolutionären Geistern unserer Zeit wie Lenin verdanke ich nichts – sie haben mir nichts gegeben. Ich möchte einschränkend bemerken, daß die oben aufgezählten Menschen mir viel gegeben haben als *Objekte* der Erkenntnis – denn ihnen habe ich zu verdanken, daß ich die innerliche Sterilität des Oppositionsgeistes an sich verstanden habe –, aber sie haben mir nichts gegeben als *Quellen* der Erkenntnis. Mit anderen Worten: ich habe viel *durch* sie gelernt, aber ich habe nichts *von* ihnen gelernt. Ich verdanke ihnen etwas, von dem sie nicht wollten, daß man es ihnen verdankt; dafür verdanke ich ihnen nichts von allem, wovon sie *wollten*, daß man es ihnen verdankt.

Aus der *Verschmelzung* der Meinungen leuchtet die Wahrheit hervor. Die Kon-versation – der Prozeß des Zusammen-fügens der Meinungen – ist das Gegenteil der Kontro-verse, also des Prozesses des Sichgegeneinanderwendens. Die Konversation ist die Operation der Verschmelzung der Meinungen; sie ist das Werk der Synthese. Wahre Konversation hat immer als zugrunde liegendes Prinzip das Wort des Evangeliums:

„Denn wo zwei oder drei in meinem Namen versammelt sind, da bin ich mitten unter ihnen" (Mt 18,20).

Denn jede wahre Konversation ruft als transzendenten Mittelpunkt den an, der da ist der Weg, die Wahrheit und das Leben.

Der *Sohar* ist ein historisches Dokument, das unter anderem das vielleicht beste Beispiel der schöpferischen Rolle liefert, die die Konversation spielen kann. Die Rabbiner Eléazar, Simeon, José, Abba und andere vereinigen dort ihre Anstrengungen und ihre Erfahrungen im Hinblick darauf, gemeinsam zu einem tieferen, höheren und weiteren Verständnis der Torah zu gelangen. Und sie weinen, diese Rabbiner, und sie umarmen sich, als es eintritt! Von Seite zu Seite lernt der Leser des Sohar – dieses bemerkenswerten Dokumentes gemeinsam erlebter, gemeinsam erstrebter, gemeinsam gewürdigter Geistigkeit – die Konversation mehr zu verstehen, zu würdigen und zu lieben, die auf die Verschmelzung der Meinungen, auf die Synthese abzielt.

Nun ist die Kraft, die dort wirkt, die der „Jungfrau" (der Shekhinah, wie sie die Gelehrten des Sohar nennen), während die Energie, welche die Polemiker elektrisiert, diejenige der Schlange ist.

Die Lebenskraft und die elektrische Energie – sind sie nicht die klarsten Manifestationen dieser beiden Prinzipien?

Leben und Elektrizität – ich weiß, daß man heute darauf abzielt, sie zu verwechseln, und daß man alles auf die Elektrizität allein zurückführen möchte – sind grundverschieden. Denn die Elektrizität wird dem Antagonismus der Gegensätze verdankt, während das Leben die Verschmelzung der Polaritäten ist. Empedokles (490 v. Chr.) hat diesen Unterschied durchaus gesehen und lehrte, daß die Bewegung in den vier Elementen – Erde, Wasser, Luft und Feuer – auf zwei gegensätzliche Ursachen zurückzuführen ist: die Freundschaft (Liebe) und die Zwietracht (Feindschaft). Die Apokalypse des hl. Johannes spricht von dem Krieg zwischen den himmlischen Heerscharen des Erzheerführers Michael und dem roten *Drachen* mit seinen Scharen einerseits und von dem „*hieros gamos* – der Hochzeit des Lammes und seiner Braut", andererseits (Offb 19,7).

Der Drache (oder die „alte Schlange“) stellt sich den höheren Sphären entgegen – das ist der Ursprung der „irdischen“ Elektrizität; die Hierarchien, vertreten durch den Erzheerführer Michael, sind gehalten, dem Drachen zu widerstehen – das ist der Ursprung der himmlischen Elektrizität. Die *himmlische* Elektrizität war das Mittel für die Wunder des göttlichen Zornes des Alten Testamentes – die feurigen Blitze, die aus der Lade Gottes hervorschossen und die Söhne Aarons, Nadab und Abihu, vernichteten (Lev 10,1f); das Feuer des Ewigen, das im Lager bei Tabera ausbrach und am Rand des Lagers um sich griff (Num 11,1ff); die Erde, die ihren Schlund auftat und Korach und all seine Leute verschlang (Num 16,32); Usa, der auf der Stelle erschlagen wurde, als er die Bundeslade berührte, um sie zu stützen, weil die Rinder sie zum Schwanken brachten (2 Sam 6,6f); das Feuer von oben, das das Brandopfer des Elias vor den Propheten des Baal verzehrte (1 Kön 18,38); das Feuer, das zweimal herabfuhr und jedesmal fünfzig Soldaten mit ihren Anführern vernichtete nahe dem Berge, auf dessen Gipfel Elias saß (2 Kön 1,10ff); die Wunder des Elisäus (Elischa) usw. Der irdischen Elektrizität bedienen wir uns nicht allein auf den technischen Gebieten unserer Zivilisation, sondern auch in der Hypnose, in der demagogischen Propaganda, in den revolutionären Massenbewegungen ... Denn die elektrische Energie hat ihre analogen Formen auf verschiedenen Ebenen: der physischen, seelischen und sogar der mentalen.

Das Leben hingegen ist wie das Wasser des „gläsernen Meeres, gleich dem Kristall“, das vom Throne ausgeht; es ist die Kraft, die natürliche Religion, die Seele der nichtgefallenen Natur, die Jungfrau.

Jungfräulichkeit ist Gehorsam vor dem Göttlichen, also Übereinstimmung und Mitwirkung mit ihm. Daher ist die „Jungfrau“ die Seele des Lebens, d.h. der Kraft, die nichts zwingt, aber alles bewegt. Und der Löwe des elften Kartenbildes gehorcht der Kraft seines eigenen Lebens, dem tiefen Antrieb seines innersten Wesens, wenn er der Jungfrau gehorcht, die seinen Rachen öffnet.

Die Heilige Schrift hat im Griechischen zwei verschiedene Ausdrücke für „Leben“: „ζωή (zoe)“ und „βίος (bios)“. Der erste bedeutet „belebendes Leben“ und der zweite „abgeleitetes Leben“. „Zoe“ verhält sich zum „bios“, wie die „natura naturans“ zur „natura naturata“ in der Philosophie des Johann Scotus Eriugena. „Zoe“ ist also die Quelle, und „bios“ ist das, was fließt, nachdem es aus der Quelle hervorgegangen ist. „Bios“ fließt von Generation zu Generation, und „zoe“ erfüllt das Individuum im Gebet, in der Meditation, bei der Opferhandlung und der Teilnahme an den heiligen Sakramenten. „Zoe“ ist die Belebung von oben in der *vertikalen Richtung;* „bios“ ist die Lebenskraft, die, obwohl einmal derselben Quelle von oben entsprungen, in der *Horizontalen* von Generation zu Generation verläuft.

Der „bios", das biologische Leben, verläuft also im Bereich der Schlange. Darum ist er auf unentwirrbare Art mit der elektrischen Energie vermischt: die biologischen Prozesse verursachen in den lebenden Organismen elektrische Ströme, durch welche sie dann selbst beeinflußt werden. Doch nicht der „bios" zehrt die Reserven des Organismus auf, sondern vielmehr die Elektrizität. Denn sie wird von chemischer Zersetzung gespeist, von der Gegenüberstellung von Gegensätzen und von innerer Reibung im Organismus. *Sie* verursacht Müdigkeit, Erschöpfung, Altern und Tod. Der „bios" als solcher ermüdet nicht, erschöpft sich nicht, altert nicht und stirbt niemals. Herz und Atmung haben kein Ausruhen nötig, während der übrige Organismus – vor allem das Gehirn – in die Ruhe des Schlummers der Nacht getaucht wird, nachdem er sich am vorhergehenden Tag erschöpft hat. Der „bios" gleicht also während des Schlafes den Schaden wieder aus, der dem Organismus durch die Elektrizität zugefügt wird. Der Schlaf ist die Zeit, in der die elektrische Aktivität auf ein Minimum reduziert ist und der „bios" überwiegt.

Weil beim Baume der „bios" immer überwiegt – da der Baum sozusagen immer schläft –, ist er im Prinzip *unsterblich.* Nicht die Erschöpfung seiner inneren Lebenskraft, vielmehr die mechanische Zerstörung von außen setzt seinem Leben ein Ende. Ein Baum *stirbt* nicht am Alter; er wird immer *getötet* – vom Sturm entwurzelt, vom Blitz zerschmettert, zerbrochen durch die Gewalt der Schwere oder umgehauen vom Menschen.

Die Frucht vom Baum der Erkenntnis des Guten und des Bösen, die Frucht der *Polarität* der Gegensätze – ist also die Elektrizität, und die Elektrizität führt zu Müdigkeit, Erschöpfung und Tod. Der Tod ist der zu zahlende Preis der Erkenntnis des Guten und des Bösen, d. h. der Preis für das Leben in Gegensätzen. Denn die physische, seelische und mentale Elektrizität wurde in das Wesen Adam-Eva– und durch es in die ganze beseelte Natur – in dem Augenblick hereingebracht, als es mit dem *Baum der Gegensätze,* d. h. mit dem *Prinzip der Elektrizität,* Gemeinschaft einging.

Und so trat der Tod ein in den Bereich der beseelten Natur.

Indessen ist die beseelte Natur keine einheitliche und integrale Wesenheit. Es gibt Unterteilungen; vor allem die Unterteilungen zufolge der vorherrschenden Rolle, welche „bios", Elektrizität und „zoe" dabei spielen. So ist die Seele der beseelten Natur, deren „bios" der Elektrizität untergeordnet ist, das „Weib Babylon" der Apokalypse. Die beseelte Natur, in welcher „bios" und Elektrizität im Gleichgewicht sind, ist die „leidende Kreatur", von der der hl. Paulus sagt, daß sie nach Befreiung seufzt.

Und die beseelte Natur endlich, in welcher der „bios" die Elektrizität beherrscht und daher selbst beherrscht wird von der „zoe", ist die nicht gefallene Natur. Ihre Seele ist die himmlische „Jungfrau" – die Hohepriesterin der natürlichen Religion.

Sie bildet das Arcanum der elften Karte des Tarot. Man könnte es folgendermaßen formulieren:

„Die Kraft ist die Jungfräulichkeit."

Was aber ist die Jungfräulichkeit?

Der Zustand der Jungfräulichkeit ist der des Zusammenklanges der drei Prinzipien: des Geistigen, Seelischen und Körperlichen. Ein Wesen, dessen Geist, Seele und Leib zusammenstimmen, ist im Zustand der Jungfräulichkeit. Mit anderen Worten, es ist das Prinzip der Einheit der drei Welten: Himmel, Fegefeuer und Erde.

Unter dem Gesichtspunkt der Erde ist es vollkommener *Gehorsam* des Körpers gegenüber der Seele.

Unter dem Gesichtspunkt des Fegefeuers ist es vollkommener Gehorsam der Seele gegenüber dem Hauch der Ewigkeit – oder *Keuschheit.*

Unter dem Gesichtspunkt des Himmels ist es die absolute Aufnahmefähigkeit gegenüber dem Göttlichen – oder *Armut.*

Jungfräulichkeit ist also die Einheit dessen, was oben ist, und dessen, was unten ist, und diese Einheit ist die *Kraft,* d.h. das aufeinander abgestimmte Handeln der drei Welten.

Denn die Kraft „aller Stärke des Starken" (totius fortitudinis fortitudo) ist die Einheit der drei Welten im Handeln, d.h. in der Handlung, worin das Göttliche, das Herz und der Leib vereint sind.

Die „Jungfrau" ist es, die durch Salomo spricht, wenn er schreibt:

„Mich hat Jahwe geschaffen als Erstling seines Waltens, als frühestes seiner Werke von urher.

Ich ward vor aller Zeit gebildet, von Anbeginn, vor den Uranfängen der Erde,

ward hervorgebracht, als die Urfluten noch nicht waren, noch nicht die Quellen wasserreich.

Bevor die Berge gegründet waren, vor den Hügeln ward ich hervorgebracht,

als er das Land und die Fluren noch nicht gemacht, nicht die ersten Schollen der Erde.

Ich war dabei, als er den Himmel erstellte, einen Kreis in die Fläche der Urflut zeichnete.

Als er oben die Wolken befestigte, die Kraft der Urflutquellen bestimmte,

als er dem Meer seine Grenze setzte, daß die Wasser nicht sein Geheiß übertraten; als er die Festen der Erde umriß: Da war ich der Liebling an seiner Seite, war Tag für Tag das Ergötzen, indem ich die ganze Zeit vor ihm spielte" (Spr 8,22–30).

„Als er die Festen der Erde umriß: Da war ich der Liebling an seiner Seite" – das ist der klare Ausdruck für die Rolle der „Jungfrau", die mit dem Göttlichen nicht nur in den Wundern der Erlösung zusammenwirkt, sondern auch in denen der Schöpfung.

Co-creatrix, Co-redemptrix, Co-sanctificatrix, Virgo, *Mater, Regina* – Mit-schöpferin, Mit-erlöserin, Mit-heiligende, Jungfrau, Mutter, Königin ...

Bei der Zusammenfassung der auf das Prinzip der Jungfräulichkeit bezogenen Gedanken in dieser Formel sollte man darauf aufmerksam machen, daß die Prinzipien nicht getrennt von den Wesen existieren, die sie verkörpern und offenbaren. Die Prinzipien als solche sind immer *immanent.* Darum ist die Wirklichkeit des Prinzips des Göttlichen *Gott;* die Wirklichkeit des Prinzips des göttlichen WORTES ist JESUS-CHRISTUS, und die Wirklichkeit des Prinzips der fruchtbaren und gestaltgebenden Jungfräulichkeit ist „Maria-Sophia." Maria-Sophia repräsentiert, d.h. verkörpert und offenbart das Prinzip der Jungfräulichkeit, der nichtgefallenen Natur, der natürlichen Religion, der Kraft ... Sie ist die zentrale Individualität – die „Königin" – des ganzen betreffenden Gebietes; die gewissenswache, individuelle Seele, das konkrete Ideal – die „Königin" – der Jungfräulichkeit, der Mütterlichkeit und der gestaltgebenden Weisheit oder Königlichkeit.

Für denjenigen, der das geistige Leben der Menschheit ernst nimmt, besteht nicht der leiseste Zweifel, auch wenn er keine authentische spirituelle Erfahrung besitzen sollte, daß die heilige Jungfrau weder nur ein „Ideal" oder nur ein geistiges Bild, noch ein „Archetypus" des Unbewußten der Tiefenpsychologie oder ein okkultistischer „Egregor" – eine kollektive Schöpfung im Astralischen durch die Gläubigen – ist, sondern vielmehr eine konkrete und lebende Individualität wie Sie und ich, die liebt, die leidet und die sich freut. Nicht allein die Kinder von Fátima, das Kind Bernadette zu Lourdes, die Kinder von La Salette und die Kinder von Beauraing in Belgien zeugen von der „Dame", sondern auch unzählige erwachsene Personen durch die Jahrhunderte hindurch, einschließlich des unseren.

Unzählige Begegnungen bleiben indessen intim und ohne Verbreitung (ich habe Kenntnis von drei Reihen solcher Begegnungen, darunter eine in Tokio). Eine Reihe von Begegnungen hat kürzlich in Amsterdam stattgefunden, wo die Heilige Jungfrau sich als „Frau (oder Mutter) aller Völker" offenbarte und eine besondere Gebetsaktion einleitete, um die Völker vor „Verfall, Unheil und Krieg" (verwording, rampen en oorlog) zu bewahren. Ich füge hinzu, daß ich mich selbst nach Amsterdam begeben habe, um dort so gewissenhaft wie nur möglich Untersuchungen anzustellen, und daß das Ergebnis dieser Untersuchungen an Ort und Stelle (das sich nachher durch persönliche Erfahrung bestätigte) eine völlige Gewißheit über die Glaubwürdigkeit der Seherin (einer Dame von ca. vierzig Jahren) war, und nicht allein über ihre persönliche Glaubwürdigkeit, sondern auch über die *objektive* Authentizität ihrer Erfahrungen.

Indem ich über diese Dinge schreibe, kann ich nur das Gefühl des Rabbi Simeon im Sohar teilen, der ausrief:

„Unglück über mich, wenn ich es sage, und Unglück über mich, wenn ich es nicht sage! Wenn ich es sage, werden die Gottlosen wissen, wie sie ihrem Meister zu Diensten sein können; und wenn ich es nicht sage, werden die Gefährten in Unwissenheit gelassen über diese Entdeckung!"[1]

Wie dem auch sei; die Begegnungen mit der Heiligen Jungfrau sind so zahlreich und so gut beglaubigt, daß man wenigstens ihre objektive Wirklichkeit zugeben muß. Ich sage „wenigstens", weil das nicht den Forderungen meines Gewissens im inneren Forum genügt. In der Tat wäre ich nicht ganz aufrichtig und offen Ihnen gegenüber, lieber Unbekannter Freund, wenn ich nicht berichten würde, was (vor meinem inneren Forum) das absolut sichere Ergebnis von mehr als vierzig Jahren der Bemühung und Erfahrung ist. Also:

Man begegnet der Heiligen Jungfrau unausweichlich, wenn man eine bestimmte Intensität des geistigen Strebens erreicht, und wenn dieses Streben echt und rein ist. Allein die Tatsache, daß Sie eine geistige Sphäre erreicht haben, was einen gewissen Grad an Intensität und Reinheit der Absicht mit sich bringt, versetzt Sie in die Gegenwart der Heiligen Jungfrau. Diese Begegnung gehört zu einer bestimmten Sphäre der geistigen Erfahrung – d. h. zu einem gewissen Grad der Intensität und Reinheit des geistigen Strebens – ganz wie die *Erfahrung, eine Mutter zu haben,* natürlicherweise zur Sphäre des menschlichen Familienlebens auf der Erde gehört. Sie ist also ebenso „natürlich" für den geistigen Bereich, wie die Tatsache, eine Mutter zu haben, natürlich ist für den irdischen Familienbereich. Der Unterschied dabei ist, daß man zwar seine irdische Mutter verlieren kann, niemals aber die himmlische Mutter.

Die These also, die ich mit einer hundertprozentigen Überzeugung vertrete, ist, daß jeder Hermetiker, der wahrhaft die echte geistige Wirklichkeit sucht, früher oder später der Heiligen Jungfrau begegnet. Diese Begegnung bedeutet außer der Erleuchtung und dem Trost, die sie mit sich bringt, den Schutz vor einer sehr ernsten geistigen Gefahr. Denn derjenige, der im Sinne der Tiefe und der Höhe im Bereich des Unsichtbaren fortschreitet, wird eines Tages in der Sphäre ankommen, die bei den Esoterikern unter dem Namen *„Lügengürtel"* bekannt ist. Diese Zone umgibt die Erde wie ein Gürtel trügerischer Luftspiegelungen. Es ist die Zone, die die Propheten und die Apokalypse als „Babylon" bezeichnen. Die Seele und Königin dieser Zone ist in der Tat Babylon, die große Hure, die die Widersacherin der Jungfrau ist.

Nun kann man diese Zone nicht durchschreiten, ohne eingehüllt zu sein in vollkommene Reinheit. Man kann sie nicht durchschreiten ohne den Schutz des „Mantels der Heiligen Jungfrau" – des Mantels, der in Rußland Gegenstand der Anbetung und eines besonderen Kultes war („Pokrov Presvjatoi Bogorodici – Mantel der sehr heiligen Mutter Gottes"). Der Schutz dieses „Mantels" ist absolut notwendig, um die Lügenzone durchqueren zu können, ohne dem Einfluß der Illusionen dieser Zone zum Opfer zu fallen.

Nun bringt der Weg der Hermetik, einsam und intim wie er ist, echte Erfahrungen mit sich, aus denen sich ergibt, daß die römisch-katholische *Kirche* in der Tat die Bewahrerin der spirituellen christlichen Wahrheit ist, und je mehr man auf dem Wege des freien Suchens nach dieser Wahrheit voranschreitet, um so mehr nähert man sich der Kirche. Man macht irgendwann einmal unvermeidlich die Erfahrung, daß die spirituelle Wirklichkeit mit erstaunlicher Genauigkeit dem entspricht, was die Kirche lehrt: daß es Schutzengel gibt; daß es Heilige gibt, die aktiv an unserem Leben teilnehmen; daß die Heilige Jungfrau *wirklich* ist und daß sie beinahe genauso ist, wie sie durch die Kirche verstanden, verehrt und gelehrt wird; daß die Sakramente *wirksam* sind und daß es deren sieben und durchaus nicht zwei oder drei oder gar acht gibt; daß die drei heiligen Gelübde – der Gehorsam, die Keuschheit und die Armut – tatsächlich das eigentliche Wesen aller echten Spiritualität bilden; daß das Gebet ein machtvolles Mittel der Nächstenliebe ist, sowohl für hier wie für das Jenseits; daß die kirchliche Hierarchie die hierarchische himmlische Ordnung widerspiegelt; daß der Heilige Stuhl und das Papsttum ein Mysterium der göttlichen Magie darstellen; daß Hölle, Fegefeuer und Himmel *Wirklichkeiten* sind und daß der Meister selbst – obwohl er jeden liebt, die Christen aller Konfessionen wie alle Nichtchristen – sich an seine Kirche hält, da er ja dort immer gegenwärtig ist, daß er dort seine Gläubigen besucht und Schüler unterweist. Den Meister kann man dort immer finden und ihm begegnen.

Kehren wir nun zu dem Arcanum „Die Kraft" zurück.

Man sagt: „Einigkeit macht stark", und man versteht darunter die Verbindung der individuellen Willen zur Erreichung eines gemeinsamen Zieles. Das ist die Formel des *quantitativen* Anwachsens der Kraft.

Hinsichtlich der *qualitativen* Kraft wäre es am Platze zu sagen: „Die Einheit ist die Kraft", weil man nur insofern Kraft hat, als man Einheit des Geistes, der Seele und des Leibes besitzt, d.h. in dem Maße, wie man *Jungfräulichkeit* hat. Was uns schwach macht, ist die innere Spaltung, also die Tatsache, daß wir zwei oder gar drei Herren zugleich dienen.

Die „Tabula Smaragdina" des Hermes drückt nicht allein das Prinzip der allumfassenden Analogie aus, sondern auch das der allumfassenden Kraft: „um die Wunder des Einen zu vollbringen".

Sie lehrt die „starke Kraft aller Kraft – totius fortitudinis fortitudo fortis", denn sie wird „alles Feine besiegen und alles Feste durchdringen."

Die Kraft, die die „Tabula Smaragdina" lehrt, ist die Einheit im Handeln des Himmels und der Erde, denn das Thelesma (der Grundwille)

„steigt von der Erde zum Himmel empor, und wiederum steigt es zur Erde nieder und empfängt die Kraft der oberen und der unteren Dinge."

Prüfen wir jetzt die beiden Aspekte der Kraft, von denen die „Tabula Smaragdina" spricht, nämlich daß sie „alles Feine besiegt" und „alles Feste durchdringt".

1. *Sie besiegt alles Feine.*
Der tiefe – mystische, gnostische, magische und hermetische – Sinn des „Besiegens" ist, den Feind in den Freund umzuwandeln. Ihn nur machtlos zu machen bedeutet noch nicht den Sieg. So war das Deutsche Reich von 1914 im Jahre 1918 wohl machtlos, aber es war nicht besiegt. Das Jahr 1939 beweist es. Nach seiner Niederlage 1945 war Deutschland aber wirklich *besiegt,* insofern es ein ehrlicher Verbündeter seiner ehemaligen Gegner ist.

Das gleiche gilt für Japan als Staat.

Auf einer anderen Ebene ist es ebenso wahr, daß der Teufel erst besiegt sein wird in dem Augenblick, wenn seine Stimme – ob heiser oder klar, ist unwichtig – ertönen wird im Chor mit den Chören der himmlischen Hierarchien zum Lobe Gottes.

Saulus aus Tarsus war die Seele der Christenverfolgung; Paulus der Apostel wurde zur Seele der Eroberung der sogenannten „heidnischen Welt" für das Christentum. Das ist ein Fall echten Sieges im wahren Sinne des Wortes.

Und auf einen echten Sieg muß man hoffen und warten im Streit, den die Tradition als den Kampf zwischen dem Erzstreiter *Michael* und dem Drachen darstellt. Der Tag, da er beendet sein wird, wird der Tag eines neuen Festes sein – des Festes der Krönung der „Jungfrau" *auf Erden.* Denn dann wird das Prinzip des Gegensatzes auf der Erde durch das der Zusammenarbeit ersetzt werden. Das wird der Triumph des *Lebens* über die Elektrizität sein. Und die an das Gehirn gebundene Intellektualität wird sich dann vor der Weisheit neigen und sich mit ihr vereinen.

„Alles Feine besiegen" entspricht also der Umwandlung der gegnerischen geistigen, seelischen und elektrischen Kräfte in befreundete und verbündete Kräfte. Die zu besiegenden „feinen Dinge" sind die intellektuellen Kräfte der auf den *Zweifel* gegründeten Versuchung, die seelischen Kräfte der auf den unfruchtbaren *Genuß* gegründeten Versuchung und die elektrischen Kräfte der auf der *Macht* aufbauenden Versuchung. Die „feinen Dinge“ entsprechen also letzten Endes den Versuchungen.

Indessen ist jede Versuchung einem Weg mit Gegenverkehr vergleichbar: Denn wenn das Böse das Gute versucht, wird es immer zugleich selbst versucht durch das Gute. Die Versuchung bringt immer einen *Kontakt* mit sich, also einen wechselseitigen Einfluß. Jede schöne Versucherin läuft, wenn sie sich darauf einläßt, einen Heiligen zu versuchen, Gefahr, damit zu enden,

„seine Füße mit Tränen zu benetzen und sie mit den Haaren ihres Hauptes zu trocknen, sie zu küssen und mit Salböl zu salben“ (Lk 7, 38).

Ist hier nicht der Sieg über die „große Hure Babylon“ vorgebildet, und sind hier nicht Ab- und Hintergründe des „Falles von Babylon“ aufgedeckt, der soviel gefeiert und soviel beweint wird in den Kapiteln 17 und 18 der Apokalypse?

Zweifel, unfruchtbarer Genuß, Macht: sie bilden das Zusammenspiel der „Technologie“ der Versuchung.

*Zunächst der Zweifel.*

Er ist das Prinzip der Spaltung und der Gegensätzlichkeit, also der Krankheit. Denn genauso wie der intellektuelle Zweifel den Intellekt spaltet, indem er ihn mit zwei gegensätzlichen Bildern der Wirklichkeit konfrontiert und ihn so auf die Ohnmacht der Unentschlossenheit reduziert, genauso ist die Krankheit des Körpers ein „Zweifel“ im Organismus, wobei zwei einander entgegengesetzte Tendenzen ihn auf Machtlosigkeit zurückführen und ihn zwingen, das Bett zu hüten.

Der Zweifel verhält sich zum Glauben, wie sich die Sehkraft von astigmatischen zu der normaler Augen verhält. Ebenso wie normale Augen entweder nicht oder *zusammen* sehen, ebenso sieht der Glaube – ob wenig oder viel, ist unwichtig – mit dem „oberen Auge“ und dem „unteren Auge“ *zusammen.* Denn *Gewißheit* entsteht aus der koordinierten Sicht von höherem oder transzendentem Selbst (dem „oberen Auge“) und niederem oder empirischem Ich (dem „unteren Auge“).

Der Zweifel taucht auf, wenn das „obere Auge“ und das „untere Auge“ nicht zusammen sehen. Es gibt also einen geistigen Astigmatismus: das Fehlen der Koordination zwischen den beiden „sehenden“ Augen im Menschen.

Der Zweifel ist wie ein Tier mit zwei Hörnern, die nichts tun als sich gabeln.

Indessen hat sich der beherrschte Zweifel, der unter der Kontrolle des Willens steht und in seinen Dienst gestellt ist, als wunderbar nützlich erwiesen, wie es die ganze Geschichte der Wissenschaft beweist. In der Wissenschaft wird der Zweifel als Instrument des wissenschaftlichen

Glaubens nutzbar gemacht: man zweifelt dort innerhalb der genauen Grenzen der wissenschaftlichen Methode, wobei man durch den wissenschaftlichen Glauben und in dessen Interesse geführt wird. Wenn Louis Pasteur nicht einerseits an der Urzeugung (generatio spontanea) gezweifelt hätte, und wenn er nicht andererseits an Beobachtung und Experiment geglaubt hätte, würden wir jetzt nicht von den Pasteurschen Umwälzungen in Biologie und Medizin profitieren.

So fruchtbar der Zweifel in der Wissenschaft auch ist, bringt er doch Kosten mit sich, die man bezahlen muß. Aus seiner Anwendung, und sei es auch nur als Methode, ergibt sich eine partielle Blindheit; sie macht uns *einäugig.* Denn die Tatsache, daß man sich regelmäßig von dem oberen Auge, seiner Botschaft und seinem Zeugnis abwendet und sich nur an das untere Auge hält (die fünf Sinne und zusätzlich die an das Gehirn gebundene Intellektualität), wird früher oder später ihre Wirkung nicht verfehlen, d.h., sie wird denjenigen einäugig machen, der emsig den Gebrauch nur eines Auges übt anstatt der beiden.

Und wie sich die großen Lehrer der Theologie, der Metaphysik und der Mystik des Mittelalters hinsichtlich der Medizin, Biologie, Physik, Physiologie und der anderen Naturwissenschaften als unergiebig erwiesen – während doch die Mitwirkung dieser Wissenschaften allein in Frankreich jedes Jahr 69000 Menschenleben von der Geißel der Tuberkulose errettet, die Sterblichkeitsziffer an Typhus in den letzten fünfzig Jahren um mehr als 97%, diejenige an Diphtherie um 97%, an Scharlach um 98% gesenkt hat[2], ebenso zeigen sich die Gelehrten der Wissenschaft unserer Zeit als unergiebig, wo es sich um die lebensnotwendigen geistigen Bedürfnisse der Menschheit handelt. Die einen hatten nur ein Auge für das Geistige, die anderen haben nur ein Auge für das Zeitliche.

Muß man notwendig einäugig sein, um entweder wissenschaftliche oder geistige Werte hervorzubringen? – Nein. Individuelle Beispiele, einschließlich des jüngsten Beispiels des Autors von „Le Phénomène Humain“[3] und „Le Milieu Divin“[4] beweisen es. Und die esoterische, d.h. die im inneren Forum eines jeden geübte Hermetik ist berufen, die – sichtbare oder unsichtbare – Rolle des Bindegliedes im inneren Forum eines jeden Menschen zwischen den Gegebenheiten der *beiden* Augen zu spielen. Die Hermetik kann bei der Wiederherstellung des Zusammenwirkens der beiden Augen die verbindende Kraft sein und vermittelnd wirken zwischen Kultur und Zivilisation, zwischen Geistigkeit und Fortschritt, zwischen Religion und Wissenschaft. Sie kann als heilende Kraft wirken bei dieser eigenartigen Krankheit unserer Zeit, die eine Art von Schizophrenie ist, die Trennung zwischen Spiritualität und Intellektualität, aber sie wird es nur können im inneren Forum eines jeden einzelnen persönlich, wobei sie sich davor hüten muß, sich Funktionen von allgemeiner Bedeutung anzumaßen, die zur Kirche und zur Akademie gehören. Kurz: die Rolle, die sie zu spielen berufen ist, ist anonym, intim, und sie hält nicht die Mittel bereit, mit denen die Kollektivitäten bewaffnet sind, wie Flugblätter, Presse, Rundfunk, Fernsehen und Kongresse, um die viel Aufhebens gemacht wird. Die Magie der beständigen Arbeit des in der Stille geleisteten Dienstes – darum handelt es sich.

Also um das Geheimnis? – Keineswegs, denn eine private Sache ist keine geheime Sache. Das *Privatleben ist kein geheimes Leben.* Das Schweigen als wesentliche Bedingung des intimen Werkes ist nicht gleichbedeutend mit dem eifersüchtig gehüteten Geheimnis. Wie die Trappistenmönche Schweigen bewahren, ohne daß jemand sie deswegen verdächtigt, Geheimnisse für sich behalten zu wollen, ebenso ist die Gemeinschaft, die sich aus den in der Welt verstreuten Hermetikern zusammensetzt, zu schweigen berechtigt, um die für ihr Werk wesentliche Atmosphäre der Vertraulichkeit aufrechtzuerhalten, ohne daß sie deswegen undurchsichtiger Geheimnisse verdächtigt zu werden braucht. Echtes spirituelles Leben erfordert das unverletzliche Heiligtum der Vertraulichkeit – was nichts gemein hat mit „Einweihungs-“ oder anderen Geheimnissen der „Geheimgesellschaften“, deren Geheimnisse übrigens unweigerlich die Spatzen von den Dächern pfeifen.

*Dann der unfruchtbare Genuß.*

Die Rolle, die gewisse Schulen der Philosophie und der Psychologie der *Lust* zuweisen als Zielursache (causa finalis) aller menschlichen Aktivität, einschließlich der Moral, ist wohlbekannt. Nach ihnen würde der Mensch keinerlei Verlangen haben zu handeln, wenn er nicht die Aussicht auf eine wirkliche oder vermeintliche Lust hätte.

Was ist *Lust?*

Es ist die unterste Stufe der Leiter: Lust – Freude – Glück – Seligkeit. Es ist das psycho-physische Signal, das die Übereinstimmung anzeigt von dem, was man wünscht, mit dem, was eintritt. Da es nur Signal ist, hat es selbst keinen moralischen Wert. Der Wunsch aber, dessen Befriedigung es anzeigt, fällt unter die moralische Qualifikation von Gut oder Böse. Darum kann der Lust Freude oder Abscheu folgen, je nachdem.

Lust ist also eine Reaktion der Oberfläche des psychischen menschlichen Wesens auf objektive Ereignisse. Mit anderen Worten: Ein Leben, das nur der Lust gewidmet ist, wäre das oberflächlichste, das man sich für ein menschliches Wesen vorstellen kann.

*Freude* ist tiefer als Lust. Sie ist ebenfalls ein Zeichen, aber was sie anzeigt, ist etwas Tieferes als die Beziehung zwischen Wunsch und Ereignis: die Freude ist der *Zustand* der Seele, die intensiver teilnimmt am *Leben* und seinen Wert erfährt und schätzt. Die Freude ist das Überströmen der Seele über die Grenzen ihres Wachzustandes hinaus. Sie ist Symptom für die Steigerung des Lebensschwunges der Seele.

*Glück* ist der Zustand des menschlichen Wesens, wo Geist, Seele und Körper in einem umfassenden *Rhythmus* vereinigt sind. Es ist der

Rhythmus des in Einklang gebrachten geistigen, seelischen und körperlichen Lebens.

*Seligkeit* schließlich übersteigt das Glück in dem Maße, wie der Zustand, der sie herbeiführt, über dem Reiche des *Rhythmus* von Geist, Seele und Leib im Menschen steht: sie ist der Zustand der erlebten Gegenwart des Vierten – Gott. Sie ist also der Zustand der „beseligenden Schau" (visio beatifica) der christlichen Tradition.

Die Lust ist also die oberflächlichste Sache, die unterste Stufe auf der Leiter des Glücks. Sie spielt indessen in der Technik der Versuchung die gleiche Rolle hinsichtlich der Seele, wie der Zweifel hinsichtlich des Geistes. Denn wie der Zweifel den Geist in die Ohnmacht führt, so führt sie (oder der unfruchtbare Genuß) die Seele in die Ohnmacht, in den Zustand der Passivität. Sie unterwirft sie und verwandelt sie vom Subjekt zum Objekt der Handlung.

*Schließlich die Macht.*

Auch die Macht ist von manchen Schulen der Philosophie und der Psychologie im „Willen zur Macht" zum obersten Prinzip der menschlichen Aktivität erhoben worden. Nach ihnen strebt der Mensch nur nach Macht allein, und Religion, Wissenschaft und Kunst sind lediglich Mittel zu diesem Zweck.

Nun ist es wahr, daß niemand die Machtlosigkeit als solche wünscht. Und wenn wir das Kruzifix verehren, das das Symbol der völligen äußeren Machtlosigkeit ist, tun wir es, weil es zugleich Symbol der höchsten inneren Macht ist. Denn es gibt Macht und „Macht". Die eine unterwirft, und die andere befreit. Die eine zwingt, die andere inspiriert.

Wahre Macht erscheint immer als Machtlosigkeit. Denn sie ist das Ergebnis einer Art von Kreuzigung, und zwar immer. Die falsche Macht indessen kreuzigt die anderen – weil sie kein anderes Wachstum kennt als dasjenige auf Kosten der anderen. Ein Autokrat ist nur mächtig, wenn er alle anderen Prätendenten und alle unabhängigen Elemente im Lande entmachtet hat; ein Hypnotiseur ist so lange mächtig, wie die Anzahl der Menschen, die seiner Hypnose widerstehen, klein ist; ein philosophisches System ist in dem Maße mächtig, wie es die Geister durch das Gewicht seiner Beweisführung zur Annahme zwingt (Fichte[5] hat in seinem „Sonnenklaren Bericht"[6] geschrieben, daß er ein Versuch sei, die Leser zum Verstehen zu *zwingen.*) Eine Maschine endlich ist insoweit mächtig, als sie in der Lage ist, die Hindernisse, die sich ihrem Funktionieren entgegenstellen, auszuschalten.

Nun besteht die Technik der Versuchung im Bereich der Macht im Vertauschen der wahren Macht mit der falschen, d. h. in der Ersetzung der Macht der Befreiung, der Inspiration und der Heilung oder des „Lebens" („zoe") durch die Macht des Zwanges oder der Elektrizität.

Die geheiligte Magie hat nichts gemein mit der Macht, die zwingt. Sie operiert allein mit den Strömen des geistigen, seelischen und leiblichen Lebens („zoe"). Selbst ihre „Waffen" – wie die „Schwerter" des Erzengels Michael und des heiligen Cherub, des Hüters des Tores von Eden – sind Strahlengarben des Lebens mit einer solchen Intensität, daß sie jeden zurückstoßen – besser gesagt: in die Flucht schlagen – der dem Leben entgegenwirkt oder dessen Intensität nicht ertragen kann, aber jeden anziehen und neu beleben, der nach dem Leben strebt und dessen Intensität aushält. Wer weiß, wie viele ehemals kranke oder verzweifelte Menschen die Wiederherstellung ihrer leiblichen oder seelischen Gesundheit dem „Schwert" des Erzengels Michael verdanken? Es gibt darüber keine Statistik, aber wenn es eine gäbe, würde man wahrscheinlich erstaunt sein über die Zahl der „Opfer" des flammenden Schwertes!

Wie dem auch sei, die „Schwerter", um die es sich handelt, sind mächtige Waffen der wahren Macht, d.h. Früchte äußerer Machtlosigkeit – der Kreuzigung verdankte Kräfte. Denn der Hüter der Freiheit ist durch diese selbst Opfer der Freiheit: er muß auch den jahrtausendelangen Mißbrauch der Freiheit ertragen, die er beschützt. Jahrtausendelange Machtlosigkeit gegenüber dem Mißbrauch der Freiheit, also tausendjährige Kreuzigung – das ist die Quelle der geballten Macht im Schwerte des Erzstreiters Michael.

Ähnlich ist es auch mit dem „Flammenschwert" des Cherubs „östlich von Eden". Auch dort steht die göttliche Machtlosigkeit der menschlichen Freiheit gegenüber, die den Weg des Sündenfalles wählte; und es ist die göttliche Ohnmacht, die die Flammen des Schwertes schürte und nährte.

Das also ist die Wahl, die ein jeder von uns zu treffen hat: die Wahl zwischen der Macht der Kreuzigung und derjenigen des Zwanges. Bitten oder befehlen – was ziehen wir vor?

Die „Elektrizität" in ihrer dreifachen – leiblichen, seelischen und mentalen – Form ist ein Werkzeug, das sich als Dienerin des Willens zur Macht, d.h. des Wunsches zu befehlen und zu unterwerfen, bestens eignet. Darum ist sie eine Versuchung für die Menschheit, die vor der Wahl zwischen der Macht der geheiligten Magie und der Macht des Mechanischen steht – der Wahl, die in letzter Konsequenz jene zwischen „Leben" („zoe") und Elektrizität ist.

Das also sind die drei hauptsächlichen „feinen Dinge", die die Kraft oder die Jungfräulichkeit besiegt.

2. *Sie durchdringt alles Feste.*

*Festigkeit* ist die Erfahrung eines Hindernisses für unsere Bewegungsfreiheit. Die Luft ist kein Hindernis, während die Mauer von Stein eines ist. Ebenso kann Mißtrauen Ihnen gegenüber eine wirkliche seelische Mauer errichten, die ein unüberwindbares Hindernis sein kann, wenn sie auf einen anderen zugehen, um Kontakt zu suchen und Ideen auszutauschen. So kann auch ein wohldefiniertes und starres intellektuelles System Sie verstummen lassen gegenüber einem Menschen, der unter seiner Macht steht. Es wäre zum Beispiel unmöglich, das innere Verständnis eines orthodoxen Marxisten oder eines freudianischen Psychoanalytikers zu erreichen, wenn man ihnen etwas von echter mystischer Erfahrung erzählte. Der eine würde nur *vernehmen,* was sich im Sinne des Konzeptes „Opium fürs Volk“ interpretieren ließe, während er für das übrige taub bliebe, und der andere würde nur für das ein offenes Ohr haben, was sich im Sinne der „Sublimation der Libido“ auslegen, d.h. auf die Schliche der Sexualität, zurückführen ließe. Auch das sind Mauern.

Es gibt geistige, seelische und leibliche Verfestigung. Alle drei haben gemeinsam, daß sie als Hindernisse für unsere Bewegung erfahren werden. Sie erweisen sich als *undurchdringlich.*

Trotzdem versichert die „Tabula Smaragdina“, daß „*alles* Feste“, d.h. jedes leibliche, seelische und geistige Hindernis für die *Kraft* oder die Jungfräulichkeit durchdringbar ist.

Aber wie?

Durch eine Wirkung, die der Explosion entgegengesetzt ist, die also erweicht. Bei einem geistigen Hindernis in Gestalt eines starren intellektuellen Systems beschäftigt sich die Kraft nicht mit dem Gebilde als solchem, sondern läßt ihren Hauch in das Herz des betreffenden Menschen einströmen. Wenn das Herz am Leben Geschmack gefunden hat, d.h. an der schöpferischen Bewegung des Lebens, führt es diesen Hauch vom Herzen zum Kopf hin und bewegt, was geistig erstarrt war. Dieses verliert, so in Bewegung gesetzt, seine Starrheit, nicht durch *Zweifel, sondern durch schöpferischen Schwung* und wird flüssig. So vollzieht sich die Verflüssigung der kristallisierten intellektuellen Gebilde.

Auch ein seelisches Hindernis wird aus einem starren seelischen Komplex durch Erweichen in Sensibilität verwandelt. Auch hier ist es der Hauch des Lebens, der auf dem Wege des Herzens den Komplex auflöst, so daß Mißtrauen, Furcht oder Haß, die in dem Komplex konzentriert sind, sich zerstreuen und die Seele von dem blindmachenden Einfluß des seelischen Komplexes befreien.

Das leibliche Hindernis schließlich besteht für die Kraft, d.h. für die Ausstrahlung des „Lebens“, nur insofern, als es von krankhaften Prozessen der Kristallisation in den lebenden Organismen herrührt. Wenn wir ihnen einen allgemein verständlichen Namen geben wollen, so ist es die „Sklerose“, die dieses Hindernis im allgemeinen bildet. Sklerotisierung ist der Vorgang der schrittweisen Entfremdung des Körpers von Seele und Geist. Der Leichnam ist sein Ziel und Endpunkt; er ist der von Seele und Geist völlig getrennte Körper.

„Die Arteriosklerose ist in gewissem Maße eine altersbedingte natürliche Veränderung der arteriellen Blutgefäße. Und so könnte man ein wenig überspitzt sagen, daß, wenn alle anderen Krankheiten beseitigt wären, die auf lange Sicht zwangsläufige Sklerose der Blutgefäße uns einzig daran hindern würde, unsterblich zu werden",

sagt Étienne May in seiner aktuellen Bilanz der Medizin[7].

Die Sklerose ist also der Tod selbst, der während des ganzen Lebens am Werk ist, um den lebenden Körper allmählich in einen Leichnam umzuwandeln. So scheint es wenigstens zu sein im Lichte der modernen Medizin und Biologie.

Es gibt indessen zwei verschiedene Arten zu sterben. Im einen Fall weigert sich der Körper, der Seele als Werkzeug zu dienen – dies geschieht bei der Sklerose; im anderen Fall zieht sich das Prinzip, das den Körper belebt und beseelt, zurück und fehlt dann dem Körper. Dann ist es also die *Seele,* die den Körper verläßt.

Im ersten Fall treibt der Körper die Seele aus; im zweiten Fall weigert sich die Seele, sich länger des Körpers zu bedienen. Man stirbt also, weil entweder der Körper für das Leben unbenutzbar wird, oder aber umgekehrt das Leben sich vom Körper zurückzieht. Wenn letzteres geschieht, stellt man klinisch ein wachsendes allgemeines Versagen der biologischen Funktionen fest, das fortschreitet, bis die Atmungs- und Kreislauftätigkeit ganz aufhört, d. h., bis der klinische Tod eintritt. Das kann im Zustand des tiefen Schlafes geschehen und zu Stunden, wo der Zustand der Lebensaktivität, der Tonus, normalerweise auf seinem Minimum ist – zwischen zwei und vier Uhr morgens. Dann sagt man, daß der Tod einfach eine Folge des Alters war und durch kein bestimmtes Leiden, auch nicht durch Sklerose, verursacht wurde. Der Prozeß der Verhärtung der Arterien oder die Arteriosklerose wurde lange als eine unvermeidliche Folge des Alters betrachtet.

„Aber man weiß heute, daß es junge Arteriosklerotiker gibt und Greise, deren Arterien (ganz abgesehen vom Gehirn- und Nervensystem) geschmeidig bleiben."[8]

Man kann also mit geschmeidigen Arterien sterben, ohne Krebs und ohne das Opfer von pathogenen Viren zu sein. Man kann also völlig hinübergehen, so wie man teilweise hinübergehen kann, wenn man einschläft.

Nun gibt es mehrere Arten zu schlafen. Es gibt Schlaf und „Schlaf". Sie können dem Zeugnis der Kabbala glauben oder nicht, die beschreibt, was während des Schlafes der Gerechten geschieht – wie um die Stunde der Mitternacht der Alte der Tage sich der Erde nähert und am Tore von Eden ankommt, wo die Seelen der Gerechten ihm begegnen usw. – und was während des Schlafes der gewöhnlichen Menschen und während des Schlafes der Sünder geschieht; aber es gibt niemand, der nicht aus sicherer Erfahrung weiß, daß man aus dem Schlaf der Nacht in verschiedenen Zuständen nicht nur des körperlichen, sondern auch des seelischen Befindens erwacht. Die drückenden Sorgen des Vorabends können sich während des Schlafes in Dinge von zweitrangiger Bedeutung verwandelt haben und sogar belanglos erscheinen, während unbedeutende Dinge des Vorabends, die vor dem Schlaf kaum wahrnehmbar über die Leinwand Ihres Gedächtnisses huschten, nach dem Erwachen eine sonderbare Wichtigkeit erhalten haben können, die man am Vorabend nicht vermutete. Wie verschieden kann das Erwachen sein! Wie verschieden sind die Launen, Stimmungen, Sehnsüchte und das Allgemeinbefinden der Seele bei Ihrem Erwachen zum Beispiel nach einer Weihnachtsnacht oder einer Osternacht oder irgendeiner Nacht im November oder im Februar ...

Wenn das *Erwachen* so verschieden sein kann wie Schwarz und Weiß, so kommt das daher, daß das *Schlafen* genauso verschieden ist.

Wie es nun mehrere Arten zu schlafen gibt, so gibt es auch mehrere Arten zu sterben. Wieder ist es die Kabbala, die dies erwähnt, und die eine ganze Stufenleiter der Arten zu sterben beschreibt, deren Gipfel der Tod ist, der vom Kuß des Ewigen herrührt. Eine bewußte oder unbewußte Ekstase ist also – nach der Kabbala – die erhabenste Ursache des Todes.

Muß eine Ekstase notwendig plötzlich eintreten, oder kann sie sich auch langsam und schrittweise vollziehen? Könnte der Todesvorgang, bei dem sich nicht der Körper weigert, der Seele zu dienen, sondern bei dem die Seele schrittweise den Körper verläßt, nicht die sichtbare Offenbarung der unsichtbaren Ekstase sein, der wachsenden Anziehungskraft des Göttlichen, die in den Untergründen der Seele wirkt? Würde nicht ein wachsendes *Heimweh* genügen, um das fortschreitende Schwinden des Lebensschwunges zu erklären, das man im Falle der allgemeinen Schwäche feststellt, die zum Tode führt?

Dies lehrt jedenfalls nicht nur die Kabbala, sondern auch die zeitgenössische christliche Hermetik. Hier die hermetische Lehre:

Während der Zeit des Sichvorbereitens auf den sogenannten „natürlichen" Tod, d. h. einen Tod, der nicht durch Unbrauchbarkeit des Organismus noch durch heftige Einwirkung von außen noch durch Vergiftung verursacht ist, findet im „Lebensleib" (oder „Ätherleib" bzw. „nephesch" der Kabbala) ein ganz bestimmter Prozeß statt.

Da konzentrieren sich die Lebenskräfte allmählich in der Region der achtblättrigen Lotosblume, die das Kronenzentrum ist. In dem Maße, wie die Konzentration in dieser Region des Kopfes stattfindet (in Wirklichkeit sogar über dem Kopfe, wenn man unter „Kopf" das physische Gehirn versteht), schwindet die vitale Aktivität – zuerst in der unteren Region des Organismus, d. h. im Genital- und Darmbereich, dann in der

Magengegend und schließlich im zentralen Herzbereich. Zum Zeitpunkt, wo die Konzentration der Lebenskraft im Kronenzentrum vollständig ist, stellen das Herz und das Kreislauf-Atmungssystem ihre Tätigkeit ein – und dies ist der Augenblick des Todes. Dieser Vorgang entspricht der Ekstase, die man in der Praxis des Yoga anstrebt. Denn der Zustand des Samadhi oder der Ekstase im Yoga vollzieht sich, wenn man eine esoterische, physiopsychurgische Ausdrucksweise benutzt, durch die Konzentration der Energie, die aus der unteren Region des Leibes herstammt, in den Kronen- oder Kranzbereich, d. h. in den Bereich des „tausendblättrigen Lotos" (Sahasrara), wie man in Indien die achtblättrige Lotosblume wegen ihres intensiven Funkensprühens bezeichnet, das den Eindruck einer Unzahl von Blütenblättern („tausend") erweckt. Wenn die Energie im Kronenbereich konzentriert ist, befindet sich der Körper im Zustand der Betäubung, und das Ichbewußtsein tritt heraus und vereinigt sich mit dem Bewußtsein des transzendenten Selbst. Dies ist der Zustand der Samadhi oder der Ekstase. Samadhi oder die Ekstase im Yoga ist ein vorübergehender, künstlicher Tod.

Obwohl die Ekstase des christlichen „sursum corda" (Erhebung der Herzen) wesentlich vom Samadhi abweicht, liegt kein Grund vor, die Wirklichkeit der Ekstase im Yoga zu leugnen und ebensowenig die Tatsache, daß sie eine echte Ekstase ist, wenn auch nicht die einzig mögliche.

Es ist also durchaus gerechtfertigt zu sagen, daß der sogenannte „natürliche" Tod im Grunde eine natürliche Ekstase ist, nämlich der natürliche Samadhi, wobei das transzendente Selbst die Vereinigung mit dem persönlichen Ich vollzieht, indem es dieses aus dem Körper herauszieht und mit ihm eins wird.

Auch hier liegt also ein Fall vor, bei dem die Kraft „alles Feste" durchdringt, nämlich wenn man eines natürlichen Todes stirbt mit geschmeidigen Arterien und normalem Nervensystem. Die Kraft („zoe") erhält dann die Blutgefäße geschmeidig durch ihre erweichende Tätigkeit und ermöglicht den natürlichen Tod als Folge der „natürlichen Ekstase" oder des Sammelns der Lebenskräfte im oberen Bereich.

Das waren also einige Tatsachen und Gedanken, die beitragen können zum Verständnis des Ausspruchs der „Tabula Smaragdina": „Sie durchdringt alles Feste."

Der Begriff der Kraft ist der der Vermittlung zwischen dem reinen Bewußtsein und den Tatsachen von oben. Sie ist das Bindeglied zwischen Idee und Erscheinung.

Nun hat die Kraft zwei Aspekte – den der Elektrizität und den des Lebens, den des Kampfes und den des Zusammenwirkens. Diese beiden Aspekte entsprechen der „Nahash" (Schlange) und der „Jungfrau". Die Okkultisten der Schule von Eliphas Lévi betrachteten die Schlange als das „große magische Agens" par excellence und beschäftigten sich kaum mit der „Jungfrau", die gleichwohl das Prinzip der geheiligten Magie ist. Sie interessierten sich vor allem für den seelischen und mentalen Aspekt des Prinzips der Elektrizität, das sie „plastisches *astrales* Agens" nannten, denn sie trachteten danach, den Bereich der Wissenschaft, der sich nur mit dem physischen Aspekt der Elektrizität beschäftigt, auf die psychische und mentale Welt zu erweitern. Sie wollten für die Wissenschaft, d.h. für die Vernunft, die sich der Methode der Beobachtung und des Experiments bedient, den *ganzen* Bereich der physischen, psychischen und mentalen Elektrizität erobern.

Ihr Hauptanliegen war also zu beweisen, daß die Tradition der antiken und mittelalterlichen Magie manche auf Beobachtung und Experiment beruhende Wahrheit enthält, von der die Wissenschaft nichts weiß, und daß das „große magische Agens" durchaus in den Dienst von Intelligenz und Willen des Menschen gestellt werden kann, genau wie die Energie der Elektrizität und des Magnetismus. Die Tatsache, daß sie ihre eigentliche Botschaft in eine Wolke von verbalem Romantizismus einhüllten, der angenehme Schauder hervorruft mit seinen Anspielungen auf „geheime Einweihungen" in die „Mysterien" tausend Jahre alter geheimer Bruderschaften von Adepten, die alles wissen und können, was zu wissen und können lohnt; auf die mysteriöse Gemeinschaft der Weisen und Magier, die durch alle Zeiten hindurch das Wissen und Können besitzen, mit dem sie die okkulte Herrschaft über die Welt ausüben, indem sie heimlich das Schicksal der Menschheit gestalten – die Tatsache dieses (übrigens sehr verständlichen und verzeihlichen) Romantizismus verhindert keineswegs die Einsicht in die wirkliche Aufgabe, der sie sich widmeten, indem sie die Tatsachen der gesamten okkulten Tradition und Erfahrung feststellten und deren Gesetze und Prinzipien herausarbeiteten; was sie in Wirklichkeit taten – abgesehen vom Romantizismus –, war die Ausarbeitung einer *modernen Wissenschaft* aus den Rohstoffen der okkulten Tradition und Erfahrungen.

Wenn doch endlich die Gerüchte verstummten, die über ihr Werk in Umlauf gesetzt werden und sie in den Verdacht des „Satanismus" und „dunkler Praktiken" bringen! Sie sind nicht mehr und nicht weniger satanisch als die Leute, die zum Beispiel seelisch Kranke mit Elektroschocks behandeln, und sie sind zweifellos unschuldige Engel im Vergleich zu jenen Physikern, die die Kernenergie entdeckt und in den Dienst der Zerstörung gestellt haben!

Es wird Zeit, daß man ein für allemal ein Ende macht mit den albernen und boshaften Anschuldigungen gegen die des „Satanismus" und der „schwarzen Magie" bezichtigten Gelehrten des zeitgenössischen Okkultismus. Sie sind schlimmstenfalls begeisterte Schwärmer für das Ideal einer absoluten Wissenschaft aus der ruhmreichen Vergangenheit, und sie sind bestenfalls Pioniere einer Wissenschaft auf dem unbekannten oder vernachlässigten Gebiet der Magie, d.h. der dynamischen Beziehungen, die zwischen dem subjektiven Bewußtsein und den objektiven Erscheinungen bestehen.

Wenn ich auch mit Entrüstung alle gegen die klassischen Autoren des zeitgenössischen Okkultismus erhobenen Verdächtigungen und Anschuldigungen des „Satanismus" zurückweisen muß, bedaure ich nichtsdestoweniger, daß sie der Hermetik die Wissenschaft vorgezogen und infolgedessen ihre Anstrengungen vornehmlich dem Studium des Prinzips der Schlange gewidmet haben, der seelischen und mentalen *Elektrizität,* anstatt sich die Aufgabe zu stellen, sich für eine bewußte Teilnahme am Prinzip der „Jungfrau" fähig zu machen – dem seelischen und geistigen Leben. Wenn sie die Hermetik erwählt hätten, d. h. das spirituelle Leben, das die Gesamtheit der immerwährenden Mystik, Gnosis, Magie und Philosophie umfaßt, würden sie gemeinschaftlich einen modernen christlichen Sohar – ein „Buch des Glanzes" – verfaßt haben, und sie hätten so in die Welt einen Strom von Weisheit und spirituellen Lebens einfließen lassen, der eine wirkliche geistige Renaissance in der westlichen Welt hätte bewirken können. Satis scientiae, sapientiae parum (genug der Wissenschaft, der Weisheit zuwenig) muß man den Repräsentanten der okkulten Wissenschaft unserer Zeit sagen. Nicht die Gelehrten und Experimentierenden sind berufen, einen geistigen Frühling in der westlichen Welt herbeizuführen, sondern die Menschen, die an den echten Quellen des Tiefenlebens teilhaben – des Tiefenlebens des Denkens, Fühlens und Wollens.

Damit dies stattfinden kann, muß das Denken meditativ werden, das Fühlen kontemplativ und das Wollen asketisch. Denn um die wahren Quellen des Tiefenlebens zu erreichen, muß man das tiefe Denken suchen: die Meditation; man muß das tiefe Fühlen suchen: die Kontemplation; und man muß das ursprüngliche Wollen suchen, jenseits der Wünsche und Begierden: die Askese. So gewinnt man die bewußte Teilhabe am echten spirituellen Leben, und so eröffnen sich seine Quellen.

Die „Jungfrau", die Kraft unseres Arcanums, ist das Prinzip des Frühlings, d. h. des schöpferischen geistigen Schwunges und der geistigen Blüte. Die wunderbare Blüte der Philosophie und der Künste im antiken Athen fand unter dem Zeichen der „Jungfrau" statt. Ebenso stand die Blütezeit der Renaissance in Florenz unter dem Frühlingszeichen der „Jungfrau". Selbst das Weimar des beginnenden 19. Jahrhunderts war ein Ort, wo der Hauch der „Jungfrau" die Herzen und Geister spürbar bewegte.

Im alten Ägypten teilte man Osiris die Mysterien des Todes zu und Isis diejenigen des Lebens, darunter Sprache, Schrift, Gesetze und Künste. Isis war also die Seele der Zivilisation des alten Ägypten – einer Zivilisation, die wir noch nach mehr als zwanzig Jahrhunderten bewundern.

Es ist die Not des heutigen Westens, daß ihm der schöpferische Elan mehr und mehr fehlt. Die Reformation, der Rationalismus, die Französische Revolution, der materialistische Glaube des 19. Jahrhunderts und die Kommunistische Revolution bedeuteten, daß man sich fast überall von der „Jungfrau" abwendete. Die Folge davon war, daß die Quellen der geistigen Schöpferkraft eine nach der anderen versiegten und daß heute eine wachsende *Dürre* in allen Bereichen des geistigen Lebens des Westens spürbar ist. Man sagt, der Westen altert. Aber warum? – Weil ihm der schöpferische Schwung fehlt; weil er sich von der Quelle des schöpferischen Elans, von der Jungfrau abgewandt hat. Ohne Jungfräulichkeit gibt es keinen Frühling, gibt es weder Frische noch Jugend.

Darum bedaure ich, daß die Mehrzahl der Autoren und Gelehrten des zeitgenössischen Okkultismus gemeinsame Sache mit den Entthronern der Jungfrau gemacht haben. Daß sie sich der positivistischen Wissenschaft zuwandten, d.h. dem Wissen, das entschleiert und entkleidet, und sich von der Weisheit abwandten, d.h. von dem Wissen, das verschleiert und in Symbole einkleidet und das nicht auf *forschender Beobachtung* beruht, sondern auf *offenbarender Verehrung.* Denn es besteht ein gewaltiger Unterschied zwischen einem positivistischen Forscher nach der nackten Wahrheit und einem Verehrer der Wahrheit, die sich durch Symbole offenbart. Der eine ist unweigerlich Bilderstürmer, der andere Bilderverehrer. Der eine sucht die Nacktheit, der andere hält sich für die Offenbarung durch die Fülle bereit.

Nun ist die Hermetik ihrem Wesen nach grundsätzlich eine Bilderverehrerin. Für sie sind Symbole keine Hindernisse, die man beiseite schaffen muß, um zur Erkenntnis der Wahrheit zu kommen, sondern Mittel, durch die man Offenbarung empfängt. Der Hermetiker sieht in den „Kleidern" – den Symbolen – der Wahrheit nicht etwas, das sie verbirgt, sondern vielmehr das sie offenbart. Die ganze Welt als eine Reihe von Symbolen verbirgt nicht, sondern offenbart das WORT. Das göttliche Gebot: *„Du sollst nicht töten!"* bezieht sich auch auf die Erkenntnis. Wer das Leben der Symbole leugnet, tötet sie in seinem Denken. Denn etwas, das offenbart, zu leugnen, heißt etwas zu töten, das im Denken lebt. Der Bilderstürmer ist ein intellektueller Mörder. Die Hermetik dagegen ist Bilderverehrerin und Traditionalistin. Das bedeutet, daß sie nicht gemeinsame Sache macht mit den aufeinanderfolgenden großen Wellen der Bilderstürmerei, jenen Wellen, die man „Reformation", „Aufklärung", „Wissenschaftsglaube" nennt, die Feuer legen in den Wäldern der Symbole, jenen Wäldern, die den intellektuellen Boden der Menschheit gegen Trockenheit und Erosion schützen. Das bedeutet auch, daß die Hermetik neben dem Gebot: „Du sollst nicht töten!" auch jenes Gebot zum Grundprinzip hat, das die Grundlage jeder Tradition ist, d.h. jeder Kontinuität im Fortschritt, im Wachstum, in der Entwicklung und in der Evolution, nämlich das Gebot: *„Ehre deinen Vater und deine Mutter!"*

Denn die Ehrung von Vater und Mutter ist der Geist und die Seele der *Tradition,* des konstruktiven Weitergehens von der Vergangenheit zur Gegenwart, des wahren Fortschrittes durch die Zeitalter hindurch, des Lebens der Menscheit auf dem Wege zur Wahrheit. Mehr noch: sie ist das eigentliche Wesen des Lebens von Geist und Seele, weil sie die Erfahrung der in Ehren gehaltenen väterlichen Liebe ist, die uns fähig macht, unseren Blick zum Himmel zu erheben und mit Aufrichtigkeit und Glaubwürdigkeit zu sagen: „Pater noster qui es in coelis – Vater unser, der du bist im Himmel." Und es ist die Erfahrung der in Ehren gehaltenen mütterlichen Liebe, die unserem Gebet zugrunde liegt: „Sancta Maria, Mater Dei, ora pro nobis – Heilige Maria, Mutter Gottes, bitte für uns!"

Die Quelle des geistigen Lebens liegt in der Erfahrung dieser zwei Aspekte der Liebe: der männlichen Liebe, die vorausschaut und unsere Schritte so lenkt, daß es zu unserem Besten ist, und der zärtlichen Liebe, die jede unserer Tränen trocknet. Wenn nun Sorge und Zärtlichkeit sich bei den Menschen auf Erden bekunden, ist es undenkbar, daß die Untergründe der Welt, aus denen die Menschheit hervorgegangen ist, davon nicht einen unermeßlichen Schatz enthalten. Das ist die Grundlage der natürlichen Religion im menschlichen Bewußtsein, folglich jeden Vertrauens in die göttliche Ordnung, jeder Anbetung des Unsichtbaren, also jeglichen Strebens nach dem Unsichtbaren. Und dieses Streben erweist sich als wohlbegründet: Das Unsichtbare ist weder taub noch stumm. Das ist die Grundlage der übernatürlichen Religion in der Erfahrung des menschlichen Bewußtseins, das die Wirkung der Gnade und der Offenbarung von oben erlebt. Gnade und Offenbarung sind die Bekundung der väterlichen Liebe von oben, so wie es in der Bergpredigt heißt:

„... wer von euch wird, wenn ihn sein Sohn um Brot bittet, ihm einen Stein geben? Oder wenn er ihn um einen Fisch bittet, wird er ihm eine Schlange geben? Wenn nun ihr, die ihr böse seid, euren Kindern gute Gaben zu geben wißt, wieviel mehr wird euer Vater im Himmel denen Gutes geben, die ihn bitten" (Mt 7,9ff).

Nun verdankt die seit mehr als dreißig Jahrhunderten lebendige Tradition der Hermetik ihr Leben dem Gebot: „Ehre deinen Vater und deine Mutter!" Denn dieses Gebot bringt die Langlebigkeit mit sich, wie es sein Wortlaut besagt:

„Ehre deinen Vater und deine Mutter, damit du lange lebst in dem Lande, das der Herr, dein Gott, dir gibt" (Ex 20,12).

Durch das Verehren des transzendenten Gottes (des „Vaters im Himmel") und der Seele der nicht gefallenen Natur (der „Jungfrau-Mutter") hat die Hermetik – trotz zahlreicher zeitweiliger Verirrungen ihrer Repräsentanten, die sich bald dem heidnischen „Philosophismus", bald der „Kabbalistik" ohne Christus, bald dem „Alchimismus", um materielles Gold zu machen, und endlich auch der sogenannten „modernen Wissenschaft" hingaben – die ägyptische Verfallszeit, die heidnische griechisch-römische Dekadenz, die Spürhundtheologismen des Mittelalters, die Bilderstürmerei der Reformation, den Rationalismus der Aufklärung und den Wissenschaftspositivismus des 19. Jahrhunderts überlebt. Obwohl die Hermetik allen Grund hätte, vieles von ihrer Vergangenheit zu bedauern, zu bereuen, zu sühnen und wiedergutzumachen – darin ist sie keine Ausnahme, denn alle menschlichen geistigen Traditionen haben viel gesündigt –, bezeugt ihre Langlebigkeit nichtsdestoweniger, daß sie im Grunde ihre himmlischen und irdischen Eltern geehrt hat. Es ist nicht wahr, daß ihre Langlebigkeit – wie es ihre Widersacher möchten – auf der Beharrlichkeit des Lasters der krankhaften Neugierde und der arroganten Anmaßung in der menschlichen Natur beruhen, die es ablehnen, sich vor dem Mysterium zu neigen. Nein, die Hermetik lebt und überlebt von Jahrhundert zu Jahrhundert dank der ihr eigenen Treue gegenüber den göttlichen Geboten: „Du sollst nicht töten!" und: „Ehre deinen Vater und deine Mutter!"

Ich ehre als Hermetiker alle geistigen „Väter und Mütter" der Vergangenheit der irdischen Menschheit, die zu ihrem geistigen Leben beigetragen haben, darunter die alten Weisen, die Patriarchen, Moses, die Propheten, die griechischen Philosophen, die Kabbalisten, die Apostel und die Heiligen, die Magister der Scholastik, die christlichen Mystiker und noch viele andere. Also Synkretismus? – Nein, aber Danksagung an diejenigen, denen man sie schuldet. Verleugnen ist töten; vergessen ist begraben. Ehren und anerkennen heißt am Leben erhalten; wieder in Erinnerung bringen heißt ins Leben zurückrufen.

Indem sie vieles ehrt, hat die Hermetik teil am Leben von vielen; dadurch hat sie viel Leben. Und darauf beruht die Langlebigkeit der Hermetik.

Indem ich dies alles schreibe, schreibe ich immer über die Kraft, also über das elfte Arcanum des Tarot. Denn die Kraft ist das „Leben", und die Langlebigkeit ist dabei ein wichtiger Gesichtspunkt. Die „Jungfrau" ist nicht allein die Quelle des schöpferischen Elans, sondern auch der geistigen Langlebigkeit. Und weil der Westen sich mehr und mehr von der Jungfrau abwendet, *altert* er, d. h., er entfernt sich von der verjüngenden Quelle der Langlebigkeit. Jede Revolution, die im Westen stattgefunden hat – die Reformation, die Französische Revolution, die wissenschaftliche Revolution, das nationalistische Delirium, die kommunistische Revolution –, ließ den Prozeß des Alterns des Westens fortschreiten, weil sie eine weitere Entfernung vom Prinzip der Jungfrau bedeutete. Mit anderen Worten: Unsere Liebe Frau *ist* Unsere Liebe Frau und läßt sich nicht ungestraft durch die „Göttin der Vernunft" ersetzen, noch durch die „Göttin der biologischen Evolution" oder durch die „Göttin der Ökonomie".

Die Schmeichelei gegenüber all diesen „Göttinnen" zeugt von der Untreue der sogenannten christlichen Menschheit; sie gleicht zu sehr jener Art von geistigem Ehebruch, auf den die biblischen Propheten soviel hinweisen. Auch hier liegt eine Sünde vor wider eines der Gebote der Treue gegenüber dem Prinzip der nicht gefallenen Natur, der Jungfrau-Mutter, nämlich wider das Gebot: „Du sollst nicht ehebrechen!"

Jede lebendige geistige Tradition muß ihrem ursprünglichen Impuls, dem Wesen und der Substanz der Sache, die sie sich zueigen gemacht hat, und dem idealen Ziel, das sie verfolgt, treu bleiben. Mit anderen Worten: Sie wird ihre Identität nur bewahren, wenn sie ihrer Wirkursache, Formursache, Materialursache und Zielursache treu bleibt. Die vier Arten der Kausalität der traditionellen scholastischen Logik – causa efficiens (Wirkursache), causa formalis (Formursache), causa materialis (Materialursache) und causa finalis (Zweckursache) – bilden auch die Logik der Kausalität jeder lebendigen geistigen Tradition. Denn jede geistige Tradition hat ihren Ursprungsimpuls, ihr Prinzip, ihre Methode und ihr Ideal. Immer ist es das Tetragrammaton JOD-HE-WAW-HE, das sowohl der logischen Kausalität als auch der Realität des Lebens zugrunde liegt. Die wirkende Ursache, der Ursprungsantrieb, ist das JOD des Tetragrammaton, die formale Ursache ist das erste HE, die materielle Ursache das WAW und die Zielursache das zweite HE. Quelle, Gesetz, Methode und Ziel bilden das „Tetragrammaton" aller lebendigen geistigen Tradition.

Eine geistige Tradition von unversaler Tragweite, deren wirkende Ursache Gott, deren Formursache das Gesetz, deren materielle Ursache die Gemeinschaft von Israel (oder die Shekhinah) und deren Zielursache Jesus Christus war, wurde in der Wüste auf dem Berge Sinai begründet – oder vielmehr erzeugt. Diese Tradition war ein Bund in der Art einer Ehe. Und die Bedingungen für die Dauerhaftigkeit dieser Tradition, dieser Verbindung oder dieses Ehebundes finden sich in den Zehn Geboten vom Berge Sinai niedergelegt. Deren Gesamtheit stellt sozusagen das „Porträt" der Jungfrau dar, der Shekhinah, der nicht gefallenen Natur oder der Göttlichen Kraft. Die Kabbalisten des Sohar haben dies sehr klar gesehen, und sie verstanden auch, daß die „Jungfrau-Mutter" die Seele der Torah ist:

„Die Torah ist zwischen zwei Häusern gelegen; eines ist den Blicken entzogen, es befindet sich oben; das andere ist zugänglicher. Das Haus, das oben ist, ist die ‚Große Stimme', von der es im Verse heißt: ‚Eine große Stimme, die niemals aufhört' ... Von ihr leitet sich die Torah her, die die Stimme Jakobs ist. Die wahrnehmbare Stimme rührt von der nicht wahrnehmbaren Stimme her ... Die Stimme Jakobs, die die Torah ist, ist auf diese Weise mit zwei weiblichen Prinzipien verbunden – mit der inneren Stimme, die unhörbar ist, und mit der äußeren Stimme, die hörbar ist. Um ganz genau zu sein, muß man sagen, daß es zwei unhörbare Stimmen gibt und zwei, die hörbar sind. Die beiden unvernehmbaren sind: erstens die transzendente Weisheit, die im Denken wohnt und weder offenbart noch wahrnehmbar ist; zweitens dieselbe Weisheit, wenn sie aus ihrer Wohnung hervortritt und sich ein wenig durch ein Flüstern enthüllt, das man nicht hören kann und das dann die ‚Große Stimme' genannt wird, die sehr hartnäckig ist und sich durch Flüstern kundgibt. Die beiden, die wahrnehmbar sind, rühren von der Stimme Jakobs her und von dem gesprochenen Wort, das sie begleitet. Die ‚Große Stimme', die für das Ohr nicht wahrnehmbar ist, ist ein Haus der transzendenten Weisheit (das weibliche Prinzip wird immer ‚Haus' genannt); und das Ausgesprochene, das wir erwähnt haben, ist ein ‚Haus' der Stimme Jakobs, die die Torah ist; und darum beginnt die Torah mit dem Buchstaben *Beth,* der sozusagen ein Haus (hebräisch: beth) ist – ihr Haus."[9]

Das geschriebene Gesetz ist das „Haus" des mündlichen Gesetzes, und das mündliche Gesetz ist das „Haus" der flüsternden Stimme, die ihrerseits das „Haus" der schweigenden Stimme ist, die das Denken oder das Haus der transzendenten Weisheit ist.

In diesem Sinne „flüstern" die Zehn Gebote ihre Botschaft vom vollständigen Wesen der „Jungfrau", die das Werkzeug der Verwirklichung des Zieles des Bundes vom Sinai sein wird – der Fleischwerdung des WORTES. Die Zehn Gebote stellen in der Tradition, die auf dem Berge Sinai begründet wurde, die formale Ursache, d.h. die Prinzipien oder das Gesetz der Verwirklichung der Zielursache, nämlich der Fleischwerdung des Wortes, dar. Zugleich rufen sie auf dem Wege der Einflüsterung die Jungfrau in Erinnerung, die die materielle Ursache für diese Verwirklichung ist.

Das also ist das „Tetragrammaton" der Tradition, die von den Patriarchen eingeleitet wurde und zu der Moses den Grund legte: Die *Offenbarung* Gottes durch Worte und Taten ist ihr י (JOD) – ihre Wirkursache; das geoffenbarte *Gesetz* ist ihr erstes ה (HE) – ihre Formursache; die im Gesetz und in der Gemeinschaft als deren Lebenskraft gegenwärtige Jungfrau ist ihr ו (WAW) – ihre materielle Ursache; der Messias endlich, dessen Geburt die Zielursache der Tradition, des Bundes oder der „Ehe" Israels darstellt, ist ihr zweites ה (HE).

Da die geistige Tradition Israels von universaler Tragweite ist, fällt jede besondere geistige Tradition unter das Gesetz ihres Ursprunges, ihres Lebens und ihres Werkes. Mit anderen Worten: Eine geistige Tradition kann weder leben noch ihre Mission in der Welt erfüllen, ohne daß sie sich nach den wesentlichen Bedingungen des Ursprunges, des Lebens und der Mission der Tradition Israels richtet. Oder noch anders gesagt: Es gibt keine anderen echten Traditionen als diejenigen, die die Tradition Israels zum Vorbild haben. Denn sie ist *die* geistige Tradition schlechthin, das Modell, das Urbild und das Gesetz aller lebensfähigen geistigen Traditionen, die eine Aufgabe zu erfüllen haben.

Die wesentlichen Bedingungen, denen jede lebensfähige Tradition entsprechen muß, sind daher folgende:

Sie muß von oben begründet sein; sie muß die Zehn Gebote halten und sich vom Ideal der Jungfräulichkeit inspirieren lassen; ihr Ziel muß in demjenigen Willen enthalten sein, der sie begründet hat, während jegliches menschliche Programm davon fernzuhalten ist.

*Die Tradition muß von oben begründet sein.*

Das bedeutet in erster Linie, daß der Ursprungsimpuls einer lebensfähigen geistigen Tradition entweder durch ausdrückliche Offenbarung gegeben werden muß oder durch direkte Handlung von oben, die mit moralischer Unwiderstehlichkeit wirksam ist. Auf diese Weise wurden die lebendigen Traditionen, wie die Orden der Benediktiner, Dominikaner, Franziskaner, Jesuiten und andere, begründet. Eine ausdrückliche Offenbarung oder eine unwiderstehliche Berufung war die Quelle ihres Ursprunges. So blüht der Benediktinerorden noch nach fünfzehn Jahrhunderten, der Dominikaner- und Franziskanerorden nach sieben Jahrhunderten und der Jesuitenorden nach vier Jahrhunderten. Wenn es auch leicht ist, eine lange Liste ihrer Unvollkommenheiten und Sünden aufzustellen, so liefern diese Orden nichtsdestoweniger das Beispiel einer bemerkenswerten Langlebigkeit. Und was sie gemeinsam haben, ist vor allem die Tatsache, daß der Ursprung ihrer Gründungsinitiative oben war.

*Die Tradition muß die Zehn Gebote halten und sich vom Ideal der Jungfräulichkeit inspirieren lassen.*

Die Zehn Gebote sind viel mehr als ein einfacher Sittenkodex für das tägliche Leben. Sie bedeuten darüber hinaus Hygiene, Methode und Bedingungen der Fruchtbarmachung des geistigen Lebens einschließlich aller Stufen und Formen der praktischen Esoterik. Denn die zehn Grundlagen nicht nur der gesunden Moral, sondern auch aller mystischen, gnostischen, magischen und hermetischen Praxis sind: Hingabe an den lebendigen Gott; Verzicht darauf, an die Stelle der Wirklichkeit des lebendigen Gottes Hervorbringungen des menschlichen Geistes oder der Natur zu setzen; Handeln im Namen Gottes, ohne sich seines Namens zu bedienen, um damit den eigenen Willen zu schmücken; Praxis der Meditation; Kontinuität von Bemühung und Erfahrung; Konstruktivität; Treue zum Bund; Verzicht auf den Wunsch, Werte an sich zu reißen, die weder Früchte eigener Arbeit noch Geschenk der Gnade sind; Verzicht auf die Rolle des Anklägers gegenüber jedermann und Achtung vor der privaten und intimen Welt des anderen.

Denn in der Tat ist Mystik das Erwachen der Seele für die Wirklichkeit und die Gegenwart Gottes. Dieses Erwachen ist nur möglich gegenüber dem lebendigen Gott, d.h. der göttlichen Person, zu der weder Pantheismus noch Atheismus gelangen können, denn der eine stellt nur das Sichwiegenlassen auf den Wogen der vergötterten Natur in Aussicht, und der andere bietet nur das Nichts.

Gnosis ist, was das Bewußtsein von der mystischen Erfahrung und der Offenbarung von oben vernimmt. Das Grundgesetz der Gnosis ist, an die Stelle der göttlichen Intuition keine Bilder zu setzen, die aus dem menschlichen Geist oder der Natur geschöpft sind.

Magie ist das Inswerksetzen dessen, was das Bewußtsein von Mystik und Gnosis empfangen hat. Das Grundgesetz der geheiligten Magie ist, im und durch den göttlichen Namen zu handeln und sich dabei stets zu hüten, den göttlichen Namen zum Instrument seines eigenen Willens zu machen.

Hermetik ist das Leben des Denkens *im* gesamten Organismus von Mystik, Gnosis und Magie. Ihr Grundgesetz ist daher die Meditation, d.h. das Üben des „Tages der Ruhe, um ihn zu heiligen". Meditation ist die „geheiligte Ruhe", in der das Denken sich nach oben wendet.

Das ist die Rolle der drei ersten Gebote in der spirituellen Praxis.

Die sieben anderen Gebote bringen die Grundgesetze der geistigen Disziplin oder Kultur zum Ausdruck, die der spirituellen Praxis, auf die sich die drei ersten Gebote beziehen, als Grundlage dient.

Fürwahr, um voranzukommen, muß man lernen. Um zu lernen, muß man die Erfahrung der Vergangenheit anerkennen; man muß sie *fortsetzen.* Jeder Fortschritt setzt Kontinuität voraus – den Zusammenhang zwischen Vergangenheit, Gegenwart und Zukunft. Das spricht das vierte Gebot aus: „Ehre deinen Vater und deine Mutter!"

Wirklichen Fortschritt gibt es nur innerhalb einer lebendigen *Tradition.* Denn das Leben – sowohl das geistige als auch das biologische – ist immer Tradition, d.h. Kontinuität. Man muß also von jeder Handlung Abstand nehmen, die die Kontinuität zerreißt und den Strom des Lebens unterbricht. Und dieses Grundgesetz für das aufbauende, *konstruktive* Verhalten, um das es im geistigen Leben geht, spricht das fünfte Gebot aus: „Du sollst nicht töten!"

Kontinuität – oder Tradition und Leben – schließen die Treue zu der Sache ein, der man sich verbunden hat, zu der Richtung, die man eingeschlagen hat, zu dem Ideal, von dem man sich leiten läßt, und zu jedem der Kontinuität des Lebens dienenden Bund mit Wesenheiten oben und mit Menschen hier unten. Das bringen das sechste Gebot: „Du sollst nicht ehebrechen!" und das neunte Gebot: „Du sollst nicht begehren deines Nächsten Frau!" zum Ausdruck. Es gibt fleischlichen Ehebruch;

es gibt seelischen Ehebruch; und es gibt geistigen Ehebruch. Die biblischen Propheten sprechen davon aus Anlaß der Untreue der Könige und des Volkes Israel gegenüber dem Bund vom Sinai, die sich des öfteren den Kulten kananäischer Gottheiten hingaben. Dasselbe geschieht heute in den Fällen, wo man z. B. die Vedanta oder den Buddhismus annimmt, obwohl man getauft und genügend unterrichtet ist, um bei gutem Willen Zugang zu haben zu der Erfahrung der erhabenen christlichen Mysterien. Ich spreche weder vom Studium noch von der Übernahme technischer Methoden des Yoga, des Vedanta oder des Buddhismus, sondern einzig und allein von den Fällen, in denen man das Ideal der Liebe durch das der Befreiung ersetzt, den persönlichen Gott durch einen unpersönlichen Gott, das *Reich* Gottes durch Rückkehr in den Zustand der Potentialität des Nirwana, den Heiland durch einen weisen Lehrer usw. Es liegt also z. B. kein Element von geistigem Ehebruch im Falle des J. M. Déchanet O. S. B. vor, des Verfassers des „Yoga für Christen"[10], der die technischen Methoden des Yoga mit der christlichen spirituellen Praxis in Einklang bringt. Denn nichts ist natürlicher und gerechtfertigter, als von den Segnungen der im Osten oder im Westen gesammelten *Erfahrungen* zu lernen und Gebrauch zu machen. Wenn die westliche Medizin im Osten das Leben von Millionen rettet, warum sollte der östliche Yoga nicht Tausenden von Menschen im Westen, die sich in praktizierter Spiritualität üben, helfen, das Gleichgewicht und die seelisch-leibliche Gesundheit zu erreichen, die die technischen Methoden des Yoga auf eine so wirksame Art möglich machen? Der Austausch der Früchte der Erfahrungen zwischen den Kulturen der Menschheit ist nur der Ausdruck für die Tatsache der menschlichen Brüderlichkeit, der gegenseitigen Hilfe unter den Gliedern einer einzigen Familie und hat nichts mit geistigem Ehebruch zu tun, d. h. mit der Untreue gegenüber dem geistigen Bund oder dem Glauben, dem man angehört oder dem anzugehören man berufen ist.

Alle Früchte der menschlichen Erfahrung verdienen untersucht und geprüft und je nach ihren Verdiensten angenommen oder verworfen zu werden. Erfahrung ist *eine* Sache, und Glaube oder metaphysisches Ideal eine *andere.* Beim Glauben nämlich besteht der Einsatz in *moralischen Werten,* die man ohne einen wesentlichen Verlust oder Gewinn im Bereich des Seelen- und des Geisteslebens nicht austauschen kann. Man kann den Glauben nicht wechseln, ohne voranzukommen oder zu verlieren. Ein fetischistischer Neger, der den Islam annimmt, kommt voran; ein Christ, der sich zum Islam bekehrt, verliert. Der erste gewinnt neue moralische Werte für seine Seele, der zweite verliert moralische Werte seiner Seele.

Ob bedauerlich oder nicht, es ist eine Tatsache, daß die Religionen eine Stufenleiter von moralischen und geistigen Werten bilden. Sie sind nicht gleich, weil sie verschiedene Stufen einer jahrtausendelangen Evolution der Menschheit einerseits und von aufeinanderfolgenden Offenbarungen von oben andererseits darstellen. Es gibt also keine wertlose oder gar innerlich falsche oder „teuflische“ Religion; andererseits aber gibt es keine Religion von höherem Wert als die der Liebe.

Geistiger Ehebruch ist also das Vertauschen eines höheren moralischen und geistigen Wertes mit einem niedrigeren moralischen und geistigen Wert. Dies liegt zum Beispiel im Tausch des lebendigen Gottes gegen eine unpersönliche Gottheit vor; des gekreuzigten und wieder auferstandenen Christus gegen einen in Meditation versunkenen Weisen; der heiligen Jungfrau-Mutter gegen die in Evolution begriffene Natur; der Gemeinschaft der Heiligen, Apostel, Märtyrer, Einsiedler, Bekenner, Kirchenlehrer und Jungfrauen gegen eine „Gemeinschaft von Genies“ in der Philosophie, der Kunst, der Wissenschaft usw.

Wir haben gesagt, daß alle Früchte menschlicher Erfahrung es verdienen, untersucht und geprüft und gemäß ihrem Verdienst angenommen oder verworfen zu werden. Hinsichtlich der geistigen Erfahrung gibt es allerdings Früchte, die verworfen werden *müssen.* Das sind diejenigen, die von *Diebstahl* herrühren, d. h. von der Absicht, ohne Mühe und Opfer Ergebnisse zu erlangen, deren Erwerb Anstrengung und Opfer erfordert. So lehrte Gurdjieff, der Meister P. D. Ouspenskys[11], daß es drei Wege gibt, um aus dem Gehege der gewöhnlichen Erfahrung und des gewöhnlichen Bewußtseins herauszukommen – den Weg des Yogi, den Weg des Mönchs und schließlich den des „listigen Menschen“, des Schlaubergers (russisch: „put’ khitrogo chelovjeka“). Was Yogi und Mönch erst nach langen Bemühungen von Zucht und Opfer vollbringen, kann der Schlauberger („khitryi cheloviek“) mühelos, ohne Opfer und fast sofort erreichen, indem er eine Pille nimmt, die passend zusammengestellte Elemente enthält.

Es gibt in der Tat Menschen, die übersinnliche Erfahrungen mittels des Kaktus Peyote (Echinocactus Williamsii oder Anhalonium Williamsii oder Lophophora Williamsii Lemaire) suchen, dessen Gebrauch sich unter den Indianerstämmen[12] von Mexiko bis Kanada weit verbreitet hatte und der zur Gründung der „Native American Church“, der Amerikanischen Eingeborenenkirche, führte. Was verständlich und wohl entschuldbar ist bei den amerikanischen Indianern angesichts ihrer verzweifelten Lage, ist es nicht bei Leuten europäischen Ursprungs, den Erben der westlichen christlichen Zivilisation – Leuten, die offenkundig die Kosten des Weges der regelmäßigen geistigen Entwicklung sparen wollen, um billig zu erlangen, was die anderen nur nach vielen Opfern und Mühen erhalten.

Das Gebot: „Du sollst nicht stehlen!“ ist immer noch von grundlegender Bedeutung für das geistige Leben. Jede Schule echter Geistigkeit muß sich an dieses Gebot halten, das ihre Glaubwürdigkeit schützt und das die ins Geistige übertragene Grundregel der Landwirtschaft beinhaltet: Du erntest nur, nachdem du die Erde bearbeitet hast, nachdem du gesät und die Zeit abgewartet hast, bis die Frucht zur Ernte reif ist. Alle technischen Kunstgriffe mit dem Ziel, sich der Mühen und Opfer zu entledigen, die die normale geistige Entwicklung und das normale geistige Wachstum erfordern, fallen unter die Überschrift der Sünde wider das siebte Gebot.

Bleiben noch zwei Gebote, die ebenso unentbehrlich sind für das geistige Leben, wie die acht bereits erörterten: „Du sollst kein falsches Zeugnis geben wider deinen Nächsten!" und: „Du sollst nicht das Haus deines Nächsten begehren!"

Diese zwei Gebote beziehen sich auf den Geist der Rivalität, der sich entweder als negative Kritik oder als Neid äußert. Das bedeutet, daß jede geistige Bewegung, jede geistige Tradition, jede Schule der Geistigkeit und jeder Schüler oder sogenannte „Meister" einer Schule des geistigen Lebens nicht vom Geist der Rivalität getrieben sein darf, sondern vielmehr von der Liebe zu ihrer Sache und ihrem Ideal.

So vollbrachte die hl. Teresa von Ávila in ihrer Begeisterung für die Sache und das Ideal eines völlig gottgeweihten Lebens die tiefe Reform des Karmeliterordens, ohne die Einheit der Kirche zu zerstören und ohne irgend jemanden anzuklagen oder zu verurteilen.

Zugleich kam der dem Geiste der Kritik anhängende Augustinermönch Martin Luther auf den Gedanken, die ganze Kirche zu reformieren, und begründete, getrieben von dem Wunsch, es besser zu machen, eine Gegen-Kirche, wobei er Rom für den „Sitz des Antichristen" erklärte und seine Gläubigen als arme Verirrte oder „Wölfe in Schafspelzen" bezeichnete. Demnach wären die hl. Teresa, der hl. Johannes vom Kreuz, der hl. Petrus von Alcantara, der hl. Julius von Ávila und andere Zeitgenossen von ähnlicher Geistesgröße nach Luther arme Verirrte oder „reißende Wölfe in Schafspelzen", d.h. Getäuschte oder Täuschende. Hier liegt ein klarer Fall von „falschem Zeugnis wider den Nächsten" vor, der auf den Geist der Kritik und der Rivalität zurückgeht. Wer immer sich die Aufgabe des Richters anmaßt, kann nur im Sinne der Zerstörung handeln. Wer immer zu kritisieren beginnt, kommt bald zum Tadel und endet früher oder später beim Verurteilen, was unvermeidlich zur Spaltung in feindliche Lager und zu anderen Formen der Zerstörung führt.

Kritik und Polemik sind Todfeinde des geistigen Lebens. Denn sie bedeuten die Ersetzung der konstruktiven Lebenskraft durch destruktive elektrische Energie. Ein völliger Wechsel der Quelle der Inspiration und des Antriebes findet statt, wenn eine Person oder eine geistige Bewegung sich auf den Weg der Rivalität, der Kritik und, in ihrem Gefolge, der Polemik einläßt. Wenn man erst einmal von der Elektrizität mitgerissen ist, wird das „Zeugnis wider den Nächsten" in seinem innersten Wesen immer falsch sein.

Es gibt keine echte Geistigkeit, deren Ursprung und Dasein von der Opposition oder der Rivalität herrührt. „*Gegen* etwas sein" ist unfruchtbar und niemals imstande, eine lebensfähige Tradition zu erzeugen oder eine Schule geistigen Lebens aufzubauen, während „*für* etwas sein" fruchtbar ist und die unentbehrliche Bedingung für jede aufbauende Tätigkeit darstellt, darunter jede lebensfähige spirituelle Tradition oder Schule.

Der Geist, der dem „falschen Zeugnis wider den Nächsten" und dem „Begehren nach dem Haus des Nächsten" zugrunde liegt, ist geistig unfruchtbar und zerstörerisch. Wenn die einzelnen geistigen Schulen und Traditionen leben wollen, dürfen sie keine Rivalen sein, sondern sie müssen im Bewußtsein der *Verwandtschaft* ihres Ursprunges und ihrer Ideale leben, wenn sie verwandt sind, und wenn sie es nicht sind, müssen sie den Bereich der Freiheit des anderen achten, das „Haus", das dem anderen gehört, ohne sich mit Neid oder Kritik einzumischen. Wenn eine aus der Verwandtschaft des Ursprungs und der Ideale herrührende Zusammenarbeit nicht gegeben ist, so mögen doch die geistigen Traditionen und Schulen miteinander in Frieden leben und sich gegenseitig in Frieden lassen!

Wie dem auch sei, die Gesamtheit der Zehn Gebote bildet das Gesetz des Lebens, des Fortschrittes und der Fruchtbarkeit der geistigen Traditionen und Schulen, wie sie auch das Gesetz des Lebens, des Fortschritts und der Fruchtbarkeit eines jeden Menschen ist, der sich auf den Weg praktischer Spiritualität begibt. Denn die Zehn Gebote, ihr Verständnis und ihre Befolgung bedeuten die Übereinstimmung mit der nichtgefallenen Natur, mit dem Prinzip der *Jungfräulichkeit,* mit der Jungfrau oder der *Kraft* des elften Arcanums des Tarot.

> Dies ist die starke Kraft
> aller Kraft:
> denn sie wird alles Feine besiegen
> und alles Feste durchdringen.

[1] Sohar 11b.
[2] *É. May,* La Médecine, son passé, son présent, son avenir (Paris 1957) S. 336f.
[3] *P. Teilhard du Chardin,* Der Mensch im Kosmos (Sonderausgabe, München [7]1969).
[4] *Ders.,* Werke, Bd. II: Das göttliche Milieu (Olten–Freiburg i. Br. [8]1979).
[5] Im frz. Text steht: „Hegel a dit: Je vais contraindre le lecteur d'accepter les verités que j'avance."
[6] In: Werke, Bd. 3, hrsg. v. *Fritz Medicus* (Leipzig o.J.).
[7] *É. May,* a.a.O. S. 341. [8] Ebd. S. 346.
[9] Sohar, Bereshit, 50b.
[10] Die Schule des Schweigens (Luzern 1957).
[11] Tertium Organum (Weilheim Obb. 1973).
[12] *O. La Farge,* A Pictorial History of the American Indians.

*Zwölfter Brief*

# DER AUFGEHÄNGTE

## Das Arcanum des Glaubens

„Wahrlich, wahrlich, ich sage dir: Wer nicht von oben her geboren wird, kann das Reich Gottes nicht schauen ...
Wahrlich, wahrlich, ich sage dir: Wer nicht aus Wasser und Geist geboren wird, kann nicht in das Reich Gottes eingehen ...
Der Wind weht, wo er will, und du hörst sein Sausen, aber du weißt nicht, woher er kommt noch wohin er geht. So verhält es sich mit jedem, der aus dem Geist geboren ist" (Jo 3,3 5 8).

„Die Füchse haben Höhlen und die Vögel des Himmels Nester. Der Menschensohn aber hat nicht, wohin er sein Haupt legen kann" (Mt 8,20).

„Dann werden die Gerechten leuchten wie die Sonne im Reiche ihres Vaters" (Mt 13,43).

„Was ich gesagt habe vom Wirken der Sonne, ist erfüllt und ganz vollendet" (Tabula Smaragdina).

*Lieber Unbekannter Freund,*

vor uns liegt das Kartenbild des zwölften Arcanums des Tarot: „Der Aufgehängte". Es zeigt einen jungen Mann, aufgehängt mit einem Fuß zwischen zwei Bäumen, deren Äste unmittelbar am Stamm abgesägt sind, an einem von den Bäumen gestützten Querbalken, wodurch ein Gerüst entsteht.

Die Position eines umgekehrten Mannes, den Kopf nach unten, mit einem Fuß an einem Gerüst aufgehängt, das freie Bein angewinkelt und die Hände auf dem Rücken gebunden, ruft natürlicherweise zuerst den Gedanken an die *Gravitation*, die Schwerkraft, wach und an die Qual, die der Konflikt mit ihr dem Menschen zufügen kann. Der erste Eindruck des Kartenbildes taucht uns ins Herz des Problems der Beziehung zwischen Mensch und Gravitation und der Konflikte, die diese Beziehung mit sich bringt.

Die *Gravitation* – die physikalische, seelische oder geistige – besetzt den zentralen Platz als Ordnungsfaktor im Sonnensystem, im System des Atoms, in der biologischen Zelle, im biologischen Organismus, im Mechanismus des Gedächtnisses und der Ideenassoziation, in den Beziehungen der Geschlechter, im sozialen Organismus, in der Bildung von Gemeinschaften mit einer gemeinsamen Lebensart, mit einer Lehre und mit einem Ideal und schließlich im Prozeß der biologischen, seelischen und geistigen Evolution, in der ein Gravitationszentrum – oder ein allgemeines Urbild als Zielursache – durch die Zeitalter hindurch am Werk ist, so wie die Sonne als Mittelpunkt der Schwerkraft des Planetensystems durch den Raum hindurch wirkt. Die ganze Welt offenbart sich uns als ein umfassendes Gravitationssystem, das aus zahlreichen einzelnen Gravitationssystemen besteht – wie den Atomen, Zellen, Organismen, Planeten, Individualitäten, Gemeinschaften und Hierarchien. Jeder von uns ist hineingestellt in das kosmische Gravitationssystem, das bestimmt, was unsere Freiheit vermag und was sie nicht vermag. Der eigentliche Bereich unserer Freiheit, unser geistiges Leben, bestätigt die wirkliche und aktive Gegenwart einer Gravitation geistiger Art; denn was ist das Phänomen der Religion anderes als die Äußerung der geistigen Gravitation, die auf das geistige Gravitationszentrum der Welt gerichtet ist – auf Gott? Es ist bezeichnend, daß der Ausdruck für das ursprüngliche Ereignis des Überganges des Menschen vom sogenannten „Paradieseszustand“ in den irdischen Zustand der Mühsal, des Leidens und des Todes – der Sünden*fall* – aus dem Bereich der *Gravitation* entlehnt ist. In der Tat spricht nichts gegen die Auffassung, daß der Fall Adams ein Übergang war vom System der geistigen Gravitation, dessen Zentrum Gott ist, in das System der irdischen Gravitation, dessen Zentrum die Schlange ist (die wir in einem früheren Brief als „Prinzip der Elektrizität“ charakterisiert haben). Das Phänomen des Falles kann sehr wohl verstanden werden als Übergang von einem Gravitationsfeld in ein anderes.

So befindet sich der Bereich der Freiheit, das geistige Leben, zwischen zwei Gravitationsfeldern mit zwei verschiedenen Zentren. Das Evangelium bezeichnet sie als „Himmel“ und „diese Welt“ oder als „Reich der Himmel“ und „Reich des Fürsten dieser Welt“. Und es nennt diejenigen, deren Wille der Gravitation „dieser Welt“ unterworfen ist oder folgt, „Kinder dieser Welt“ und diejenigen, deren Wille der Gravitation des „Himmels“ folgt, „Kinder oder Söhne des Lichts“.

Die Manichäer haben daraus ohne weiteres den Schluß gezogen, daß die unsichtbare Welt oder der Himmel das Gute ist und daß die

Welt der sichtbaren Natur das Böse ist, wobei sie ganz die Tatsache vergaßen, daß das Böse geistigen Ursprungs, also unsichtbar ist, und daß das Gute der geschaffenen Natur eingeprägt, also auch sichtbar ist. Obwohl die beiden Felder der Gravitation einander durchdringen und man sie nicht einfach mit der sichtbaren Natur und der unsichtbaren geistigen Welt identifizieren kann noch darf, sind sie trotzdem sehr wirklich und *moralisch* gut unterscheidbar. Denn ebenso wie es eine „Unterscheidung der Geister" gibt, von der der Apostel Paulus spricht, gibt es auch eine Unterscheidung der Phänomene der Natur, die sich z.B. in der medizinischen Diagnostik kundtut, in der Wahl der Heilmittel in den Naturreichen, im Bereich der leiblichen und seelischen Hygiene usw.

Das menschliche Wesen hat an beiden Gravitationsfeldern teil, und dies steht Paulus vor Augen, wenn er sagt:

„Denn das Fleisch begehrt wider den Geist und der Geist wider das Fleisch; beide liegen im Streit miteinander, damit ihr nicht das tut, was ihr eigentlich wollt" (Gal 5, 17).

Diese „gegeneinandergerichteten Begehren" sind Neigungen, durch die sich die beiden Felder der Gravitation kundtun. Der Mensch, der unter der Herrschaft der Gravitation „dieser Welt" lebt auf Kosten der Gravitation des „Himmels", ist der „fleischliche Mensch"; derjenige, der im Gleichgewicht der beiden Gravitationsfelder lebt, ist der „seelische Mensch", und der Mensch, der unter der Herrschaft der Gravitation des „Himmels" lebt, ist der „spirituelle Mensch".

Dieser letztere bildet den Gegenstand des zwölften Arcanums des Tarot, denn er ist der umgekehrte Mann, den das zwölfte Kartenbild darstellt. Der *Aufgehängte* stellt den Zustand des Menschen dar, in dessen Leben die Gravitation von oben diejenige von unten ersetzt hat.

Zunächst muß man sagen, daß die Anziehung von oben ebenso wirklich ist wie die von unten und daß der Zustand des Menschen, der zu Lebzeiten vom irdischen Gravitationsfeld in das himmlische übergegangen ist, sich in der Tat vergleichen läßt mit dem Aufgehängten auf dem Kartenbild. Dieser Zustand ist gleichzeitig eine Wohltat und ein Martyrium, beides sehr wirklich.

Die Geschichte des Menschengeschlechtes gibt Zeugnis von der Wirklichkeit der Anziehung von oben. Der Auszug in die ägyptische, palästinische, syrische und andere Wüsten, eingeleitet durch den hl. Paulus von Theben und den hl. Antonius den Großen, war nichts anderes als die Äußerung der unwiderstehlichen Anziehung von oben. Die Wüstenväter, die Pioniere dieses Auszuges, hatten weder das Programm noch den Plan, irgendwelche Gemeinschaften oder Schulen einer dem irdischen Yoga vergleichbaren christlichen Spiritualität zu gründen. Nein, was ihnen widerfuhr, war der unwiderstehliche Ruf von oben zur Einsamkeit und zu einem ganz der geistigen Wirklichkeit hingegebenen Leben. So sagt Antonius der Große:

„Wie die Fische, die auf der trockenen Erde zurückbleiben, sterben, so erschlafft in den Mönchen, die sich außerhalb ihrer Zelle aufhalten oder die Zeit mit den Leuten der Welt verbringen, das Spannungsfeld der Einsamkeit. Es ist also nötig, daß wir, wie der Fisch ins Meer, in die Zelle zurückkehren, um nicht, indem wir uns draußen verspäten, die innere Wachsamkeit zu vergessen."[1]

Das „Spannungsfeld der Einsamkeit" – das ist also das eigentliche Element für die Seelen unter der Einwirkung der Anziehungskraft von oben. „Wie die Fische das Meer suchen", suchten sie die Einsamkeit, wo sie das „Spannungsfeld" fanden, d.h. die Beziehung zwischen der Gravitation des Himmels und der der Erde, die ihnen ebenso gemäß war wie das Wasser den Fischen. In der Einsamkeit konnten sie *leben,* d.h. die geistige Temperatur entwickeln, die geistige Luft atmen, ihren geistigen Durst löschen und ihren geistigen Hunger stillen. Außerhalb der Einsamkeit und des Spannungsfeldes der „inneren Wachsamkeit", die die Einsamkeit für sie bedeutete, froren die Wüstenväter, konnten sie nicht atmen und litten sie an geistigem Hunger und Durst.

Hier handelt es sich also um etwas ganz anderes als um Programme und Planungen: die Wirklichkeit der Anziehungskraft des Himmels war es, die im Leben der Wüstenväter wirkte.

Sie waren Pioniere. Alsbald, noch zu ihren Lebzeiten, bevölkerten sich die Wüsten der Thebais, von Nitria und von Cete mit Anachoreten. Der hl. Pachomius gründete in Oberägypten die zönobitische Form des Mönchtums, Vorläuferin der Klöster, wie wir sie kennen, wo mehrere Eremiten gemeinsam unter einem Oberen zusammenlebten. Diese Form gemeinsamen Lebens wird später im Osten durch den hl. Basilius und im Westen durch die Heiligen Augustinus, Cassianus und Benedikt übernommen und vervollkommnet.

Obwohl diese ganz ungeheure äußere Entwicklung im Keim schon im Einsiedlerleben des hl. Paulus von Theben und des hl. Antonius des Großen gegenwärtig war, war es keineswegs das bewußte Motiv ihres Sichzurückziehens in die Wüste. Das alleinige Motiv dafür war das Verlangen nach Einsamkeit, das durch die unwiderstehliche Anziehungskraft des Himmels verursacht war.

Die Anziehungskraft des Himmels ist derart wirklich, daß sie nicht nur die Seele ergreifen kann, sondern sogar den physischen Körper. Dann wird der Körper emporgehoben und berührt die Erde nicht mehr.

Die hl. Teresa von Ávila, die diese Erfahrung gemacht hat, schreibt darüber in ihrem „Leben", ihrer Lebensbeschreibung:

„Die Wolke schwebt zum Himmel auf, nimmt die Seele mit sich und beginnt nun, ihr die Herrlichkeiten jenes Reiches zu zeigen, das sie ihr bereitet hat. Ich weiß nicht, ob dieser Vergleich passend ist, aber die Sache verhält sich wirklich so. Bei diesen Verzückungen scheint die Seele den Leib nicht mehr zu beleben, und man fühlt darum auch ganz deutlich, wie die natürliche Wärme im Leib abnimmt und er allmählich erkaltet, obgleich dies mit einer außerordentlichen Wonne und Süßigkeit verbunden ist ... so daß wir also meistens gar keines Widerstandes fähig sind. Da wirst du oftmals, ohne daran gedacht zu haben und ohne in irgendeiner Weise selbst mitzuwirken, von einem so plötzlichen und starken Ungestüm erfaßt, daß du siehst und fühlst, wie jene Wolke sich erhebt oder wie jener gewaltige Adler sich emporschwingt und dich auf seinen Flügeln dahinträgt.

Ich sagte, du merkst und siehst, wie du erhoben wirst; aber du weißt nicht, wohin ...

Mir selbst sind diese Erhebungen oft äußerst unlieb, so daß ich alle meine Kräfte aufbiete, um zu widerstehen, besonders wenn sie, wie das schon einigemal der Fall war, öffentlich geschehen; aber auch wenn ich allein bin, strenge ich mich oft an, aus Furcht, ich möchte getäuscht werden. Zuweilen konnte ich etwas erreichen; aber ich war darnach so abgemattet und erschöpft ...

Zu anderen Zeiten war es unmöglich; die Seele wurde mir erhoben, und fast immer folgte ihr, ohne daß ich es verhindern konnte, das Haupt, manchmal auch der ganze Körper nach, so daß dieser frei über der Erde schwebte ...

Die Kraft, die mich unter den Füßen emporhob, wenn ich widerstehen wollte, kam mir so gewaltig vor, daß ich sie mit nichts vergleichen kann. Der Ungestüm, mit dem dies geschah, war weit größer als bei den übrigen Antrieben des Geistes ...

Ich bekenne auch, daß mich eine große Furcht ergriff, die anfangs außerordentlich war. Denn während man sieht, wie der Körper so über die Erde erhoben wird, verliert man – obschon der Geist, wenn man nicht widersteht, ihn mit Wonne nachzieht – doch die Empfindung noch nicht; wenigstens war ich so bei mir, daß ich die Erhebung gewahren konnte.“[2]

Hier haben wir ein einfaches und aufrichtiges Zeugnis von der Wirklichkeit der unwiderstehlichen Anziehung von oben und dem Übergang vom Feld der irdischen in das Feld der himmlischen Gravitation.

Die hl. Teresa machte die Erfahrung, wie der Geist den Körper „nach sich zieht“, der Geist, der seinerseits unter der Herrschaft der Anziehung stand, die vom Zentrum der geistigen Anziehung ausging. Und dieses Zentrum war, für sie, der Herr.

Wenn aber das Zentrum der geistigen Anziehungskraft, wenn der Herr selbst mit einem Körper bekleidet ist – was im irdischen Leben von Jesus Christus der Fall war –, was ereignet sich dann? Von Verzückung kann dann nicht die Rede sein, denn an welchen Ort könnte das Menschentum des Herrn getragen werden, da sich das zur Verzückung führende und davontragende Prinzip, das Zentrum der geistigen Gravitation, in ihm selber befand? Über diesen Punkt klärt uns das Evangelium auf. Es sagt:

„Als es aber Abend wurde, gingen seine Jünger an den See hinab, bestiegen ein Boot und fuhren auf die gegenüberliegende Seite des Sees nach Kapharnaum. Und die Dunkelheit war schon eingetreten, und noch war Jesus nicht zu ihnen gekommen. Der See aber wurde unruhig, weil ein starker Wind blies. Als sie nun etwa fünfundzwanzig oder dreißig Stadien weit gefahren waren, sahen sie Jesus auf dem See einherschreiten und dem Boot näher kommen; und sie fürchteten sich. Er aber sagte zu ihnen: ‚*Ich bin es,* fürchtet euch nicht!' (Jo 6, 16–20).

Da antwortete ihm Petrus und sagte: ‚Herr, wenn du es bist, so heiße mich zu dir auf das Wasser kommen.' Er aber sprach: ‚Komm!' Und Petrus stieg aus dem Boote und schritt auf dem Wasser hin und kam auf Jesus zu. Als er aber den Wind sah, fürchtete er sich, und als er zu sinken begann, schrie er: ‚Herr, rette mich!' Sogleich streckte Jesus die Hand aus, ergriff ihn und sprach zu ihm: ‚Du Kleingläubiger, warum hast du gezweifelt?'" (Mt 14, 28–31).

Der Schlüssel zur Antwort findet sich vor allem in den Worten: „*Ich bin es,* fürchtet euch nicht!"

Die übliche Übersetzung von „ἐγώ εἰμι, μὴ φοβεῖσϑε" im Griechischen oder „*Ego sum,* nolite timere" im Lateinischen ist: „*Ich bin es,* fürchtet euch nicht!" Sie ist richtig, und es ist nichts gegen sie einzuwenden; „ ἐγώ εἰμι" und „ego sum" bedeuten sowohl *(buchstäblich)* „Ich bin" wie (im gegebenen Zusammenhang) „Ich bin es". Der Zusammenhang entscheidet. Darum ist die Übersetzung „Ich bin es" nicht allein berechtigt, sondern auch, im Zusammenhang gesehen, notwendig. Trotzdem ist es angebracht, ohne an die übliche Lesart zu rühren, das Wort „ἐγώ εἰμι – ego sum" buchstäblich und zugleich tiefer zu *verstehen.* Denn *zwei* Fragen sind in der Verwirrung oder der Furcht der Jünger enthalten: „*Wer* ist derjenige, den wir über das Wasser gehen sehen?" und „*Wie* ist es möglich, daß er über das Wasser geht?"

Nun ist „*Ich bin es*" die Antwort auf die erste Frage, und „*Ich bin*" ist diejenige auf die letztere. Denn „Ich bin" enthüllt eine esoterische (d. h. eine tiefe, nicht augenfällige) Wahrheit, während „Ich bin es" eine auf die äußeren Tatsachen bezogene oder exoterische Antwort ist. Sie *verbirgt* und *enthält* als ihren Kern die esoterische Antwort.

Welches ist nun die esoterische Wahrheit, die das Wort „Ich bin; fürchtet euch nicht!" enthüllt?

*„Ich bin"* ist die Formel der Offenbarung der göttlichen *Essenz* Jesu Christi in der Welt der *Existenz* oder des Daseins. Das ganze Evangelium ist die Geschichte dieser stufenweisen Offenbarung, deren einzelne Stadien es in den verschiedenen Aspekten des umfassenden *„Ich bin"* zusammenfaßt, nämlich *„Ich bin* der wahre Weinstock", *„Ich bin* das Brot des Lebens", *„Ich bin* der Weg, die Wahrheit und das Leben", *„Ich bin* die Tür", *„Ich bin* das Brot des Lebens", *„Ich bin* der gute Hirte", *„Ich bin* das Licht der Welt" und *„Ich bin* die Auferstehung und das Leben".

Nun entspricht das Wort *„Ich bin;* fürchtet euch nicht!" aus dem Mund des über das Wasser Schreitenden der Aussage: *„Ich bin die Gravitation,* wer sich an mich hält, wird niemals versinken noch hinabgezogen werden." Denn die *Furcht* ist eine Folge der Drohung, durch die elementaren Kräfte der niederen Gravitation verschlungen zu werden, d.h. fortgerissen zu werden durch das Spiel der blinden Kräfte der aufgewühlten See, die das „elektrische" Feld des *Todes* ist. *„Ich bin;* fürchtet euch nicht!" ist also die Botschaft des Zentrums oder des Meisters der himmlischen Gravitation, der durch das Stützen Petri, der zu versinken drohte, zeigte, daß es ein anderes Gravitationsfeld gibt als das des Todes und daß der, der sich mit ihm verbindet, *über den Wassern wandeln* kann, d.h., daß er das aufgewühlte Element „dieser Welt" bzw. des elektrischen Gravitationsfeldes der Schlange transzendieren kann. Diese Botschaft enthält nicht nur die Einladung, zum „Reich der Himmel" Zuflucht zu nehmen, sondern auch die feierliche Erklärung der Unsterblichkeit der Seele, insofern diese fähig ist, sich über die verschlingende Anziehungskraft zu erheben und „auf den Wassern zu wandeln".

Petrus, der „aus dem Schiff ausstieg und auf dem Wasser schritt, um zu Jesus zu kommen", erfuhr die gleiche Verzückung, die die hl. Teresa beschreibt. *Er steigt aus* dem Schiff – das bedeutet in Anbetracht von allem, was Vernunft und Gedächtnis gebieten, daß er den Bereich der Sinne, der Vernunft und des Gedächtnisses, d.h. das gewöhnliche Bewußtsein, verläßt; und er schreitet auf dem Wasser, *angezogen von Jesus.* Er erfährt also die gleiche Erhebung der Seele, die sich in der Folge auch auf den Körper erstreckt, wovon die hl. Teresa spricht. Er erlebt sogar den gleichen Schrecken, von dem die Heilige erfaßt wurde, wie sie gesteht, als sie ihren „Körper so über die Erde erhoben" sah. Und ebenso wie sie von einer ausgestreckten Hand gezogen wurde, hatte auch Petrus die Erfahrung der Hilfe durch dieselbe Hand.

So machten die hl. Teresa und der hl. Petrus, die eine wie der andere, die Erfahrung der gleichen psychosomatischen Ekstase (wie übrigens mehrere andere heilige Männer und Frauen auch). Die Frage, die uns beschäftigt, ist die nach dem Zustand Jesu Christi selbst, als er über die Wasser wandelte. War auch er in Ekstase?

Nein. Denn Ekstase ist das Herausgehen der Seele (und in der Folge mitunter des Körpers) aus dem Bereich ihrer eigenen Vermögen des diskursiven Verstandes, der Erinnerung und der Vorstellung. Sowohl Teresa als auch Petrus durchschritten in ihrer Entzückung die Stadien: „*Du bist*"; „Ich nähere mich *dir*"; „Nicht ich, sondern *du* lebst und handelst in mir". Die Anziehung des *göttlichen Du,* die auf die Vereinigung mit ihm hinzielt, bildet also das Wesentliche in ihrer psycho-somatischen Ekstase, während Jesus Christus nicht durch die Wirkung der *Ekstase,* des Herausgehens aus seinem Menschsein, über das Wasser schritt, sondern durch die Wirkung der *Enstase,* d.h. der Sammlung in sich selbst, und dies ist die aktive Kraft der Formel: „*Ich bin;* fürchtet euch nicht!" Der Mensch Jesus Christus, der über das Wasser schritt, folgte nicht einem *Du,* das ihn anzog und trug, sondern vielmehr dem *göttlichen Ich* des Sohnes des ewigen Vaters, das in ihm selbst gegenwärtig war.

„*Ego sum;* nolite timere" bedeutet also: Ich bin die Gravitation; wie die Sonne in der sichtbaren Welt sich selbst trägt und die Planeten anzieht, bin ich die wahre Sonne der unsichtbaren Welt, die sich selbst trägt und die anderen Wesen anzieht und stützt. „*Fürchtet euch nicht, denn Ich bin!*"

Der über die Wasser wandelnde Jesus Christus enthüllt außer dem Mysterium der Sonne der geistigen Welt und des Zentrums der himmlischen Anziehungskraft noch ein anderes Mysterium. Denn er *hielt* sich nicht nur über dem Wasser – was genügen würde, um jene Wahrheit zu enthüllen und anschaulich zu machen, sondern er *wandelte* auch über dem Wasser, d.h., er bewegte sich in eine ganz bestimmte Richtung in der Horizontalen. Er schritt auf das Boot, zu, in dem seine Jünger ruderten. Hier, in seinem Schreiten zum Boot, ist sein ganzes zeitliches und ewiges Werk schon im Keim enthalten und offenbart sich in seinem Wesen: sein Opfer, seine Auferstehung und alles, was sein Versprechen umfaßt: „Siehe, *ich bin* bei euch alle Tage bis ans Ende der Welt."

Das Schiff mit seinen Jüngern ist und bleibt also bis an das Ende der Welt das Ziel des *Ich bin,* das über dem Wasser schreitet. Seine Enstase, seine tiefe Sammlung in sich selbst, entfernt ihn nicht von den Schiffern auf dem bewegten Meer der Geschichte und der Evolution und läßt ihn nicht in dem anderen Meer verschwinden – dem ruhigen Meer des Nirwana –, sondern sie erlaubt ganz im Gegenteil das Schreiten auf das Boot mit seinen Jüngern zu bis an das Ende der Welt.

Die Eremiten der Wüste, die psycho-somatische Ekstase der hl. Teresa und des hl. Petrus, Jesus Christus, wie er über dem Wasser schreitet – all diese Tatsachen sollten in unserem Geist die spirituelle und offenbare *Wirklichkeit* der himmlischen Gravitation aufleuchten lassen. Wenigstens haben wir uns deswegen über diese Dinge verbreitet.

Man muß jedoch ergänzend die Tatsachen in die Betrachtung einbeziehen, die scheinbar zur himmlischen Gravitation gehören, in Wahrheit aber ihr Gegenteil sind. Die Tatsachen, die ich im Auge habe, sind die der „Levitation", d. h. die Fälle der Erhebung des Körpers von der Erde, die man versucht sein könnte als von gleicher Natur anzusehen wie die psychosomatischen Entzückungen der hl. Teresa und des hl. Petrus oder sogar das Schreiten Jesu Christi über dem Wasser.

So schreibt die Legende Simon dem Magier zu, daß er sich physisch in die Luft erheben konnte. Fälle der Erhebung von spiritistischen Medien sind auch in unserer Zeit bekannt.

Es ist charakteristisch, daß selbst Gérard van Rijnberk, der es wirklich hätte besser wissen können, die Levitation der Medien nicht von der Erhebung, die die Verzückung der Heiligen begleitet, unterscheidet. So schreibt er über die „Levitation des Mediums":

„Das Phänomen der Levitation ist bestätigt worden für mehrere heilige Persönlichkeiten der hinduistischen, buddhistischen und christlichen Religionen. Sie erhoben sich einige Fuß hoch nach oben in die Luft und schwebten während einiger Zeit ohne irgendeine materielle Stütze. Diese Tatsache ist bei zahlreichen männlichen und weiblichen Heiligen der katholischen Kirche festgestellt worden[3]. Ich beschränke mich darauf, die große Teresa (16. Jahrhundert) zu nennen, ihren Zeitgenossen Johannes vom Kreuz, Petrus von Alcántara, ebenfalls zur selben Epoche, dann ein wenig später Joseph von Copertino (1603 bis 1623), der mehrmals durch die Luft fliegend gesehen worden ist ... Dieses Phänomen ist auch ausführlich erzählt worden von mehreren Medien, aber unglücklicherweise hat es fast ohne Ausnahme in völliger Dunkelheit stattgefunden. Nur Home allein hat es einmal bei Tageslicht vollbracht. Man muß über diese Tatsachen, die sehr unglaubwürdig erscheinen, sehr vorsichtig urteilen."[4]

Das ist alles, was dieser Autor, der „ein halbes Jahrhundert lang den Okkultismus mit tiefem Respekt studiert hat"[5], zum Gegenstand der Levitation zu sagen hat.

Es besteht jedoch Anlaß, mehr darüber zu sagen. Vor allem muß man zwischen der Levitation des Körpers, die von der *himmlischen Anziehung* herrührt, und der Erhebung des Körpers, die durch die von unten gelenkte, elektrische *Abstoßung* bewirkt wird, unterscheiden. Der Unterschied ist ebenso groß wie der zwischen dem Flug eines

Heißluftballons und dem einer Rakete, der durch Rückstoß aufgrund des von ihr ausgestoßenen Düsenstrahles möglich wird. Hier ein Fall von Levitation, der mir aus erster Hand bekannt ist:

Ein Herr mittleren Alters (er war Amerikaner) unterhielt sich mit einem Reisegefährten in einem Abteil eines internationalen Zuges in Europa. Die Unterhaltung drehte sich um die verschiedenen Strömungen und Methoden des zeitgenössischen Okkultismus. Der amerikanische Herr stellte die radikale These auf, daß es einen literarischen oder verbalen Okkultismus und einen in die Tat umgesetzten Okkultismus gäbe. Der erstere wäre kaum ernst zu nehmen und nur der letztere verdiene seinen Namen. Da sein Gesprächspartner sich nicht davon überzeugen ließ, daß die sichtbaren Tatsachen der Realisation das einzige Wert- und Wahrheitskriterium seien, hielt der amerikanische Herr es wohl für ratsam, seinen Gesprächspartner durch eine Tatsachendemonstration zu überzeugen – was er ankündigte. Nach seiner Ankündigung streckte er sich auf seinem Sitz aus (es waren nur diese beiden Personen im Abteil) und fing an, tief zu atmen, wobei er völliges Stillschweigen bewahrte. Nach ein oder zwei Minuten erhob sich sein Körper, ausgestreckt wie er war, langsam in die Luft in eine Höhe von etwa fünfzig Zentimetern und verharrte ungefähr eine Minute lang schwebend.

Diese Demonstration rief in seinem Gesprächspartner nur tiefen Abscheu hervor – und bald darauf verließ der anonyme Meister der Levitation das Abteil und zeigte sich nicht wieder.

Was neben der reinen Tatsache der durch den Willen bewirkten Levitation hervorgehoben zu werden verdient, ist, daß der Vorgang eine beträchtliche Anstrengung erforderte. Der Experimentierende mußte schweigen und sich ganz auf ein Zentrum seines Organismus konzentrieren, um daraus den in aufeinanderfolgenden Wellen wirkenden Energiestrom hervorgehen zu lassen, der ihn von dem Sitz zurückstieß, so daß er sich in die Luft erhob. Er erreichte keine große Höhe, weil, so scheint es, eine noch höhere Erhebung eine übermäßige Anstrengung erfordert hätte. Der Experimentierende sah nach besagter Demonstration ermüdet aus und hatte keinerlei Bedürfnis mehr, sich zu unterhalten. Der Kräfteabbau bei ihm war deutlich sichtbar.

Was die Levitation von spiritistischen Medien betrifft, spricht vom hermetischen Standpunkt aus nichts dagegen, eine solche Möglichkeit und sogar Wirklichkeit zuzugeben – gleichgültig, ob die Levitation in der Dunkelheit oder bei Licht stattfindet, da die Sichtbarkeit nicht das einzige Mittel der Kontrolle ist. Wenn es photographisch bezeugte Fälle der Levitation von Gegenständen, wie z. B. Tischen, gibt, warum sollte es dann unmöglich sein, daß die Medien in ihrer Eigenschaft als physische Körper nicht durch dieselbe Kraft in die Höhe gehoben werden können, die bei den anderen physischen Gegenständen wirksam ist?

Man sagt: Die bewegende Energie, die bei mediumistischen Sitzungen die physischen Phänomene hervorbringt, strömt vom Medium aus. Warum sollte aber diese Energie, einmal aus dem Medium herausgesetzt, nicht das Medium selbst emporheben können? Warum sollte sie nicht einen anderen Stützpunkt finden können als den Körper des Mediums?

Die menschliche Elektrizität, die vom Organismus des Mediums ausströmt, kann diesen durchaus zum Objekt seiner Wirksamkeit machen – was übrigens „von mehreren Medien berichtet worden ist“[6]. Im Falle der Levitation von Medien muß jedoch hervorgehoben werden, daß das dabei wirkende Agens das gleiche ist wie bei der Levitation von Tischen und anderen physischen Gegenständen und daß folglich von einer Wirkung der „himmlischen“ oder geistigen Gravitation – wie im Falle der Verzückung von Heiligen – keine Rede sein kann. Es gibt also drei Arten von Levitation des menschlichen Körpers:

die Levitation in Verzückung, die von der „himmlischen Gravitation“ herrührt;

die Levitation, dank ausgeströmter, menschlicher Elektrizität, und zwar willentlich (willkürliche Magie) oder unwillentlich (Mediumismus).

Die willkürliche magische Levitation (die die Tradition Simon dem Magier zuschreibt, den der hl. Petrus durch sein Gebet zu Fall brachte) und die mediumistische Levitation haben gemeinsam, daß die eine wie die andere durch die aus dem menschlichen Organismus ausströmende elektrische Kraft vonstatten geht, die durch Abstoßung wirkt; und hierin unterscheiden sie sich von der Levitation der Heiligen, die durch die Anziehung von oben bewirkt wird.

Das Zentrum, aus dem man den für die „simonische“ Levitation notwendigen Strom ausströmen läßt, ist das der „vierblättrigen Lotosblume“ (mūlādhāra chakra), in der sich die Schlangenkraft (kundalini) befindet – die latente elektrische Kraft. Diese „Schlangenkraft“ kann entweder von oben (Yoga) oder von unten und außen (willkürliche Magie) erweckt und dirigiert werden. Im letzteren Fall dient sie als Agens bei der Levitation. Auf diese Weise hatte der amerikanische Okkultist, dessen Levitationsdemonstration wir gerade erzählt haben, dieses Phänomen zustande gebracht.

Man kann in diesem Zusammenhang, ohne auf Einzelheiten einzugehen, das Ausreiten der Hexen und Zauberer vom Lande erwähnen, von denen man erzählt, daß sie sich zu diesem Zweck eines Besens bedient haben. Nun erweckt der aus dem Zentrum an der Basis der Wirbelsäule ausströmende und rückstoßende Strom durchaus den Eindruck eines Strahlenbündels in Form eines Besens; die Zauberer bewegen sich also, obwohl sie ihren physischen Körper hinter sich lassen und gewissermaßen „verdoppelt“ sind, nach Art moderner Raketen.

In Estland haben die Menschen auf dem Lande einen besonderen Ausdruck für dieses Phänomen, der adäquater ist als „Besen“, nämlich: „Tulehänt – Feuerbündel“.

Aus dem ganzen Vorhergehenden folgt, daß man nicht alles in einen Topf werfen kann – die Levitation der Heiligen, die „simonische“ Levitation und diejenige der Medien. Es ist wirklich keine übermenschliche Angelegenheit, sie mit genügender Klarheit zu unterscheiden, um sie nicht zu verwechseln, vorausgesetzt, daß man sich darum bemüht.

Kehren wir jetzt zu dem Menschen zurück, der unter dem Gesetz der himmlischen Anziehungskraft lebt – dem „Aufgehängten“ – und sehen wir, was es heißt, auf Erden zu leben und gleichzeitig vom himmlischen Gravitationsfeld angezogen zu sein.

Das Gesetz von Graviation, Evolution und ganz allgemein des irdischen Lebens ist das der *Einrollung,* d. h. des Gerinnens des mentalen, seelischen und leiblichen Stoffes um die entsprechenden Zentren der Gravitation herum, wie die Erde, die Nation, das Individuum, den Organismus, während das Gesetz der Gravitation und der Evolution und ganz allgemein des geistigen Lebens die *Ausstrahlung* ist, d. h. die Ausdehnung des mentalen, seelischen und leiblichen Stoffes von einem absoluten Zentrum der Gravitation aus.

„Dann werden die Gerechten leuchten wie die Sonne im Reiche ihres Vaters“ (Mt 13, 43),

das ist die genaue und verständliche Charakterisierung des Gesetzes der himmlischen Gravitation.

Die entsprechende Formulierung, die das Wesen des Gesetzes der irdischen Gravitation ausdrückt, findet sich im Kapitel 6 der Genesis:

„Die Nephilim (Riesen) lebten damals auf Erden ..., als die Gottessöhne mit den Menschentöchtern verkehrten und diese ihnen Kinder gebaren, jene Helden der Vorzeit, die berühmten“ (Gen 6, 4).

Die „Söhne Gottes“ (בְּנֵי הָאֱלֹהִים – bene haelohim), d. h. die Wesenheiten, die im Bereich der göttlichen Gravitation lebten, wechselten das Gravitationsfeld, indem sie der Anziehung von *Besitz* oder *Einrollung* nachgaben, und ermöglichten die Geburt von Wesen, die mit einer großen Einrollungskraft begabt waren – die Riesen (nephilim). Sie tauschten die Ausstrahlung (den Zustand der Söhne Gottes) gegen die Einrollung (den Zustand der Riesen auf der Erde). Und seit jener Zeit zielt die Welt der Einrollung darauf ab, den *starken Heros* (gibbor) hervorzubringen, während die Welt der Ausstrahlung darauf ausgerichtet ist, den *Herold der Ausstrahlung* (tsaddik) oder den „Gerechten“ auf der Erde zu gebären. Es ist noch nicht lange her, daß Friedrich Nietzsche sich lauthals als Verfechter des Ideals des Gibbor, des „Übermenschen", erklärt hat und von neuem den Gerechten geißelte, eine Dornenkrone flocht, sie ihm aufs Haupt setzte, ihm Backenstreiche gab und ihn in seinen Büchern „Ecce Homo" und „Der Antichrist" verhöhnte.

Die Welt ist geteilt in Anbeter des „Gibbors", des starken Heros, und in solche, deren Liebe dem „Tsaddik", dem Gerechten, gilt. Nietzsche bestätigte nur mit Kraft und Talent, daß es so ist.

Ja, so ist es. Die irdische Gravitation, „das Fleisch", treibt den Menschen vorwärts, dem Ideal der Einrollung entgegen, d.h. dem Besitztum, der Macht und dem Genuß! Die himmlische Gravitation, „der Geist", zieht ihn hinan zum Ideal des Ausstrahlens, d.h. zu Armut, Gehorsam und Keuschheit.

Möchten doch die Okkultisten, Esoteriker und Hermetiker sich einmal über diesen Sachverhalt Rechenschaft ablegen und begreifen, daß die einzige Partei, die sie ergreifen können, ohne die Seele der Tradition zu verraten, die des Gerechten, des „Aufgehängten" ist, d.h., daß sie sich entschlossen und ohne Vorbehalt auf die Seite der Ausstrahlung stellen. Möchten sie doch von ihren Träumen und Trugbildern Abschied nehmen, die sich auf den „Übermenschen" beziehen und die immer noch in gewissen esoterischen Bruderschaften und Gesellschaften herumspuken, sei es in Gestalt des „Großmeisters", des „großen Eingeweihten" oder des „Erzmagiers"! Möchten doch unsere Gemeinschaften aus solchen Menschen bestehen, die von jedem zu lernen bereit sind, anstatt jeden zu belehren! Möchten sie aus Menschen bestehen, die mehr in dem Bewußtsein ihrer Schuld gegenüber Gott, dem Nächsten und der Welt leben, als in dem, recht zu haben! Kurz, mögen sie der himmlischen Anziehung folgen, die darin wirkt, indem sie die Neigung und die Liebe zu Armut, Gehorsam und Keuschheit weckt!

Wir müssen nicht nur klar sehen oder denken, sondern überdies *klar wollen.* Denn man kann nicht zwei Herren zugleich dienen.

Ich habe mich vom Thema des konkreten Zustands des Menschen entfernt, der unter dem Gesetz der himmlischen Gravitation lebt. Kehren wir dahin zurück. Zweierlei charakterisiert den Zustand des spirituellen *Menschen:* daß er *aufgehängt* und daß er *umgekehrt* ist. So sagt die hl. Teresa vom ersten charakteristischen Wesenszug:

„Indessen scheint sich hier die Seele in einem Zustande zu befinden, daß sie einerseits weder im Himmel ist noch vom Himmel einen Trost erhält, und andererseits weder auf Erden ist noch von der Erde einen Trost haben möchte; sie schwebt also gleichsam gekreuzigt zwischen Himmel und Erde und leidet, ohne daß ihr von irgendeiner Seite Hilfe kommt."[7]

Die Seele hängt zwischen Himmel und Erde; sie erlebt die völlige *Einsamkeit.* Denn es handelt sich dabei nicht mehr um die gewöhnliche

Einsamkeit, wo man *allein* ist *in* der Welt, sondern vielmehr um die völlige Einsamkeit, wo man allein ist, weil man *außerhalb* der Welt ist – sowohl der irdischen wie der himmlischen.

„In dieser Vereinsamung weilend" kann die Seele „mit dem königlichen Propheten von sich sprechen: ‚Ich finde keinen Schlaf, und ich klage wie auf dem Dach der verlassene Vogel' (Ps 102, 8). Vielleicht befand sich David, als er diese Worte sprach, in der nämlichen Verlassenheit ... An diesen Vers denke ich alsdann; ich meine, ihn an mir selbst erfüllt zu sehen, und es ist mir tröstlich, daß auch andere und noch dazu so heilige Personen dieselbe äußerste Verlassenheit empfunden haben."[8]

Dies ist der „Nullpunkt" zwischen den Feldern der irdischen und der himmlischen Gravitation. Von diesem Nullpunkt aus erhebt sich die Seele entweder zur Kontemplation der himmlischen und göttlichen Dinge, oder sie steigt zur Tätigkeit in den Bereich des Irdischen und Menschlichen hinab. Ihr ständiger Aufenthaltsort aber ist dort. Nach vollbrachter Erhebung oder Tätigkeit kehrt sie dorthin zurück. Die Einsamkeit der Wüste zwischen den beiden Welten ist ihre Wohnstätte.

Der andere charakteristische Zug des „spirituellen Menschen" besteht in der Tatsache, daß er umgekehrt ist. Das bedeutet erstens, daß der „feste Boden unter seinen Füßen" sich oben befindet, während das Feld hier unten ihm nur das der Wahrnehmung und der Probleme seines Kopfes ist. Zweitens bedeutet es, daß sein *Wille* mit dem Himmel verbunden ist und sich in unmittelbarem Kontakt mit der geistigen Welt befindet, ohne Vermittlung durch Denken und Fühlen. Dadurch „weiß" sein Wille Dinge, die der Kopf, sein Denken, noch nicht weiß, so daß es mehr die Zukunft – die himmlischen Pläne für die Zukunft sind, die in und durch seinen Willen wirksam sind, als die Erfahrung und die Erinnerung der Vergangenheit. Der „spirituelle Mensch" ist also buchstäblich der „Zukunftsmensch", weil die Zielursache (causa finalis) das Element ist, das seinen Willen aktiviert. Er ist der „Mensch des Willens", „l'homme de désir", im Sinne des Buches Daniel der Bibel und des von Louis Claude de Saint-Martin verfaßten gleichnamigen Buches, d.h. der Mensch, dessen Wille oben ist, oberhalb der Fähigkeiten seines Kopfes: also oberhalb des Denkens, der Vorstellungskraft und des Gedächtnisses.

Die normale Beziehung zwischen Denken, Fühlen und Wollen besteht bei einem zivilisierten, gebildeten Menschen darin, daß das Denken das Gefühl erweckt und den Willen dirigiert. Das Denken spielt dem Fühlen gegenüber die Rolle eines Stimulans mittels der Vorstellungskraft; und es spielt dem Wollen gegenüber die Rolle des Erziehers mittels der Vorstellungskraft und des Gefühls. Vor dem Handeln denkt man, macht sich Vorstellungen und hegt Gefühle, um schließlich zu wollen und zu handeln.

So verhält es sich nicht beim „spirituellen Menschen“. Bei ihm spielt umgekehrt das *Wollen* die Rolle des Anregers und Erziehers gegenüber dem Fühlen und dem Denken. Zuerst handelt er, dann will er, dann empfindet er den Wert seiner Handlung, schließlich versteht er sie.

Abraham verließ sein Geburtsland und durchquerte die Wüste, um sich in ein fremdes Land zu begeben, wo Jahrhunderte nach ihm ein von ihm entsprossenes Volk sein Vaterland finden und wo sich, wiederum Jahrhunderte später, das Heilswerk der Menschheit ereignen sollte. „Wußte“ er das alles? Ja und nein. Ja in dem Sinne, daß er *handelte, als ob er es wüßte,* da sein Wille begeistert war durch diese künftigen Dinge und durch ihre Größe und Tragweite. Nein in dem Sinne, daß er in seinem Denken und in seiner Vorstellung weder Plan noch klares Programm hatte. Er wußte weder genau wann, wie, noch in welchen Abschnitten sich diese Dinge realisieren würden.

Nun ist die Gewißheit, die zunächst den Willen ergreift, von wo aus sie sich auf das Fühlen und auf das Denken erstreckt, genau das, was der Apostel Paulus unter dem Ausdruck „Glaube“ (πίστις – fides) versteht. Nach ihm ist:

„der Glaube das feste Vertrauen auf das Erhoffte, ein Überzeugtsein *von dem, was man nicht sieht*“ (Hebr 11, 1),

und

„durch Glauben gehorchte Abraham, als der Ruf an ihn erging, auszuwandern an einen Ort, den er zum Erbe erhalten sollte; und er wanderte aus, ohne zu wissen, wohin es ging“ (Hebr 11, 8).

Abraham hatte also *das feste Vertrauen* auf das Erhoffte“, nachdem er „ein Überzeugtsein von dem, was man nicht sieht“ erfahren hatte, d. h., sein Wille wußte, während sein Verstand und sein Vorstellungsvermögen „nicht sahen“ oder nicht die ihnen entsprechende Gewißheit hatten. Dennoch *gehorchte er* und wanderte aus, ohne zu wissen, wohin er komme, d. h., er *handelte,* bevor sein Denken und Vorstellen verstanden hatten, daß eine ganze Welt in seine Tat mit eingeschlossen war. Als er auswanderte, folgte sein Kopf seinen Füßen: seine Füße waren also „oben“, insofern sie das Gebot des Himmels ausdrückten, und sein Kopf gehorchte ihnen und war „nach unten“ gewendet, insofern er nur die Entbehrungen, die Risiken und die Gefahren des Unternehmens sah. Abraham befand sich also genau im Zustand des „Aufgehängten“ unseres Arcanums.

„Durch Glauben gehorchte Abraham, als der Ruf an ihn erging ... und er wanderte aus ...“ (Hebr 11, 8).

„Gehorchte ... als der Ruf an ihn erging“ – das ist der Schlüssel zum Mysterium des Glaubens, des Wissens des Willens.

Der Wille ist eine aktive Kraft; er ist von Natur aus kein Organ der Wahrnehmung. Um aber doch wahrnehmen zu können, muß er – nicht etwa passiv werden, dann würde er nämlich einschlafen oder dahinschwinden, denn seine eigentliche Natur ist Aktivität, und wenn er aufhören würde aktiv zu sein, würde er zugleich aufhören, Wille zu sein – er muß vielmehr, um wahrnehmen zu können, das Zentrum der Anziehungskraft wechseln, d.h. sich umgestalten von „*mein* Wille" in „*dein* Wille". Nur die innerliche Tat der Liebe allein kann diesen Wechsel des Zentrums vollbringen, des Zentrums, dem der Wille dient oder um das er kreist. Anstatt um das Zentrum „ich" zu kreisen, kann er sich nach dem Zentrum „du" ausrichten. Diese durch die Liebe bewirkte Umgestaltung nennt man „*Gehorsam*".

Durch diesen Gehorsam nun ist der Wille fähig *wahrzunehmen.* Und was er wahrnehmen oder eingeflößt bekommen kann, ist die Offenbarung von oben, die ihn inspiriert, ihn lenkt und ihn stärkt.

Auf diese Art und Weise konnte der Wille der Märtyrer alles ertragen und war der Wille der Wundertäter in der Lage, alles zu vollbringen.

Die Berufung Abrahams war ein solcher Akt eingeflößter Offenbarung. Und „er gehorchte", sagt der Apostel. Man muß allerdings hinzufügen, daß er sogar schon vor seiner Abreise gehorchte. Denn die *Berufung* selbst setzt Gehorsam voraus, nämlich die Umzentrierung des Willens, die diesen erst fähig macht, den Ruf von oben zu empfangen. Denn der Wille muß bereits im Zustand des Gehorsams sein, damit er in der Lage ist, die Inspiration oder Intuition von oben wahrzunehmen und die Einprägung der Berufung zu empfangen, d.h. die *Gabe des Glaubens.*

Der Glaube als übernatürliche Gabe, von dem hier die Rede ist, ist nicht dasselbe wie das vernünftige und moralisch begründete natürliche Vertrauen, das man in eine Autorität setzt. Das Vertrauen, das man einem Arzt, einem Richter oder einem Priester entgegenbringt, ist nur natürlich. In der Tat ist es vernünftig und im Sinne der menschlichen Gerechtigkeit, die Autorität erprobter Sachverständiger anzuerkennen, also ihnen Vertrauen entgegenzubringen. Die hl. Teresa brachte ihren Beichtvätern vollstes Vertrauen entgegen, die sich indessen in der ernsten Frage der Quelle ihrer mystischen, gnostischen und magischen Erfahrungen geirrt hatten, namentlich darin, ob sie von Gott oder vom Dämon stammten. In dem Konflikt zwischen übernatürlichem Glauben und natürlichem Vertrauen, der in ihr stattfand, als ihre Beichtväter und die Theologen von Autorität ihre spirituellen Erfahrungen als vom Dämon herrührend erklärt hatten, trug der Glaube den Sieg davon. Denn es war der Konflikt zwischen der unmittelbaren und echten göttlichen Einwirkung auf den Willen einerseits und dem Vertrauen des menschlichen Denkens und Fühlens in eine Autorität, die nur eine Quelle aus zweiter Hand ist, andererseits. Die echte göttliche Offenbarung trug nicht nur in ihr den Sieg davon, sondern sie veranlaßte auch die betreffenden Beichtväter und Theologen, ihre Glaubwürdigkeit anzuerkennen.

Die Entzückungen der hl. Teresa waren solche des Glaubens, d.h. der Vereinigung des *Willens* mit Gott, der die anderen Fähigkeiten der Seele, nämlich Denken und Vorstellen, hinter sich zurückließ. Sie sagt darüber:

„Ich könnte nur das eine noch beifügen: die Seele nimmt wahr, daß sie mit Gott vereint ist; und davon bleibt ihr *eine solche Gewißheit, daß sie von diesem Glauben durchaus nicht lassen kann.* Hier schwinden alle Seelenkräfte und werden derart aufgehoben, daß man an ihnen, wie schon gesagt, durchaus keine Tätigkeit wahrnimmt. Hatte die Seele vorher über irgendein Geheimnis nachgedacht, so verliert sie es jetzt aus dem Gedächtnisse, und es ist, als hätte sie gar niemals daran gedacht. Hatte sie vorher gelesen, so vergißt sie jetzt das Gelesene und ist unfähig, ihre Aufmerksamkeit darauf zu richten. Ebenso ist es, wenn sie zuvor mündlich betete. Der kleine lästige Schmetterling des Gedächtnisses verbrennt sich also hier die Flügel und kann nicht mehr unruhig umherflattern. Der Wille ist zweifelsohne ganz mit Lieben beschäftigt, versteht aber nicht, wie er liebt. Wenn der Verstand erkennt, so versteht er doch nicht, wie er erkennt; wenigstens kann er von dem, was er erkennt, nichts begreifen. Mir scheint aber nicht, daß er erkennt; denn, wie gesagt, man merkt nichts davon …

Indessen ist überhaupt zu bemerken, daß die Zeit, während der alle Vermögen der Seele zugleich aufgehoben sind, auch in ihrer längsten Dauer meines Erachtens nur sehr kurz ist. Hält es eine halbe Stunde an, so ist dies schon sehr viel; bei mir hat es, wie mich dünkt, nie so lange gedauert. Man kann zwar die Zeit nicht wohl bemessen, weil man davon kein Bewußtsein hat; dennoch sage ich, daß es in einem fort gar nicht lange währt, bis eine oder die andere Kraft wieder zu sich kommt. *Der Wille hält sich hier am besten.* Die anderen zwei Kräfte werden bald wieder unruhig und lästig. Weil aber der Wille in seiner Ruhe verharrt, so hebt er eben dadurch jene Kräfte wieder auf, bis sie bald darauf abermals zum Leben zurückkehren. Auf solche Weise können, wie dies auch wirklich geschieht, allerdings mehrere Stunden des Gebetes vergehen; denn sobald die beiden Vermögen, Verstand und Gedächtnis, von jenem köstlichem Weine zu kosten und trunken zu werden beginnen, gehen sie leicht wieder sich selbst verloren, um ein weit größeres Gut zu gewinnen. Da *gesellen sie sich alsdann dem Willen bei,* und es ergötzen sich alle drei zugleich.“[9]

Der Wille mit Gott vereint und die beiden anderen Fähigkeiten „aufgehängt“ – das ist also der Zustand der Seele beim Empfang der übernatürlichen Gabe des Glaubens, und der so erfahrene Glaube überwindet bei der hl. Teresa die Skrupel, die von dem Vertrauen herrührten, das sie den Theologen entgegenbrachte.

Der von ihr beschriebene Zustand der Seele entspricht in allem dem Zustand des „Aufgehängten" in unserem Arcanum. Denn wie er ist die Seele der hl. Teresa *umgekehrt:* der Wille ist dem Kopf (dem Verständnis und dem Gedächtnis) voraus und erhebt sich über ihn. Der Wille empfängt dabei die göttliche Einprägung, die der Kopf einmal verstehen wird – oder auch nicht.

Nun strebt die praktische Hermetik an, daß die beiden anderen Fähigkeiten sich dem Willen in dem Augenblick zugesellen, in dem dieser im Zustand völligen Gehorsams gegenüber dem Göttlichen ist, d.h., sie sucht die Verwirklichung des letzten Satzes des oben zitierten Textes: „Da gesellen sie (die beiden anderen Fähigkeiten) sich dem Willen bei, und es ergötzen sich alle drei zugleich." Wir fügen hinzu: in der Freude der *Vereinigung,* der *Erkenntnis* und der künftigen *Verwirklichung* dieser Erfahrung, da die Hermetik die Gesamtheit von Mystik, Gnosis und göttlicher Magie ist.

Die praktische Hermetik bemüht sich also, das Denken und das Vorstellen (oder die Erinnerungskraft) zum Gleichschritt mit dem Willen zu erziehen. Darum verlangt sie eine beständige Anstrengung des vereinigten Denkens und Vorstellens, in *Symbolen* zu denken, zu meditieren und nachzusinnen. Der Symbolismus ist das einzige Mittel, der das Denken und Vorstellen fähig macht, sich diesem Willen in einem Akt aufnahmebereiten Gehorsams zu verbinden, wenn er die Offenbarung von oben empfängt, und nicht zurückzubleiben, so daß die Seele nicht nur die Offenbarung des Glaubens besitzt, sondern an dieser Offenbarung auch mit ihrem Verstehen und ihrem Erinnern teilhat.

Dies ist der Kernpunkt der praktischen Hermetik und zugleich ihr Beitrag zur christlichen Mystik. Ich sage: zur christlichen Mystik, nicht zur christlichen mystischen Theologie. Denn die Theologie rationalisiert die mystischen Erfahrungsinhalte, indem sie von ihnen Regeln und Gesetze ableitet, während die Hermetik Denken und Vorstellen an dieser Erfahrung teilhaben lassen will. Ihr Ziel ist die Erfahrung selbst, und nicht ihre Erklärung und Regelung.

Indem er wartet, ist auch der Hermetiker ein „Aufgehängter". Auch bei ihm überwiegt am Anfang und für lange Zeit danach der Glaube. Denn es ist eine schwierige Aufgabe, die eine lange innere Askese erfordert, Denken und Vorstellen dazu fähig zu machen, in der Nähe des Altars gegenwärtig zu sein und aufrecht zu stehen, wo das Feuer des Glaubens sich entzündet und brennt. Doch mit der Zeit wird die Lücke zwischen der Glaubens- und der Erkenntnisgewißheit immer schmaler. Auch Denken und Vorstellen werden immer mehr fähig, an der dem Willen gewährten Offenbarung des Glaubens teilzunehmen – bis der

Tag kommt, an dem sie als gleichberechtigte Gefährten des Willens daran teilnehmen. Das ist dann das geistige Ereignis, das man als „hermetische *Einweihung*" bezeichnet.

So kenne ich einen Menschen, der, als Soldat der weißen Armee, ungerecht von zwei Offizieren der verbündeten Marine beschuldigt wurde und im Zeitraum eines Augenblicks die Beziehung „begriffen" hatte, die zwischen Ewigkeit und Augenblick besteht. Das war eine plötzliche Erleuchtung von oben, die sowohl der Wille als auch das Denken und die Vorstellungskraft erhielten. Die drei Fähigkeiten der Seele wurden also zugleich davon ergriffen und erleuchtet.

Die echte Hermetik kann daher niemals im Widerspruch zum echten Glauben stehen. Sie kann nur den Meinungen der Theologen widersprechen, d.h. nicht dem *Glauben,* sondern dem *Vertrauen,* das man den Aussagen der Theologen entgegenbringt. Seltsamerweise sind die Theologen in der Regel sehr bescheidene und sogar demütige Menschen; aber in dem Augenblick, in dem sie sich auf den Lehrstuhl ihrer Wissenschaft setzen und sich in den Mantel ihrer „primären und sekundären Schlußfolgerungen" hüllen und ebenso und vor allem in den der „allgemeinen Übereinstimmung", verändern sie sich bis zur Unkenntlichkeit. Von bescheidenen Menschen, die sie sind, werden sie plötzlich zu Quellen göttlicher Orakel. Das kommt daher, daß ihre Wissenschaft die anspruchsvollste aller Wissenschaften ist, da sie Auslegerin der absoluten Wahrheit der Offenbarung ist. Hingegen sind die Gelehrten der Naturwissenschaften in der Regel sehr anspruchsvolle Menschen; aber die Disziplin ihrer Wissenschaft macht sie bescheiden. Das kommt daher, daß ihre Wissenschaft bescheiden ist, da sie Auslegerin der relativen Wahrheit der Erfahrung ist.

So haben wir das Paradoxon: bescheidene Leute werden anspruchsvoll bis zur Anmaßung dank ihrer Wissenschaft; und bis zur Anmaßung anspruchsvolle Leute werden bescheiden – ebenfalls dank ihrer Wissenschaft. Die Gefahr der einen ist, zuviel zu wissen, und die Gefahr der anderen ist, nichts zu wissen. So hat die empirische Wissenschaft durch den Mund ihres gewissenhaften Repräsentanten, des Physiologen du Bois-Reymond, ihr „ignoramus et ignorabimus" (wir wissen nicht und werden niemals wissen) hinsichtlich der sieben „Welträtsel"[10] erklärt:

1. das Wesen von Materie und Kraft;
2. der Ursprung der Bewegung;
3. die erste Entstehung des Lebens;
4. die zweckmäßige Einrichtung der Natur;
5. das Entstehen der einfachen Sinnesempfindung;
6. das vernünftige Denken und der Ursprung der Sprache;
7. die Willensfreiheit.

Andererseits haben bestimmte Theologen völlige Gewißheit nicht nur über diese „Welträtsel", sondern auch über das Schicksal der Seele nach dem Tod des Körpers und über das, was sie dann kann und nicht kann. So lesen wir:

„Beim Austritt aus dem Körper ist die Seele nicht mehr imstande, ihre moralische Richtung zu ändern, noch sich loszusagen vom vorherigen Hängen an der Sünde, sondern im Gegenteil: *sie beharrt aus sich selbst heraus* in derjenigen Disposition des Willens, in der sie der genaue Augenblick des Todes antrifft und, künftig unbeweglich geworden, lehnt sie sich gegen jede Idee des Widerrufs, der Bekehrung und der Reue auf."[11]

„Die Ewigkeit der Strafen besteht nur im Zusammenhang mit dem ewigen Beharren in dem widernatürlichen Zustand, in dem sich die Verdammten beim Verlassen des Lebens befanden."[12]

Demnach ist es also der Körper und nicht die Seele, der die Möglichkeit besitzt, seine moralische Richtung zu ändern und sich von der Sünde loszusagen, sich zu bekehren und zu bereuen, und es ist demnach genau der Augenblick des Todes und nicht das ganze irdische Leben, wodurch für alle Ewigkeit die moralische Disposition der Seele, also ihr ewiges Schicksal, bestimmt wird. Der sterbende Körper entließe also die Seele im Augenblick des Todes sozusagen wie eine Rakete mit einem „festgelegten Programm" (pre-set program rocket) in die Ewigkeit. Das Erbarmen Gottes handelt also nur bis zum Augenblick des körperlichen Todes, da das spätere Schicksal der Seele nur eine quasi mechanische Entfaltung der Disposition der Seele im Augenblick ihres Austrittes aus dem Körper wäre.

Das sind ohne Zweifel ungeheuerliche Schlußfolgerungen. Es ist also klar, daß der gewissenhafte du Bois-Reymond zu vorsichtig ist und in Konsequenz dieser Tatsache die Türen zum Skeptizismus öffnet, während der eifrige Theologe vermessen und voreilig ist und infolgedessen die Tore zum Unglauben öffnet. Denn es ist nicht möglich, zugleich der Aussage des Kardinals Billot und der des Evangeliums zu glauben, das sagt:

„Wenn jemand hundert Schafe hat und eines davon verirrt sich, wird er dann nicht die neunundneuzig auf den Bergen lassen und hingehen und das verirrte suchen? ... So ist es auch nicht der Wille bei eurem Vater im Himmel, daß eines von den Kleinen verlorengehe" (Mt 18, 12 14).

Entweder man glaubt, daß das Erbarmen Gottes begrenzt ist, d.h., daß es sich nur bis zum Augenblick des körperlichen Todes erstreckt, oder man glaubt, daß es unendlich ist und niemals aufhört, d.h., daß es Mittel besitzt, auch nach dem Augenblick der Trennung der Seele vom

Körper zu wirken. Hier steht die Liebe Gottes – nein, sogar seine Gerechtigkeit in Frage. Du Bois-Reymond hätte sagen müssen: „Nach den Methoden der zeitgenössischen Wissenschaft und den Fähigkeiten der Erkenntnis, die mir bis heute bekannt sind, *scheinen mir* die sieben großen Welträtsel *unlösbar zu sein;* aber wenn die Methoden und Erkenntnisfähigkeiten sich einmal ändern, ohne ihren wissenschaftlichen Charakter zu verlieren, würde es anders um die in Frage stehenden Rätsel bestellt sein." Und wäre es nicht besser gewesen, wenn Kardinal Billot gesagt hätte: „Es gibt in der Heiligen Schrift Stellen, die sich auf die Liebe Gottes und auf die Bestrafung der Sünde beziehen, die sich nach unserem heutigen logischen und moralischen Empfinden zu widersprechen scheinen. Da es unmöglich ist, daß sie sich wirklich widersprechen, habe ich eine persönliche Meinung formuliert, die sie mir auf eine für mich befriedigende Weise in Übereinstimmung bringt. Aber ich weiß nicht, ob sie die einzig mögliche Lösung des Problems ist, und ob es nicht noch andere und bessere gibt. Sicher ist indes, daß die Freiheit besteht und daß sie das Risiko der ewigen Hölle mit sich bringt, was auch der genaue Sinn des Wortes ‚ewig' sein mag, da dieses ein Dogma des Glaubens ist. Was den Mechanismus der Verwirklichung dieser Wahrheit betrifft, so habe ich darüber folgende Ansicht ..." (Und dann würde er seine Ansicht sagen, daß das irdische Leben der Bereich der Freiheit ist, während die jenseitige Welt derjenige des Fatums ist – eine Ansicht, die er noch gegen die Argumente der gegenteiligen Ansicht zu verteidigen hätte.)

Nun, die praktische Hermetik ist ebenso wie die christliche Mystik auf die Erfahrung des echten Glaubens gegründet, d.h. auf die Erfahrung des umgekehrten Menschen, wobei der Wille oberhalb von Intellektualität und Vorstellungskraft ist. Sein praktisches Ziel ist aber, die Intellektualität und die Vorstellungskraft zu gleichberechtigten Gefährten des der Offenbarung von oben gewürdigten Willens zu machen.

Das vollbringt man so:

Man *moralisiert* das Denken, indem man die *moralische Logik* an die Stelle der *formalen Logik* setzt. Man läßt moralische Wärme in den Bereich des „kalten Denkens" einströmen. Zugleich intellektualisiert man die Vorstellungskraft, indem man sie diszipliniert und sie den Gesetzen der moralischen Logik unterwirft. Das verstand Goethe unter „exakter Phantasie"; nämlich eine Disposition der Vorstellungskraft, in der diese das *Spiel* der freien und willkürlichen Assoziation aufgibt und sich der *Arbeit* an der durch moralische Logik vorgeschriebenen Assoziation befleißigt – gemäß den Gesetzen des *Symbolismus.*

So werden Denken und Vorstellen fähig, zu wachen und an der Erfahrung des die Gnaden von oben empfangenden Willens teilzuhaben.

Diese, wie man sagen könnte, zu lapidare Aussage erfordert eine weitere Ausführung.

1. „Man *moralisiert* das Denken, indem man an die Stelle der *formalen Logik* die *moralische Logik* setzt."

Das bedeutet: die Logik, die ausdrücklich oder stillschweigend mit den Formen des Syllogismus operiert, worin zwei Annahmen zusammen den gemeinsamen Implikanten bilden und die Schlußfolgerung das Implikat ist, tritt ihre Funktion als oberstes Berufungsgericht an die moralische Logik des Gewissens ab. So war die Logik des Argumentes von Kajaphas, der die Versammlung des Hohen Rates zu der Entscheidung gegen Jesus Christus überredete, vom Standpunkt der formalen Logik einwandfrei, zugleich aber eine grobe Verletzung der moralischen Logik:

„daß es besser ist, wenn ein Mensch für das Volk stirbt und nicht das ganze Volk zugrunde geht" (Jo 11,50).

Das ist das Argument des Kajaphas. Dieses Argument ist auf das logische Prinzip gegründet, daß „der Teil weniger ist als das Ganze", denn der Teil war „ein Mensch" und das Ganze war „das Volk".

Angesichts der Alternative: „Wenn wir ihn weitermachen lassen, werden alle an ihn glauben, und die Römer werden kommen und sowohl unsere Stadt wie unser Volk vernichten", wurde der Entschluß gefaßt, den Teil für das Ganze zu opfern.

Für die moralische Logik indessen gilt das *quantitative* Prinzip, daß der Teil weniger ist als das Ganze, nicht uneingeschränkt. Man muß hier unterscheiden. Denn schon in einem lebenden Organismus, in dem es nicht auf die *Größe* ankommt, sondern auf die *Wichtigkeit* der Lebensfunktion, würde das in Frage kommende Prinzip lauten: „Der Teil ist gleich dem Ganzen", weil zum Beispiel das Herz, das nur ein kleiner Teil des ganzen menschlichen Organismus ist, nicht geopfert werden kann, ohne das Leben des ganzen Organismus zu opfern.

Und im moralischen und geistigen Bereich, wo nur die Qualität zählt, gilt ein Gerechter mehr als das ganze Volk, wenn es sich nicht um ein *freiwilliges* Opfer handelt, sondern darum, wer geopfert werden *soll.* So kann sich im geistigen und moralischen Bereich das Prinzip der formalen Logik in sein Gegenteil verwandeln: „Der Teil ist mehr als das Ganze."

Dies ist also ein Beispiel für das Verfahren der „moralischen Logik" oder der „materiellen und qualitativen" Logik, die sich von der „formalen und quantitativen" Logik deutlich unterscheidet.

Vom Konflikt zwischen der Logik des LOGOS und der Logik „von dieser Welt" sagt der Apostel Paulus:

„Sie ... zogen umher in Schafspelzen und Ziegenfellen, darbend, geängstigt, mißhandelt. Sie, *deren die Welt nicht wert war,* irrten umher in Einöden und Gebirgen, in Höhlen und Klüften der Erde" (Hebr 11,37f).

Die „moralische Logik“ ist die menschliche Analogie zur Logik des Logos, wovon es heißt

„Es war das wahre Licht, das jeden Menschen erleuchtet, der in die Welt kommt“ (Jo 1,9).

Es ist die Logik des Glaubens, d.h. die Logik des Denkens, das teilnimmt an der dem Willen gewährten Offenbarung. Die „moralische Logik“ bringt *Wärme* in das Licht des Denkens, so daß dieses *sonnenhaft* wird, anstatt mondenhaft, wie es ist, wenn es nur Licht allein besitzt, kalt und ohne Wärme.

2. „Man intellektualisiert die Vorstellungskraft, indem man sie diszipliniert und dem Gesetz der moralischen Logik unterwirft.“

Das heißt, es ist eine Art *Askese* anzuwenden auf das Leben der Vorstellungskraft, um ihr willkürliches *Spiel* in *Arbeit* umzuwandeln, die von oben inspiriert und gelenkt wird. Dabei kommt dem Symbolismus die vornehmliche vorbereitende und erzieherische Rolle zu. Denn der Symbolismus ist zugleich imaginativ und logisch, d.h. logisch gemäß der „moralischen Logik“.

So bilden die Arcana des Tarot, mit denen wir uns hier beschäftigen, eine praktische Schule zur Erziehung der Vorstellungskraft, die diese fähig macht, als gleichberechtigte Gefährtin mit dem „sonnenhaft“ gewordenen Denken und dem „tierkreishaft“ gewordenen Willen an der Offenbarung von oben teilzuhaben. Sie intellektualisiert sich dann, d.h., sie verliert die ihr eigene fiebrige Glut und wird leuchtend; sie „selenisiert“ sich – wird „mondenhaft“, wie es die Verstandestätigkeit vor ihrem Sonnenhaftwerden war. Das Gebet, das man für die Seelen im Fegefeuer spricht: „Locum refrigerii, lucis et pacis dona eis, Domine – den Ort der Erquickung, des Lichtes und des Friedens gewähre ihnen, o Herr“, drückt gut aus, was die Vorstellungskraft braucht, damit sie reflektierend statt phantasierend wird.

Das Tierkreishaftwerden des *Willens,* das Sonnenhaftwerden des *Denkens* und das Mondenhaftwerden der *Vorstellungskraft* – diese drei Ausdrücke, die wir gewählt haben, um das von der Seele dem Himmel freiwillig dargebrachte Opfer ihrer Fähigkeiten zu bezeichnen, besagen, daß der Wille zum Gott zugewandten Wahrnehmungs- und Ausführungsorgan wird, wie es der Tierkreis im Makrokosmos ist; daß das Denken warm und leuchtend zugleich wird, wie die Sonne im Makrokosmos, und daß das Vorstellen rückstrahlend wird gegenüber der Wahrheit, wie im Makrokosmos der Mond gegenüber der Sonne.

Es handelt sich also um das Opfer der drei Seelenkräfte, das dem Himmel dargebracht wird. Dieses Opfer ist nichts anderes als die Verwirklichung der drei traditionellen und universalen Gelübde des *Gehorsams* oder der Opferung des Wollens, der *Armut* oder der Opferung des Denkens, und der *Keuschheit* oder der Opferung des Vorstellens.

Auf diesem Wege werden der Wille, das Denken und die Vorstellungskraft zu Spiegeln der Offenbarung von oben, anstatt Instrumente der menschlichen Willkür zu sein.

Dies bedeutet in der Sprache der esoterischen Psychophysiologie, daß die Verfassung des Kronenzentrums (der „achtblättrigen Lotosblume"), das immer außer Reichweite der menschlichen Willkür und ständig im Zustand „göttlicher Ruhe", d.h. zur Verfügung des Himmels, ist, sich auf die anderen Zentren oder „Lotosblumen" erstreckt. Diese entziehen sich eine nach der anderen dem Einfluß der menschlichen Willkür und tauchen ein in die „göttliche Ruhe", d.h., sie werden Organe der reinen Offenbarung. Die ganze menschliche psychophysiologische Organisation wird so zu einem göttlichen Instrument. Vollkommene *Heiligkeit* ist dann erreicht, wenn alle sieben (oder – in seltenen Fällen – acht) Zentren ganz und gar zur Verfügung des Himmels stehen. Der Grad der Heiligkeit – unter dem Gesichtspunkt der menschlichen psychophysiologischen Organisation – hängt davon ab, wie viele und welche Zentren zur Verfügung des Himmels stehen.

Die Hermetiker erreichen in der Regel keine vollständige Heiligkeit, wo alle sieben Zentren dem Göttlichen zur Verfügung stehen, da ihr Werk und ihre Mission – wenn eine Mission vorliegt – Bemühungen und Arbeiten mit sich bringen und erfordern, die die Bewahrung der menschlichen *Initiative* voraussetzen, d.h., daß wenigstens das Stirnzentrum (die „zweiblättrige Lotosblume") der menschlichen Freiheit, oder gegebenenfalls Willkür, zur Verfügung bleibt. *Wenigstens* der „zweiblättrige Lotos", sage ich, bleibt zur persönlichen Verfügung, weil er das Zentrum der *intellektuellen Initiative* ist. Er kann von der Offenbarung von oben für einige Zeit – Augenblicke, Minuten oder sogar Stunden – ergriffen werden, aber in der Regel muß der Hemetiker ihn zu seiner Verfügung haben. Es würde den Hermetiker übrigens hart ankommen, nur an das denken zu können, wozu er von oben veranlaßt wird, oder den intellektuellen Blick nur auf das zu richten, was von oben bestimmt ist.

Ich kenne einen Menschen, der auf solche Weise den Gebrauch des Zentrums der intellektuellen Initiative, das zugleich dasjenige der Steuerung der Aufmerksamkeit ist, „verloren" hatte und der, da er Hermetiker war, darunter sehr gelitten hat. Er konnte vieles und Großes begreifen – vor allem Dinge von allgemeiner Bedeutung –, aber er war wie gelähmt, wenn es um *seine* persönlichen Probleme ging. Er vermochte nicht, an das zu denken, was er gerne wollte, noch seine Aufmerksamkeit auf das zu richten, was er gerne gesehen und begriffen hätte. Das dauerte einige Zeit, bis ihm die Verfügungsgewalt über das betreffende Zentrum durch die Intervention eines Wohltäters von oben „zurückerstattet" wurde. Ich möchte denjenigen, die ähnliche oder gleiche Schwierigkeiten haben, empfehlen, sich an den heiligen Erzengel Michael zu wenden, der – so scheint mir – ein ganz besonderer Freund und Beschützer dieser Art von Hermetikern ist, die ich bei diesen Briefen im Auge habe, d. h. von Menschen, die Heiligkeit und Einweihung vereinen wollen oder nach einer heiligen und von oben gesegneten Hermetik streben.

Das Kartenbild des zwölften Arcanums des Tarot „Der Aufgehängte" stellt in erster Linie den Menschen dar, dessen Wille tierkreishaft geworden ist, denn das ist das entscheidende geistige Ereignis; das Sonnenhaftwerden des Denkens und das Mondhaftwerden des Vorstellens sind nur dessen Konsequenzen. Die beiden Bäume, zwischen denen der Aufgehängte schwebt, haben zwölf Narben, die durch Absägen ihrer Äste entstanden sind. Es sind zwölf Äste, weil der Tierkreis eine Zwölfheit an Wirkung und Einfluß ist, und sie sind abgesägt, weil der Aufgehängte sich außerhalb ihrer Wirkung und ihres Einflusses befindet und weil ihre Essenz *in ihm selbst* ist. Die zwölf Äste sind abgesägt und äußerlich unwirksam, da sie der *Wille* des Aufgehängten geworden sind – der tierkreishaft gewordene Wille, wie wir gesagt haben. Der „Aufgehängte" hat den Tierkreis *absorbiert;* er ist selbst Tierkreis *geworden.* Er ist der *Dreizehnte,* in dessen Willen die *zwölf* Diener Gottes – die zwölf Kanäle seines Willens – gegenwärtig sind.

Denn *zwölf* ist die Zahl der Formen des Willens und seines Handelns; *sieben* ist die Zahl der Grundformen des Fühlens und Vorstellens; *drei* ist das Zahlengesetz des Denkens und des Wortes; und *eins* endlich ist die Zahl des Ich, das denkt, fühlt und will. Die *Monade* offenbart sich also durch die dem Gedanken und dem Wort zugrunde liegende *Dreiheit,* durch die dem Gefühl und der Vorstellungskraft zugrunde liegende *Siebenheit* und durch die dem Willen und Handeln zugrunde liegende *Zwölfheit.*

Die Summe der Zahlen der Wirklichkeit – eins, drei, sieben und zwölf – ist also *zweiundzwanzig* (und nicht dreiundzwanzig), da die Eins die anderen Zahlen transzendiert und in sich schließt. Das ist der wahre Grund dafür, warum es *zweiundzwanzig* Große Arcana des Tarot gibt, nicht weniger und nicht mehr. Denn der Urheber des Tarot oder – wenn wir in der vertikalen Dimension der drei übereinander liegenden Welten und ihrer Zusammenarbeit denken – die Urheber hatten sich vorgenommen, nur solchen Dingen einen deutlichen symbolischen Ausdruck zu verleihen, die zählen. Und wie hätte er weniger oder mehr als zweiundzwanzig zählen können?! – Konnte er die Monade weglassen – die Grundeinheit hinter den Welten des Makrokosmos, d. h. Gott, und die Grundeinheit hinter den Bewußtseinszuständen des Mikrokosmos, d. h. die Seele? Konnte er an der heiligen Trinität Gottes, des Schöpfers, Erlösers und Heiligmachers vorübergehen? Oder an der Trinität des Menschen – dessen geistigem, seelischem und körperlichem Wesen, das das Ebenbild Gottes ist? Und weiter: Wie hätte er das Wirken der Trinität in den vier Elementen – Ausstrahlung, Ausbreitung, Beweglichkeit und Festigkeit, oder Feuer, Luft, Wasser, Erde – vernachlässigen oder übersehen können? Und nach der Würdigung des Wirkens der Trinität *in* der Vierheit der Elemente, wie hätte er der wirklichen Offenbarung des Wirkens der Trinität *durch* die Vierheit – d. h. der dreimal vier Modalitäten des trinitarischen Wirkens durch vier Mittel, sie zu verwirklichen – keine Achtung zollen können?

Da er keines der vier Glieder des Geheiligten Namens (oder des Tetragrammatons) – der die vier Glieder oder Zahlen umfaßt: eins, drei, sieben und zwölf – fortlassen konnte, entwarf und zeichnete der Urheber des Tarot zweiundzwanzig Arcana.

Aber zweiundzwanzig ist vier, und vier bedeutet drei, die die eins offenbart. Der Tarot ist also die auf zweiundzwanzig symbolische Weisen erläuterte Einheit.

Was den „Aufgehängten" betrifft, so sind die zwölf Äste der beiden Bäume, zwischen denen er schwebt, abgesägt. Das bedeutet – oder weist darauf hin –, daß er die Zwölf auf eins reduziert hat und daß er selbst deren einzige Manifestation ist. Er hat sozusagen den Tierkreis „verschlungen", was auf die Tatsache hinausläuft, daß sein Wille mit dem Willen, der sich auf dreimal vier Weisen kundtut, identisch geworden ist. Er trägt die Synthese der zwölf Modalitäten des Handelns des zugrunde liegenden göttlichen Willens in sich – oder vielmehr wird er durch sie getragen.

Das ist es, was die „Reduktion von zwölf auf eins" eigentlich meint. Es bedeutet aufgehängt zu werden, umgekehrt zu werden und zu leben unter dem Zeichen der himmlischen Gravitation, statt unter dem der irdischen Schwerkraft.

Wir haben gesagt: der „Aufgehängte" ist der dreizehnte. Der dreizehnte zu sein kann aber zweierlei bedeuten: entweder die Reduktion von zwölf auf eins – und dann stellt der „Aufgehängte" die *Grundeinheit* der zwölf Modalitäten des Willens dar – oder aber die Kristallisierung eines *dreizehnten* synthetischen Elementes. In diesem Falle würde es sich um ein Skelett handeln, das die letzte synthetische Kristallisierung des „tierkreishaft gewordenen" Willens ist und das ebenso das Prinzip wie das konkrete Bild des *Todes* ist. Da der *Tod* und seine Beziehung zum Skelett Gegenstand des folgenden Briefes über das dreizehnte Arcanum des Tarot „Der Tod" sein wird, bitte ich Sie, lieber Unbekannter Freund, sich dann den Zusammenhang der beiden Probleme, wie er hier aufgezeigt ist, wieder ins Gedächtnis zu rufen, nämlich des Problems der Identität des individuellen Willens mit dem Göttlichen Willen und des Problems der Anziehung von oben in ihrem doppelten Aspekt der Ekstase und des Todes.

Denn sowohl in der Ekstase als auch im Falle des natürlichen Todes findet die „Tierkreishaft-Werdung" des Willens statt.

Der „Aufgehängte“ stellt die erste Alternative dar, d.h. die grundlegende Einheit der zwölf Modalitäten des Willens. Diese sind die Wirk- und Zielursachen der geistigen, seelischen und stofflichen Ausstrahlung, Ausbreitung, Beweglichkeit und Festigkeit.

Man erhält einen tiefen und schwindelerregenden Eindruck von diesem kosmischen Hintergrund im kosmogonischen Hymnus des Rigveda. Er erweckt im Meditierenden zumindest eine Empfindung der Tiefe des kosmischen Grundantriebes oder das Gefühl der „Tierkreishaftigkeit“. Hier diese Hymne:

> „Damals war weder Nicht-Sein noch Sein;
> Es war weder Luftraum noch darüber das Firmament.
> Was bewegte sich so gewaltig? Wo? Unter wessen Schutz?
> War es das Wasser, das unergründlich tiefe?
>
> Zu jener Zeit war weder Tod noch Unsterblichkeit;
> es gab keinen Unterschied zwischen Nacht und Tag.
> Das Eine atmete aus eigenem Antrieb, ohne daß da Hauch war.
> Außerhalb dessen war nichts anderes.
>
> (Eine andere deutsche Übersetzung:
> „Es hauchte windlos in Ursprünglichkeit
> das Eine, außer dem kein anderes war.“)
>
> Im Anfang war die Finsternis verborgen durch die Finsternis.
> Das Universum war nur eine vage Welle.
> Damals, durch die Macht der Glut (Tapas) gebar sich das Eine,
> leer und bedeckt mit Leere.
>
> Das Verlangen regte sich daraus als Anfang der Entwicklung,
> (Verlangen) das die erste Saat des Bewußtseins war.
> In sich selbst forschend, wußten die Rishis zu entdecken
> durch ihr Nachdenken das Band zwischen Sein und Nicht-Sein.
>
> Ihr Seil war quer durchlaufend gespannt.
> Was war darunter? Was war darüber?
> Es gab Geber von Keimen (Saat); es gab Mächte.
> Schwung aus eigenem Antrieb (svadha) war unten, die Gabe des Selbst war oben.“[13]

So hatte eine Hinduseele gefühlt in einer Sternennacht vor mehr als dreißig Jahrhunderten im Anblick des Universums. Ist es nicht ein Kommentar der natürlichen Mystik zu dem *„Es werde Licht“* der Genesis?

An dieser Tiefensphäre, aus der der namenlose Verfasser der vedischen Hymne seine Inspiration schöpfte, hat der Aufgehängte durch seinen Willen Anteil. Er ist das Bindeglied zwischen Sein und Nicht-Sein, zwischen der Finsternis und dem geschaffenen Licht. Er findet sich aufgehängt zwischen dem Möglichen und dem Wirklichen. Und das Mögliche ist für ihn wirklicher als das eigentlich Wirkliche. Er lebt durch den echten *Glauben*, und das bezeichnet das hermetische Buch „*Kore Kosmu*“ als „die Gabe der vollkommenen Schwärze“, d. h. die Gabe völliger Gewißheit, geschöpft aus dem Schwarz der ultra-leuchtenden Finsternis. Denn es gibt Finsternis und „Finsternis“. Die erstere ist die der Unwissenheit und Blindheit; die letztere ist die der Erkenntnis, die die natürlichen menschlichen Erkenntnisfähigkeiten überragt; sie offenbart sich in der intuitiven Schau. Sie ist ultra-leuchtend im selben Sinne, wie die ultravioletten Strahlen die Skala der für das menschliche Auge sichtbaren Farben übersteigen.

Es gibt eine Stelle in der „Vita Antonii“ des hl. Athanasius, des Bischofs von Alexandria, die sich auf diesen Gegenstand bezieht: „Wieder kamen hierauf andere zu ihm, Menschen, welche bei den Heiden als Weise gelten, und forderten von ihm Auskunft über unseren Glauben an Christus ...“

Antonius der Große sagte ihnen durch einen Dolmetscher:

„‚Ihr stützt euch aber doch auf eure Fertigkeit in Beweisreden; ihr habt diese Kunst und deshalb wollt ihr, daß auch wir Gott nicht ohne den Wortbeweis verehren. Sagt ihr nun zuerst: Wie lassen sich die Dinge und besonders die Gotteserkenntnis genau erfassen, durch Beweisreden oder durch tätigen Glauben? Was ist zuerst vorhanden, der wirksame Glaube oder der Wortbeweis?‘ Als sie antworteten, das Ursprünglichere sei der Glaube, der sich im Handeln äußert, und dies sei genaue Erkenntnis, bemerkte Antonius: ‚Ihr habt wohl gesprochen. Denn der Glaube kommt aus einer bestimmten Verfassung der Seele, die Dialektik aber geht aus der Kunst ihrer Urheber hervor. Die also, welche den wirksamen Glauben haben, brauchen den Wortbeweis nicht, er ist vielmehr sogar überflüssig. Was wir aus dem Glauben wissen, das versucht ihr durch Worte aufzubauen; oft könnt ihr aber gar nicht sagen, was wir meinen. Die Tat durch den Glauben ist daher besser und kräftiger als eure sophistischen Syllogismen.‘“[14]

Hier haben wir einen deutlichen Vergleich zwischen der Gewißheit aus der „Kraft des Glaubens“ und der des Beweises durch Verstandesgründe. Es ist der gleiche Unterschied, wie der zwischen der Photographie von einem Menschen und der Begegnung mit diesem Menschen. Es ist der Unterschied, der zwischen Abbildung und Wirklichkeit besteht, zwischen der Idee, die man sich von der Wahrheit macht, und der gegenwärtigen und wirkenden Wahrheit selbst.

Die Gewißheit des Glaubens entspringt der gelebten Begegnung mit der Wahrheit und ihrem überzeugenden und umwandelnden Wirken, während die Gewißheit der Beweisführung nur ein mehr oder weniger gehobener Grad an *Wahrscheinlichkeit* ist, weil sie abhängt von der Gültigkeit unserer Beweisführung und von der Vollständigkeit und Genauigkeit der gegebenen Tatsachen, die ihr zur Grundlage gedient haben. Eine neue Gegebenheit kann das ganze Gebäude unserer Beweisführung umkehren, ebenso wie eine gegebene Tatsache, die sich als falsch oder ungenau erweist, dieselbe Konsequenz haben kann. Darum ist jede auf Verstandesgründe gestützte Überzeugung innerlich *hypothetisch* und schließt folgenden Vorbehalt ein: „Vorausgesetzt, daß die Daten, die mir vorliegen, vollständig und genau sind und daß keine anderen auftauchen, die ihnen widersprechen, bin ich durch folgende Argumente zu dem Schluß gekommen, daß ... usw." Die Gewißheit des Glaubens hingegen hat nichts Hypothetisches: sie ist absolut. Die christlichen Märtyrer starben nicht etwa für Hypothesen, sondern für die Wahrheiten des Glaubens, von denen sie absolute Gewißheit besaßen.

Man bleibe mir fern mit dem Einwand, daß auch die Kommunisten manchmal für ihren Marxismus-Leninismus sterben! Denn wenn sie es freiwillig tun, geschieht es keineswegs für ihr Dogma von der Oberhoheit der Wirtschaft und vom ideologischen Überbau, sondern vielmehr für das Korn christlicher Wahrheit, das ihre Herzen ergriffen hat, nämlich das der menschlichen Brüderlichkeit und sozialen Gerechtigkeit. Der Materialismus als solcher hat keine Märtyrer – *und kann sie nicht haben;* und wenn er welche zu haben scheint, so zeugen die Märtyrer, die er sich zuschreibt, in Wahrheit *gegen* ihn. Denn dies ist ihr Zeugnis: „Es gibt höhere Werte als die Wirtschaft, sogar als das Leben; denn wir opfern nicht allein materielle Güter, sondern auch unser Leben." Das ist ihr Zeugnis gegen den materialistischen Marxismus. Und hier ist ihr Zeugnis gegen die Christenheit: „Wir haben die Fülle des Glaubens verloren, es bleibt uns nur noch ein Korn. Doch selbst dieses Korn, das uns bleibt, ist derart kostbar, daß wir unser Leben dafür geben. Und ihr, die ihr die Fülle des Glaubens habt, welches ist euer Opfer für ihn?" So sieht ihr Zeugnis gegen die Christenheit aus ... insoweit auch sie materialistisch ist. Denn es gibt einen doktrinären Materialismus, der mit einem durch den Glauben beeinflußten Willen verbunden ist, und es gibt andererseits einen doktrinären Spiritualismus, der mit einem von materialistischen Interessen beeinflußten Willen einhergeht.

Es ist diese Dualität, die Häresien und Sekten hervorbringt. So leugneten die Anhänger des Arius die Göttlichkeit Jesu Christi nicht, weil sie der Vernunft widersprach, sondern vielmehr, weil sie ihnen der Vernunft zu widersprechen schien als Folge der Tatsache, daß ihr *Wille* ihr entgegengesetzt war. Der Messias, den sie *wollten,* war der Messias, den die jüdische Orthodoxie wollte. Und wie letztere Christus verwarf und kreuzigen ließ aufgrund der Anklage „sich zum Sohn Gottes gemacht" zu haben („Die Juden antworteten Pilatus: ‚Wir haben ein Gesetz. Und nach dem Gesetz muß er sterben, weil er sich zum Sohn Gottes gemacht hat'", Jo 19,7), so brachten die Arianer die gleiche Anschuldigung gegen die Kirche vor, indem sie erklärten, daß sie Christus zum Sohne Gottes gemacht habe.

Die Arianer waren durchaus nicht weniger gebildet oder intellektuell weniger begabt als die Rechtgläubigen. Was ihnen fehlte, war der durch die Offenbarung von oben erleuchtete Wille, d.h. der echte Glaube. Er blieb, wie er vor Jesus Christus war und wie er in der jüdischen Orthodoxie lebte und wirkte. In der Tat *wollten* die Arianer einen anderen Messias, und da sie Christen waren, ließen sie es sich angelegen sein, den Messias gemäß ihrem vorchristlichen Willen umzuändern.

Wo indessen der Wille die Offenbarung von oben erfassen und ihm das Verständnis folgen würde, d.h. im Falle des „Aufgehängten", wäre die Gewißheit absolut und keine Häresie könnte daraus hervorgehen – wenn wir unter „Häresie" Lehren oder Grundsätze verstehen, die schädlich für die Sache des Heils oder unvereinbar mit den Glaubenswahrheiten sind. Der „Aufgehängte" kann wohl der Häresie *beschuldigt* werden, aber er kann niemals deren Urheber sein. Sein Element ist der echte Glaube, und wie könnte der echte Glaube – oder das göttliche Wirken im menschlichen Willen – Dinge hervorbringen, die im Widerspruch zu ihm stehen?

Wissen Sie, was die Unfehlbarkeit ex cathedra des Papstes in Fragen der Lehre und der Moral bedeutet? Sie bedeutet, daß er sich im Zustand des „Aufgehängten" befindet, wenn er sich „ex cathedra" über die Angelegenheiten des Glaubens und der Moral äußert ... Es ist der Zustand, in dem sich der Apostel Petrus, der Fels, befand, als er sagen konnte: „Du bist Christus, der Sohn des lebendigen Gottes" – und zu dem der Herr sagte: „Nicht Fleisch und Blut haben dir dies offenbart, sondern mein Vater, der in den Himmeln ist." – Und wie der Fels keine Eigenbewegung hat und nur ein bewegtes Objekt sein kann, ebenso ist der Wille dessen, der sich im Zustand des „Aufgehängten" befindet, seiner Eigenbewegung beraubt und kann nur von oben bewegt werden.

Da haben Sie eine Seite des Mysteriums der Unfehlbarkeit in den Angelegenheiten des Glaubens und der Moral. Es ist die gelähmte, zum Nichts herabgeminderte Willkür, der Zustand des Felsens, der die Unfehlbarkeit des Urteils in diesem Bereich schützt. Es ist vor allem die Beseitigung der Quelle von Irrtümern, um die es sich handelt; denn in der Regel macht der römische Pontifex eine Aussage „ex cathedra" nicht als Prophet, sondern als Oberhaupt der Kirche.

Das ganze Mysterium der Unfehlbarkeit hat zweifelsohne auch noch andere Aspekte, darunter den, den wir im fünften Brief über das fünfte Arcanum des Tarot „Der Papst" behandelt haben, und tiefere noch, aber der Aspekt, der sich im Lichte des Arcanums „Der Aufgehängte" darbietet, ist solcherart, daß er die größte Klarheit über das in

Frage stehende Problem liefert, da dieses Arcanum das des echten Glaubens ist.

Der Glaube bringt absolute Gewißheit mit sich, vor allem wenn er sich nicht auf den Willen allein beschränkt, sondern wenn es ihm gelingt, an seinen Erfahrungen auch Verständnis und Vorstellung teilnehmen zu lassen. Dann wird die Seele zum Wohnsitz einer Art von christlicher Glaube-Weisheit-Symbolik, die der Glaube-Weisheit-Symbolik des *Sohar*, d.h. der jüdischen Kabbala, ähnlich ist. Die letztere verhält sich dann zur ersteren wie das Alte Testament zum Neuen Testament in der Bibel; und wie das Alte und das Neue Testament zusammen die Heilige Schrift bilden, ebenso bilden die jüdische Kabbala und die christliche Glaube-Weisheit-Symbolik zusammen die christliche Hermetik. Wie man in der christlichen Theologie das Alte Testament nicht übergehen kann, ebenso kann man in der christlichen Hermetik die Kabbala nicht übergehen. Das ist das Gesetz der Kontinuität der lebendigen Tradition oder das Gebot: Ehre deinen Vater und deine Mutter. Nun ist die Mutter der christlichen Hermetik die Kabbala, und ihr Vater ist die ägyptische Hermetik, deren hellenisierte Schriften uns in der Form des „Corpus Hermeticum" überliefert sind, das 29 (oder mehr) Abhandlungen umfaßt. Das „Corpus Hermeticum" (die Werke, die dem Hermes Trismegistos zugeschrieben oder durch ihn inspiriert sind) ist das ägyptisch-hellenistische Gegenstück zum jüdischen Sohar und ganz allgemein zur jüdischen Kabbala.

Dabei handelt es sich nicht um die „Anleihesucht" der Methode der historischen und philologischen Wissenschaft – die übrigens immer unfruchtbar ist –, denn obwohl „Moses in aller Weisheit der Ägypter unterwiesen" war (Apg 7,22), hatte er nichtsdestoweniger die wirkliche und echte Begegnung mit dem „Engel Jahwes in einer Feuerflamme, mitten aus einem Dornbusch heraus" (Ex 3,2). Diese Begegnung war der Anfang seiner Mission.

Nein, *gelebte* Dinge lassen keine Anleihen zu. Sie folgen sich, wie menschliche Generationen einander folgen, und sie sind einzig durch die tiefen Bande der Erblichkeit verkettet, d.h. durch die Kontinuität des *Lebens* der Tradition – der Mühen, der Probleme, der Bestrebungen und der Leiden.

Wie eine Generation an die andere die *Organe* der Erkenntnis und den *vitalen Impuls* zu ihrem Gebrauch überliefert, ebenso sind die einzelnen Stadien in einer geistigen Tradition wie der von Ägypten-Israel-Christentum sozusagen Inkarnation neuer Seelen, die nur die Organe und den Antrieb (Körper und Blut) ihrer Vorgänger erben. Israel ist eine neue Seele im Vergleich zu Ägypten, und das Christentum ist eine neue Seele im Vergleich zu Israel. Ägypten hatte nach dem Gott der Götter gestrebt und hatte den Erfolg, zu einer hohen Erkenntnis Gottes – sogar zu echtem Glauben – zu gelangen, wie es die Schriften des

„Corpus Hermeticum" bezeugen. Israel hatte Umgang mit diesem Gott gehabt durch die Vermittlung des Moses und der Propheten; und was endlich das Christentum betrifft, so ist Gott Fleisch geworden. Von den Heiligtümern Ägyptens durch die Wüste Sinai bis zum Kreuz auf dem Kalvarienberg führt ein Weg – der Weg der göttlichen Offenbarung einerseits und der historische Weg des Monotheismus im menschlichen Bewußtsein andererseits. Das Christentum hatte keineswegs die „Idee des Messias" dem Judentum „entlehnt", denn Jesus Christus war nicht eine „Idee", sondern die Verkörperung des Wortes und die Erfüllung der Hoffnung Israels. Genauso war der Gott des Moses und der Propheten nicht den Heiligtümern Ägyptens „entlehnt", denn Wolke, Blitz und Donner vom Berge Sinai, wo er sich offenbarte, sind keine Dinge, die man entlehnen kann. Die Vision des Schöpfergottes in einem ägyptischen Heiligtum, wie sie in der hermetischen Abhandlung „Poimandres" beschrieben ist, wurde von niemandem „entlehnt". Hier ihre Einleitung:

„Eines Tages, als ich begonnen hatte, über die Wesen zu meditieren, und als meine Gedanken dabei in die Höhen schwebten, während meine körperlichen Sinne in Bande gelegt worden waren, wie es denen ergeht, die ein tiefer Schlaf überwältigt ... schien es mir, daß sich mir ein Wesen von ungeheurem Wuchs und außerhalb jeden bestimmbaren Maßes zeigte, das mich bei meinem Namen rief und zu mir sagte: ‚Was willst du hören und sehen und durch den Gedanken erfahren und erkennen?'."[15]

Es ist also offensichtlich, daß es sich um eine geistige *Erfahrung* handelt und nicht um irgendwelche durch Hörensagen weitergegebene Auskünfte.

Die lebendige Tradition ist kein Strom des Hörensagens, sondern vielmehr die Folge von Offenbarungen und Bemühungen. Sie ist die „Biographie" des *echten Glaubens.*

Der echte Glaube – der Zustand des „Aufgehängten" unseres Arcanums – unterscheidet sich also dadurch von der Erkenntnis mittels Beweisführung und Schlußfolgerung, daß er die absolute Gewißheit besitzt, während die Schlußfolgerung nur zu einer relativen Gewißheit führt. Indessen ist die Schlußfolgerung nicht die einzige Methode der Erkenntnis. Es gibt auch sogenannte okkulte oder „übernatürliche" Erkenntnismethoden. Ich habe dabei die verschiedenen Formen des Hellsehens – des körperlichen, seelischen und geistigen – im Auge. Welches ist nun die Beziehung zwischen echtem Glauben und den Erfahrungen des Hellsehens?

Zunächst muß man festhalten, daß der ganze Bereich der übersinnlichen Erfahrungen sich in zwei wesentlich verschiedene Gebiete teilt, nämlich in dasjenige der Wahrnehmung dessen, was *außerhalb*, und dasjenige der Offenbarung dessen, was *oberhalb* der Seele ist, oder die horizontale Wahrnehmung und die vertikale Offenbarung. Letztere ist trans-subjektiv und erstere ist außer-subjektiv oder objektiv. Die hl. Teresa nannte sie „imaginäre Vision“ (d.h. *bildhafte,* „einbildliche“) und „intellektuelle Schau“ (d.h. *nicht-bildhafte*). Hier ein Beispiel der „intellektuellen Schau“:

„Als ich mich an einem Festtage des glorreichen heiligen Petrus eben im Gebete befand, sah ich oder, besser gesagt, nahm ich wahr – ich sah nämlich weder mit den Augen des Leibes noch der Seele etwas –, daß Christus ganz nahe bei mir stand. Zugleich erkannte ich, daß er es sei, der, wie mir geschienen, (immer) zu mir spreche. Ich wußte ganz und gar nicht, daß es eine solche Vision geben könne; darum überfiel mich anfangs eine große Furcht, und ich konnte nur weinen. Sobald aber der Herr nur ein einziges Wort zu meiner Beruhigung gesprochen, war ich, wie gewöhnlich, voll Ruhe, voll Trost und ohne alle Furcht. Es kam mir vor, als befinde sich Jesus immer an meiner Seite; weil dies aber *keine einbildliche Vision war,* so sah ich auch keine Gestalt von ihm, *erkannte jedoch sehr klar,* daß er allzeit zu meiner Rechten ging und Zeuge meines Tuns und Lassens war. Sobald ich mich nur ein wenig sammelte, oder wenn ich nicht gar zu sehr zerstreut war, mußte ich wahrnehmen, daß er sich neben mir befand.

Sogleich, aber schweren Herzens, begab ich mich zu meinem Beichtvater, ihm diese Vision mitzuteilen. Er fragte mich, in welcher Gestalt ich Christum sehe? Ich antwortete, daß ich ihn nicht sehe. Darauf fragte er wieder, wie ich denn wisse, daß es Christus sei? Ich antwortete, daß ich das ‚Wie‘ selbst nicht wisse; aber ich könne nicht umhin, wahrzunehmen, daß er neben mir weile, ich sehe und erkenne es klar ... Ich konnte mich nur durch Gleichnisse ausdrücken, um mich verständlich zu machen; aber für diese Art von Visionen scheint mir keines recht zu passen. Sie gehört zu den erhabensten, die es gibt, wie mir später ein heiliger, im geistlichen Leben sehr erfahrener Mann, Bruder Petrus de Alcántara mit Namen, sagte ... auch andere hochgelehrte Männer behaupteten dasselbe. Nach ihnen ist es unter allen Arten von Visionen gerade diese, in die sich der böse Feind am allerwenigsten einmischen könne ... Sage ich, ich sehe Christum weder mit den Augen des Leibes noch der Seele, eben weil es keine (körperliche, noch auch eine) einbildliche Vision ist: wie kann ich dann, und zwar weit klarer, als wenn ich ihn sähe, erkennen und auf der Behauptung bestehen, daß er neben mir sei? Denn ob es auch scheinen möchte, es sei hier ebenso, wie wenn jemand, der blind oder im Finstern ist und also nichts sieht, einen anderen neben sich bemerkt, so paßt dieses Gleichnis doch nicht recht. Es hat wohl eine Ähnlichkeit damit, aber nicht viel; denn dort hat man das Zeugnis der Sinne; man hört den anderen reden oder sich bewegen, oder tastet ihn an; hier aber kommt nichts solches vor. Auch merkt man keine Finsternis, sondern der Herr stellt sich der Seele in einer Wahrnehmung dar, die weit klarer ist als die Sonne. Ich sage nicht, daß man Sonnenlicht oder eine andere Klarheit sieht; es ist aber ein Licht, das den Verstand, ohne daß man Licht sieht, erleuchtet, auf daß die Seele ein so großes Gut genieße ... Mein Beichtvater fragte mich, wer es mir denn gesagt habe, daß dies Jesus Christus sei? Ich antwortete: Er selbst sagt es mir oft; und schon ehe er es mir gesagt, ist es *meinem Verstande eingeprägt;* aber auch schon vorher hatte er es mir gesagt, als ich diese Vision noch nicht hatte. ... Ja, nach dem Willen des Herrn soll seine Gegenwart dem Verstande so deutlich eingeprägt werden, daß ein Zweifel noch weniger möglich ist, als wenn man etwas mit leiblichen Augen sieht."[16]

Und hier ein Beispiel der bildhaften Vision:

„Eines Tages nun, als ich eben im Gebete war, wollte mir der Herr bloß seine Hände zeigen, die in so wunderbarer Schönheit erglänzten, daß ich es gar nicht aussprechen kann ... Wenige Tage darnach schaute ich auch sein göttliches Angesicht, worüber ich vor Staunen ganz außer mir zu sein schien. Ich konnte nicht begreifen, warum der Herr, der mir doch später noch die Gnade erwies, daß ich ihn ganz schauen sollte, sich mir nur so allmählich zeigte ... Als ich an einem Feste des heiligen Paulus der Messe anwohnte, zeigte sich mir die ganze heiligste Menschheit, so wie sie in der Auferstehung gemalt wird ... Weder diese, obwohl einbildliche Vision, noch irgendeine andere habe ich mit leiblichen Augen geschaut, sondern mit den Augen der Seele.

Die es besser verstehen als ich, sagen, die vorher besprochene Art von Visionen sei vollkommener als diese, und diese sei wieder weit vollkommener, als wenn man etwas mit leiblichen Augen schaut. ... Wenn ich auch viele Jahre lang bemüht gewesen wäre, mir mit meiner Einbildungskraft etwas so Schönes vorzustellen, so hätte ich es nicht vermocht. Schon allein die Weiße und der Glanz einer solchen Vision übertrifft alles, was man sich auf Erden vorstellen kann. Es ist dies kein Glanz, der blendet, sondern eine liebliche Weiße, ein eingegossener Glanz, der dem Schauenden nicht wehe tut, sondern ihm das höchste Ergötzen bereitet. Auch die Lichthelle, die hier leuchtet, um eine so göttliche Schönheit schauen zu können, blendet nicht. ... Aber es liegt gar nichts daran, ob die Augen geöffnet oder geschlossen sind; wenn der Herr will, so sehen wir es, und zwar auch gegen unseren Willen."[17]

Diese Beispiele genügen, um eine klare Vorstellung davon zu vermitteln, was *trans-subjektive Erfahrung* oder „intellektuelle Schau" ist, wie sie die Heilige nennt, und was *außer-subjektive Erfahrung* oder „bildhafte Vision" ist. Die erstere ist die Hineinstrahlung der geistigen Erfahrung in die Seele, die oberhalb der Seele stattfindet; die Seele selbst bemerkt nichts davon – sie reagiert nur auf das, was der Geist erfährt, der sie teilhaben läßt an den Früchten seiner Erfahrung. Sie ist *trans-subjektiv,* weil die Offenbarung selbst weder außerhalb noch innerhalb der Seele stattfindet, sondern vielmehr oberhalb ihrer, d.h. im Geiste. So geschieht es, daß die Seele eine *Gewißheit* hat, als habe sie gesehen, ohne indessen gesehen zu haben, und als habe sie gehört, ohne gehört zu haben. Es ist der Geist, der in sie die Gewißheit seiner sicheren Erfahrung hineinstrahlt. Er ist es, der auf seine Weise „sieht", „hört" und „berührt" und in die Seele die Früchte seiner Erfahrung einfließen läßt – es ist die gleiche Sicherheit oder sogar noch eine höhere als die, welche die Seele haben würde, wenn sie selber „gesehen", „gehört" und „berührt" hätte.

Bei der außer-subjektiven Erfahrung oder „bildhaften" Vision ist es die Seele selbst, die „sieht", „hört" und „berührt". Sie „sieht" dabei außerhalb ihrer, aber mit den „Augen der Seele", d.h., ihr Sehen ist keine Halluzination der körperlichen Sinne, sondern vielmehr eine *von außen* und nicht durch ihre eigene Willkür angeregte Imagination. Nun können die von außerhalb der Seele verursachten Bilder nicht anders gefühlt und bestimmt werden denn als *Wahrnehmungen.* Und da sie keine körperlichen Wahrnehmungen sind, erfährt und beschreibt man sie als „Wahrnehmungen der Seele". Darum spricht die hl. Teresa von der Schau „mit den Augen der Seele".

„Die Augen der Seele", von denen sie spricht, sind das, was wir in der modernen Hermetik „Lotosblumen" oder einfach „Lotos" nennen, und was der hinduistische Yoga „Chakras" oder Zentren nennt.

Nun sind die oberen „Lotosblumen" – die achtblättrige, zweiblättrige und sechzehnblättrige – die Organe, deren sich der Geist im Falle der Offenbarung von oben bedient (sei es der menschliche Geist allein, sei es der mit dem göttlichen Heiligen Geist verbundene menschliche Geist, sei es endlich der menschliche Geist, der mit einem anderen menschlichen oder hierarchischen Geist durch und in dem Heiligen Geist verbunden ist), also im Falle der „intellektuellen Schau" der hl. Teresa.

Die unteren „Lotosblumen" – die zehnblättrige, sechsblättrige und vierblättrige – sind die Organe der horizontalen Wahrnehmung, d.h. der „bildhaften Vision" der hl. Teresa.

Was das *Herz* betrifft, d.h. den zwölfblättrigen „Lotos", so hat es teil an beiden Arten der Vision oder, wenn sie so wollen, besitzt es eine *dritte* Art hellseherischer Wahrnehmung, die die Synthese der beiden anderen ist. Denn das „Herz" ist das Zentrum oder der „Lotos" der *Liebe* – da besteht in Wahrheit nicht mehr die Frage nach „oben" oder „außen" und auch nicht nach „oberhalb" und „unterhalb", weil die Liebe alle Entfernungen und alle Verschiedenheiten des „Raumes" – selbst die Verschiedenheiten des geistigen Raumes – aufhebt und die Macht hat, alle Dinge gegenwärtig zu machen. Auf diese Weise ist Gott in einem von Liebe entflammten Herz gegenwärtig.

Das Herz nimmt die verschiedenen Arten von Anwesendsein als Eindrücke und Abstufungen der geistigen *Wärme* wahr. So erkannten die Herzen der beiden Jünger auf dem Wege nach Emmaus den, der mit ihnen auf diesem Wege war, längst bevor ihre Augen und ihr Verständnis es taten, und darum sagten sie einer zum anderen, nachdem sich ihre Augen geöffnet hatten und sie ihn wiedererkannten:

„Brannte nicht unser Herz in uns, als er auf dem Wege mit uns redete und uns die Schriften aufschloß?" (Lk 24,32).

Das Herz, das auf verschiedene Weise brennt – das ist die Art der „Schau" und der geistigen Erkenntnis, die dem Herzen eigen ist.

Lieber Unbekannter Freund, seien Sie aufmerksam auf Ihr Herz und auf die feinen Unterschiede innerer Wärme, die aus seinen Tiefen auftauchen! Wer weiß, wer mit Ihnen auf dem Wege ist, ohne daß Ihre Augen und Ihr Verständnis es ahnen?

Nun sind die drei oberen „Lotosblumen" vor allem die der *eingeflößten Gewißheit* oder des „unwahrnehmbaren Lichtes", und sie sind die Hauptwerkzeuge (*Werkzeuge,* nicht *Quellen*) der „intellektuellen Schau" oder der trans-subjektiven Offenbarung.

Die drei sogenannten „unteren Lotosblumen" sind die der *Gewißheit der Erfahrung aus erster Hand;* sie machen uns gleichsam zu *„Augenzeugen"* der unsichtbaren Dinge. Sie zeigen uns diese im „wahrnehmbaren Lichte" als konkrete und objektive Formen, Bewegungen, Farben, Töne und als Hauch, obgleich sie unkörperlich sind im Sinne der physischen Welt.

Und das zentrale Zentrum, das Herz oder der „zwölfblättrige Lotos", gibt uns die *Gewißheit des echten Glaubens,* der im „Feuer von Emmaus" geboren wird, durch das sich die unmittelbare Gegenwart der Wesenheiten kundtut, die gerne gemeinsam mit uns den Weg gehen wollen. Dieses Feuer enthält zugleich das „unwahrnehmbare Licht" der „intellektuellen Schau" und das „wahrnehmbare Licht" der „bildhaften Vision" in ihrer Synthese, die wir hier das „Feuer von Emmaus" nennen.

Außer diesen beiden – oder drei – Arten übersinnlicher Erfahrung gibt es noch eine, die oft als geistig gilt, es aber in Wirklichkeit nicht ist. Ich denke dabei an die Art von Hellsehen, die entweder von der Verfeinerung der Sinne herrührt oder von ihrer zu Halluzinationen führenden Tätigkeit. Die hl. Teresa von Ávila erwähnt auch diese in ihrer oben zitierten Autobiographie. Sie sagt uns dort insbesondere:

„Die es besser verstehen als ich, sagen, die vorher besprochene Art von Visionen (‚intellektuelle') sei vollkommener als diese (‚bildhafte'), und diese sei wieder *weit vollkommener, als wenn man etwas mit leiblichen Augen schaut ...*"

Es scheint also, daß es im 16. Jahrhundert unter „denen, die verstehen", allgemein anerkannt war, daß es außer der „intellektuellen Schau" und der „bildhaften Vision" noch andere Visionen gibt, die „man mit leiblichen Augen schaut", d. h. Visionen, die entweder von der Verfeinerung der Sinne herrühren oder von Halluzinationen. Die Tatsache war also damals bekannt, wie sie es heute ist, daß es Menschen gibt, die einen im Umschlag steckenden Brief lesen können, eine Spielkarte erkennen, von der man ihnen nur die Rückseite zeigt, und die farbiges Licht („Auren") um Menschen, Tiere und Pflanzen wahrnehmen usw. Andererseits wußte man, wie man es heute weiß, daß die Sinne in zwei Richtungen wirksam sein können, d. h., sie vermögen es, *Eindrücke* von außen zu empfangen und *Ausdrücke* der Seele nach außen zu projizieren. Im letzteren Fall handelt es sich um Halluzinationen.

Nun gibt es sowohl lügenhafte als auch offenbarende Halluzinationen. Alles hängt davon ab, was die Seele durch die Kanäle der körperlichen Sinne nach außen projiziert. Es ist also gut möglich – und es geschieht in der Tat von Zeit zu Zeit –, daß die Seele authentische und echte Wahrnehmungen in Halluzinationen umgestaltet, d. h. sie von der seelischen – und sogar geistigen – auf die physische Ebene projiziert. Dann ist es eine Illusion, soweit es die physische Ebene betrifft; aber gleichzeitig ist es eine Offenbarung, soweit es die höhere Ebene betrifft, auf der sich das Original der halluzinierten Kopie findet.

„Halluzination" und „Illusion" sind keine Synonyme. Als Martin Luther, wie man erzählt, ein Tintenfaß auf die Gestalt eines Dämons warf (oder auf den Teufel selbst, wie die Tradition es will), der ihm erschien, war er zweifellos in einer Illusion, was die Ebene anbelangt, da das Tintenfaß sich nicht auf derselben Ebene wie der Dämon befand, aber muß man daraus schließen, daß dort gar kein Dämon vorhanden war? Daß sich dort nichts befand und daß das Ganze nur ein Spiel der Einbildungskraft war ohne Ursache und ohne Grund?

Nein, wie es eine lügenhafte Hysterie und eine „Hysterie der Wahrheit" gibt – wie es zum Beispiel bei den Stigmata der Fall ist und bei den Verwundungen durch die Dornenkrone, die sich auf dem Körper von Menschen abzeichnen, die die geistige Erfahrung der Passion des Herrn gemacht haben –, ebenso gibt es lügenhafte Halluzinationen, die von Ängsten und zügellosen Wünschen herrühren, und offenbarende Halluzinationen, d. h. „Halluzinationen der Wahrheit".

Kehren wir nun zur Frage nach der Beziehung zwischen dem echten Glauben und den Erfahrungen des Hellsehens zurück – zwischen dem Zustand des „Aufgehängten" und dem Zustand des Sehers.

Aus dem Vorhergehenden wird deutlich, daß der echte Glaube vor allem das im Herzen brennende Feuer ist, das auf diese Weise die geistige Wirklichkeit bezeugt, und daß die Erleuchtungen, die es begleiten, der Offenbarung von oben mittels der drei sogenannten „oberen Lotosblumen“ verdankt werden, und dies ist nach der hl. Teresa die Gunst und Gnade der „intellektuellen Schau“.

Die „bildhafte Vision“ und in noch stärkerem Maße die Visionen, die von der Verfeinerung der Sinne oder ihrem umgekehrten Wirken herrühren (also nicht in der normalen Richtung „Außenwelt – Gehirn“, sondern in der umgekehrten Richtung „Gehirn – Außenwelt“), wie es im Falle der „Halluzination“ geschieht, sind keineswegs Quellen des echten Glaubens, und sie besitzen auch nicht mehr Wert, als der echte Glaube, das moralische Gewissen und gegebenenfalls die Urteilskraft imstande sind, ihnen zuzuschreiben. In jedem Falle geht diesen Halluzinationen der echte Glaube voraus, wenn sie einen offenbarenden Beitrag zum geistigen Leben der Seele bedeuten; das moralische Bewußtsein geht ihnen voraus, wenn sie eine Bereicherung des moralischen Lebens der Seele mit sich bringen, und die Urteilskraft geht ihnen voraus, wenn aus ihnen ein Anwachsen des Wissens der Seele herrührt oder der Erwerb von neuen, für die Seele wertvollen Aufschlüssen.

Denn was man sieht oder hört, sollte man auch begreifen. Und begreifen kann man es nicht ohne das offenbarende „unwahrnehmbare Licht“ und das offenbarende „Feuer von Emmaus“. Und wenn es um die Gewinnung von Daten zur Wissensbereicherung geht, kann man es nicht verstehen noch seinen Wert würdigen ohne den Einsatz der Urteilskraft. Die Urteilskraft ist gehalten, die durch hellsichtige Erfahrungen gelieferten Daten zu vergleichen, sie einzuordnen, die Beziehungen zwischen ihnen zu suchen, um endlich Schlüsse daraus zu ziehen.

Hellseherisch oder nicht, alle empirische Erfahrung ist notwendig hypothetisch. Nur der *echte Glaube* besitzt absolute Gewißheit.

Vor allem anderen, lieber Unbekannter Freund, steht daher der echte Glaube des Feuers von Emmaus, dann kommt derselbe Glaube, erleuchtet durch das „unwahrnehmbare Licht“ von oben der „intellektuellen Schau“ – *danach* wird alles dem Wohle Ihrer Seele dienen: die „bildhaften Visionen“, die von der Verfeinerung der Sinne herrührenden Visionen, die Sinneserfahrung, das moralische und logische Urteilen, das Studium aller Wissenschaften und sogar die Halluzinationen, wenn sie auftreten, ohne daß Sie diese willentlich gesucht und hervorgerufen haben. Verachten Sie nichts, verwerfen Sie nichts, wenn Sie den echten Glauben besitzen. Denn er und nur er allein macht alle Dinge wahrhaft brauchbar und gibt ihnen den Wert, den sie ohne ihn nicht haben würden.

Darin besteht das Wesentliche der Botschaft des „Aufgehängten“, des umgekehrten Menschen, mit den Füßen oben und dem Kopf unten, dessen tierkreishaft gewordener Wille der echte Zeuge der Wahrheit der *zwölf Artikel des Glaubens* ist und der aufgehängt lebt zwischen den beiden entgegengesetzten Feldern der Gravitation – dem Himmel und der Erde.

*Wer* ist er, dieser „Aufgehängte"? Der Heilige, der Gerechte, der Eingeweihte? Er kann sehr wohl als der eine, als der andere und als der dritte angesehen werden, denn alle drei haben gemeinsam, daß ihr Wille Organ des Himmels ist; aber was er ganz besonders ist, was er individuell darstellt, ist weder Heiligkeit noch Gerechtigkeit, noch Einweihung, sondern etwas, was deren Synthese ist. Der „Aufgehängte" ist der *ewige Hiob,* der Geprüfte von Jahrhundert zu Jahrhundert; der, der die Menschheit gegenüber Gott vertritt und Gott gegenüber der Menschheit. Der „Aufgehängte" ist der *wahrhaft menschliche Mensch,* und sein Schicksal ist das wahrhaft menschliche Schicksal.

Der „Aufgehängte" ist der Repräsentant der Menschheit, der sich zwischen zwei Reichen befindet: dem Reiche dieser Welt und dem Reiche der Himmel. Denn was es an wahrhaft Menschlichem im Menschen und in der Menschheit gibt – das ist der „Aufgehängte".

Und der „Aufgehängte" ist er, der vor Tausenden von Jahren sagte:

„Ist Frondienst nicht des Menschen Los auf Erden? Sind seine Tage nicht wie die des Tagelöhners? Gleich einem Sklaven, der nach Schatten lechzt, gleich einem Tagelöhner, der des Lohnes harrt ... O würden meine Worte aufgeschrieben! O würden sie in einer Inschrift aufgezeichnet! O würden sie mit Eisenmeißel und mit Griffel für ewig in den Felsen eingegraben! ...

Mein Fuß hielt fest an seinen Schritten, bewahrte seinen Weg und wich nicht ab ...

Ich *weiß* gewiß, daß mir ein Anwalt lebt. Als Letzter tritt er auf dem Staube auf ... ich werde Gott – aus meinem Fleische – schauen. Ihn werd' ich schauen, er wird für mich sein; den meine Augen sehen, wird kein Fremder sehen. *Und meine Nieren in mir sehnen sich ...*" (Hiob 7,1f; 19,23f; 23,11; 19,25ff).

Das ist das Wort des „Aufgehängten" durch die Jahrhunderte hindurch.

[1] Apophthegmata des hl. Antonius, 10.

[2] Das Leben der hl. Theresia von Jesus, in: Sämtliche Schriften, Bd. I (Kempten – München [3]1960) S. 181ff.

[3] In der Tat findet man in den Büchern von *Joseph v. Görres,* „Die christliche Mystik", 5 Bde. (Regensburg 1836–1842) Fälle von Levitation, und zwar von: dem hl. Ambrosius Sensedonio (Bd. 1, S. 324); dem hl. Philippo Neri (Bd. 2, S. 9); der hl. Teresia von Jesus (Bd. 2, S. 122); dem hl. Thomas von Aquin (Bd. 2, S. 209); dem hl. Salvator ab Horta (Bd. 2, S. 214); dem hl. Thomas von Villanova (Bd. 2, S. 253); der hl. Catharina von Siena (Bd. 2, S. 426); der Johanna von Carniola (Bd. 2, S. 493f.); der hl. Maria von Agreda und dem hl. Dominicus von Jesus Maria (Bd. 2, S. 520 u. 549); dem hl. Petrus von Alcántara (Bd. 2, S. 523 529); der Christina mirabilis (Bd. 2, S. 530); der Schw. Adelheid von Adelhausen (Bd. 2, S. 536); der Esperanza von Brenegalla und der hl. Agnes von Böhmen (Bd. 2, S. 537); der hl. Coleta, dem Bruder Dalmatio von Girona und dem Bruder Anton a

s. Regina (Bd. 2, S. 539); dem hl. Franziskus von Assisi, dem Bruder Bernhard von Corleone, dem hl. Joseph von Copertino (Bd. 2, S. 539); der Johanna Rodriguez (Bd. 2, S. 548); der seliggesprochenen Gerardesca von Pisa, der Gräfin Elisabeth von Falkenstein (Bd. 2, S. 549); dem Damianus de Vicari (Bd. 2, S. 551); der Agnes von Chatillon, dem Michael Lazar und Petrus de Regolada (Bd. 2, S. 551 f.). (Anm. des Verfassers des Briefes.)

4 *G. van Rijnberk,* Les Metasciences biologiques – Metaphysiologie et Metapsychologie (Paris 1952) S. 154 f.

5 Ebd. S. 205.

6 Ebd.

7 Das Leben der hl. Theresia von Jesus, a. a. O. S. 186.

8 Ebd. S. 185 f.

9 Ebd. S. 167 f.

10 *É. du Bois-Reymond,* Die sieben Welträtsel (1880), in: Vorträge über Philosophie und Gesellschaft (Hamburg 1974) S. 159 ff.

11 *L. Billot,* Études, Bd. 176 (Paris 1923) S. 392.

12 Ebd. S. 394.

13 Rigveda X, 129.

14 *Athanasius,* Leben des hl. Antonius, in: Bibliothek der Kirchenväter, Schriften des hl. Athanasius, Bd. II (Kempten – München 1917) Kap. 74 u. 77, S. 758 u. 761.

15 *Poimandres,* 1, in: Corpus Hermeticum, Bd. I (Paris 1945) S. 7.

16 Das Leben der hl. Theresia von Jesus, a. a. O., S. 250 ff.

17 Ebd., S. 261 ff.